AF403475

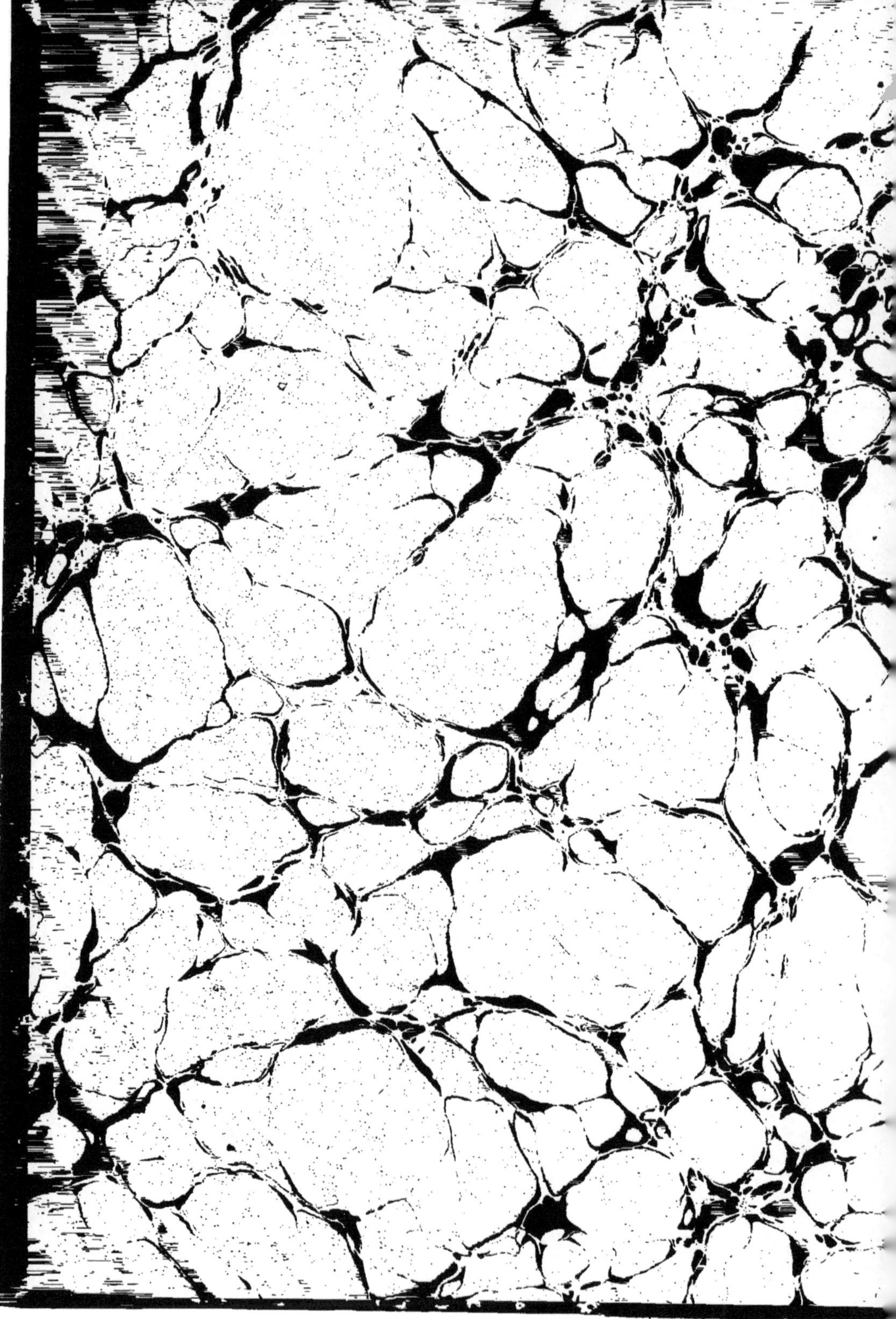

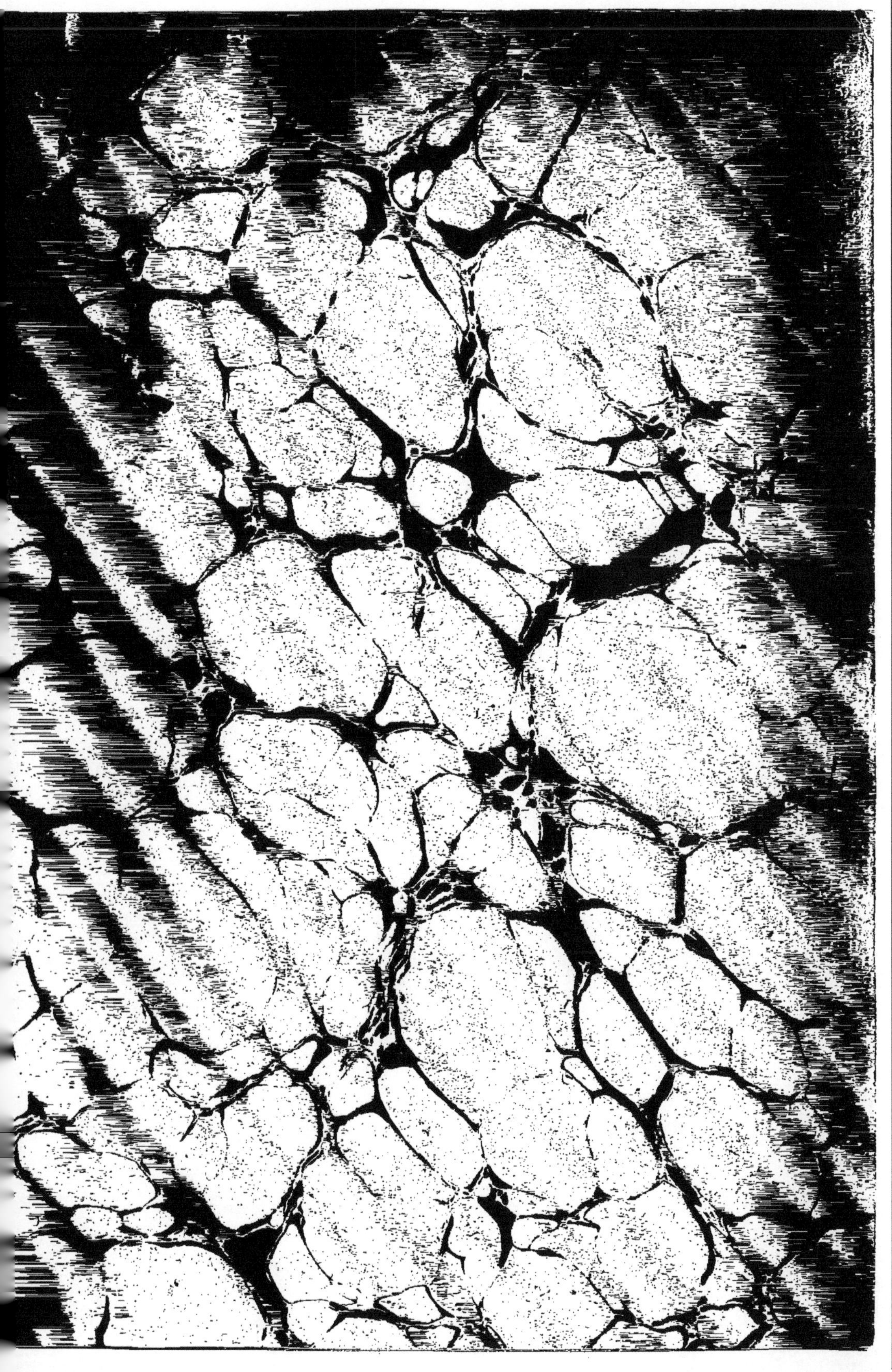

RAOUL POSTEL

ANCIEN MAGISTRAT

LA MARINE

ET

LES GRANDS MARINS FRANÇAIS

AVEC GRAVURES

PARIS

LIBRAIRIE GÉNÉRALE DE VULGARISATION (A. DEGORCE, ÉDITEUR)

9, RUE DE VERNEUIL, 9

LA MARINE

ET

LES GRANDS MARINS FRANÇAIS

RENÉ DUGUAY-TROUIN
1673-1736.

RAOUL POSTEL

ANCIEN MAGISTRAT AUX COLONIES

LA MARINE

ET

LES GRANDS MARINS FRANÇAIS

PARIS

LIBRAIRIE GÉNÉRALE DE VULGARISATION (A. DEGORCE)

9, RUE DE VERNEUIL, 9

AVANT-PROPOS

La marine française ne débute réellement qu'au xive siècle. C'est à cette date que son esprit de corps se caractérise, que son esprit d'aventure se révèle ; mais il importe de constater impartialement que cette caractéristique et cette vaillance expansive sont, alors, l'apanage exclusif des armateurs normands.

J'éprouve un véritable orgüeil, je l'avoue, — étant moi-même Normand — à enregistrer ce fait historique, honneur éternel de la vigoureuse race à laquelle j'appartiens. Je l'ai rencontrée sous presque toutes les latitudes du globe, en Amérique, en Afrique, en Asie, toujours à l'avant-garde et toujours infatigable. Aujourd'hui, elle continue à payer, simplement, la fière dette de son antique renom.

Ce n'étaient pas, en effet, des navigateurs vulgaires que ces entreprenants hommes du Nord, que rien ne pouvait dompter. Amoureux d'espace et de conquêtes, insaisissables comme les flots qu'ils affrontaient, il semblait que la terre entière eût été créée pour leur domaine. Tour à tour la France, l'Italie, la Sicile, l'empire d'Orient, l'Asie-Mineure leur serviront de champs d'ébat. En attendant, ils attaqueront la Grande Mer par le pôle, et ils découvriront et christianiseront l'Amérique cinq siècles avant Christophe Colomb.

Oui, ces Normands barbares osèrent risquer cette glorieuse découverte ! Et ce qui fit leur force, c'est qu'on n'en sut rien. Il y avait peine de mort pour quiconque révèlerait le secret ; ce qui explique la richesse de certains ports neustriens, comme aussi la disparition inexpliquée de quelques individualités. Qu'on lise les consciencieux travaux de M. Ch.-Chr. Rafn, de M. E. Beauvois, de M. G. Gravier, — pour n'en pas citer d'autres, — et l'on sera nettement édifié sur la question. De 1148 à 1648, de Aré-Frodé à Arngrim Jonsson, les témoignages ne font pas défaut.

Les ports de Dieppe et de Honfleur, notamment, profitèrent de cette situation privilégiée.

Aussi comment s'étonner des merveilleux exploits des Béthencourt, des Villault de Bellefonds, des Paulmier de Gonneville, des Jean Ango, ces créateurs de la puissance maritime française à travers le monde connu ?

Plus tard, les Bretons et les Basques marchèrent sur les traces des Normands, avec le même succès.

Honneur à ces découvreurs inappréciés d'un monde nouveau ! L'heure de la légitime justice a déjà sonné pour eux ; mais il était naturel, pourtant, que le rappel de leurs actes énergiques servît ici de préface au travail que nous avons entrepris.

La France est une nation de traditions guerrières ; si loin qu'on remonte dans son histoire, on la retrouve sans cesse à l'assaut du progrès. Ses vertus conquérantes ont laissé leur empreinte civilisatrice partout. Nous ne nous proposons que d'en noter ici les multiples étapes.

R. P.

PREMIÈRE PARTIE

JEAN DE BÉTHENCOURT. — VILLAULT DE BELLEFONDS. — PAULMIER DE GONNEVILLE. — JEAN ANGO. — LES FRÈRES PARMENTIER. — JACQUES CARTIER. — ROBERVAL. — VILLEGAGNON. — BOIS-LE-COMTE. — JEAN DE LÉRI. — JEAN DE RIBAUT. — RENÉ DE LAUDONNIÈRE. — DOMINIQUE DE GOURGUES. — DE LA COURT-PRÉCOURT RAVILLON. — RIFAUT. — DE LA ROCHE. — CHEDOTEL. — DE PONTGRAVÉ. — SAMUEL CHAMPLAIN. — SOURDIS. — AUGUSTIN DE BEAULIEU. — BRÉTIGNY. — DUPLESSIS. — D'ESNAMBUC. — PRONIS. — FLACOURT.

PREMIÈRE PÉRIODE

DU XIV' SIÈCLE AU XVII' SIÈCLE

I

JEAN DE BÉTHENCOURT.

La première expédition maritime française ouvertement reconnue fut tentée sur les côtes de l'Afrique Occidentale. En 1393, le Normand Robert de Braquemont, amiral de France, abordait aux îles Canaries, les Iles Fortunées des anciens, avec une flottille d'aventuriers, la plupart Espagnols. L'île Lancerote fut saccagée, et l'on fit son roi prisonnier.

L'affaire en était restée là quand un parent de Braquemont, nommé Jean de Béthencourt, qui peut-être avait acheté de l'amiral ses droits d'acquéreur, reprit l'opération pour son propre compte. En 1401, il se rendait à la Rochelle, s'associait à un certain chevalier Gadifer de La Salle, puis, à la tête d'une bande de Normands et de Gascons, s'embarquait à la recherche de sa conquête. Partis au nombre de deux cent cinquante hommes, le 1ᵉʳ mai 1402, ces intrépides flibustiers n'arrivèrent que cinquante-trois à Lancerote. L'île était alors habitée par les Guanches, belle et infortunée race si cruellement supprimée depuis par la barbarie espagnole, peuple de pasteurs, de poètes, de musiciens, amoureux de la danse, possédant l'art d'embaumer les corps avec presque autant de perfection que les antiques Égyptiens ; qui de plus, par leur teint, leur blonde chevelure, contrastaient si fort avec les habitants de la côte continentale voisine, peuple problématique en un mot, ressemblant en ce lieu à quelque colonie égarée. Béthencourt, après avoir commencé à se fortifier à Lancerote, et jugeant que ses cinquante-trois compagnons ne lui suffiraient pas pour attaquer les insulaires, laissa à Gadifer le soin de le remplacer et retourna chercher des renforts en Europe. Ne trouvant pas d'appui en France, par suite des débuts désespérés du règne de Charles VII, il s'adressa au roi de Castille Henrique III, auquel il fit hommage de ce que, par avance, il nommait sa conquête. L'Espagnol ne lui accorda pour tous secours qu'un navire, quatre-vingts soldats et quelques munitions, que Béthencourt s'empressa d'expédier à Gadifer, en lui annonçant qu'il venait de recevoir de Henrique III le titre de roi des Canaries ; il engageait, en même temps, son associé à tenter un coup de main sur l'île Forta-Ventura, lui promettant un prochain envoi. Gadifer commença par enlever Lancerote. Peu après, Béthencourt accourait visiter son « royaume », et, dans le dessein de l'affermir et de l'étendre, repartait immédiatement pour l'Europe. Cette fois, il s'adressa au pape Innocent VII, qui érigea en sa faveur un évêché dans les nouvelles terres conquises. Au retour, en 1405, il attaqua et prit Forta-Ventura. Le besoin de jouir de ses triomphes et de sa grandeur royale au milieu de ses compatriotes rappela, alors, Jean de Béthencourt en France ; il débarqua à Honfleur, où on le reçut en véritable conquérant. Il raconta de si belles choses de son royaume que, lorsqu'il se disposa à le revoir de nouveau, plus de cent vingt Normands, dont vingt-trois avec leurs femmes, voulurent l'accompagner. Il les débarqua dans ses États, et ils l'aidèrent dans les entreprises qu'il fit contre les îles de Gomère et de Fer.

Béthencourt revint définitivement en France vers 1425, date à laquelle il mourut dans sa seigneurie héréditaire de Grainville, au pays de Caux. Il avait laissé le gouvernement de sa naissante colonie à son neveu Maciot. Pendant sa dernière absence, une querelle ayant surgi entre ses Normands et les aventuriers

gascons empêcha Gadifer de La Salle d'achever complètement
la conquête. Du reste, c'était un territoire perdu pour la France,
l'hommage que Béthencourt avait dû faire au roi de Castille
ayant assuré la possession de l'archipel à l'Espagne.

II

VILLAULT DE BELLEFONDS. — PAULMIER DE GONNEVILLE.

Il y avait longtemps déjà, toutefois, que les marins normands
pratiquaient la côte occidentale d'Afrique. En 1364, deux
navires, partis de Dieppe, gagnaient le cap Vert à la fin de
décembre, parcouraient toute la Côte de Sierra-Leone et s'arrê-
taient à la Côte des Graines, à l'embouchure d'une petite rivière
où gisait un village qu'ils nommèrent le Petit-Dieppe, parce que
sa situation offrait quelque ressemblance avec celle de leur
ville natale. L'année suivante, des négociants de Rouen, s'étant
associés à ces premiers découvreurs, armèrent en compagnie
quatre autres bâtiments, dont l'un s'arrêta sur la Côte des
Graines au Grand-Sestre, qu'on appela Paris, et où l'on prit
une charge considérable de poivre ; un second trafiqua à la
Côte des Vents et poussa jusqu'à la Côte d'Or, d'où il rapporta beaucoup d'ivoire et quelque poudre d'or. Au surplus,
Charles V encouragea de tout son pouvoir les expéditions lointaines des audacieux Normands, lesquels continuèrent dès lors
à fréquenter ces parages.

En 1380, un navire de cent cinquante tonneaux, la *Notre-
Dame-de-Bon-Voyage*, partait pour l'Afrique au mois de
septembre, atteignait la Côte d'Or à la fin de décembre et, neuf
mois après, revenait à Dieppe richement chargé. Encouragés
par ce succès, les armateurs de Normandie envoyèrent immédiatement à la Côte de Guinée la *Vierge*, le *Saint-Nicolas*
et l'*Espérance*, sous les ordres de Villault de Bellefonds.

« La *Vierge*, raconte Bellefonds, s'arrêta au premier lieu

« qu'on avait découvert, qu'ils appelèrent La Mine pour la
« grande quantité d'or qui s'y apportait des environs. Le
« *Saint-Nicolas* traita à cap Corse et à Mouré, au-dessous
« de La Mine, et l'*Espérance* alla jusqu'en Akara, ayant traité
« à Fautin, Sabouc et Cormentin. Dix mois après, nos marins
« retournèrent et surent si bien persuader les marchands, leur
« vantant le pays, la douceur des habitants et la quantité d'or
« qu'on en pouvait tirer, qu'enfin ils résolurent de s'y établir
« et d'abandonner plutôt tout le reste.....

« En mil trois cent quatre-vingt-trois, ils y envoyèrent trois
« bâtiments, deux grands et un petit, qui devaient passer au delà
« d'Akara pour découvrir le reste des côtes. Les deux grands,
« étant lestés de matériaux propres à bâtir, s'arrêtèrent à La
« Mine ; ils firent une petite loge, où ils laissèrent dix à douze
« hommes, et s'en revinrent encore richement chargés dix mois
« après leur départ. Mais le petit vaisseau, qui voulait passer
« Cormentin et Akara, ayant été emporté par les marées, fut
« contraint de retourner et arriva, trois mois avant les autres,
« avec la moitié de sa cargaison. On le fit partir, dans l'instant
« que les autres furent venus, pour porter des rafraîchissements
« à ceux qui étaient demeurés dans la nouvelle habitation de
« La Mine, qui, en quatre ans, s'augmenta si fort par la grande
« colonie qui s'y alla établir qu'ils y bâtirent une église. »

On voit combien est mal fondée la prétention que les Portugais soulèvent d'avoir visité la côte occidentale de l'Afrique
avant les Normands. Un savant auteur de la première moitié
du xviie siècle, le P. Fournier, après avoir établi la priorité de
nos compatriotes, parle des établissements français à la Côte
de Guinée comme de faits connus de tout le monde de son
temps et qui n'exigeaient pas même la moindre discussion pour
être admis. « Le siècle précédent, écrit-il, avant que les Por-
« tugais nous eussent enlevé le château de La Mine, toute la
« Guinée était remplie de nos colonies, qui portaient les noms
« des villes de France dont elles étaient sorties. » Aujourd'hui,
du reste, la question est élucidée, et le débat tranché en notre
faveur.

Pendant un siècle, la navigation commerciale en resta là. Un hasard devait accroître le champ des recherches. Six ans s'étaient à peine écoulés depuis que Vasco de Gama avait doublé le cap de Bonne-Espérance pour s'élancer à la conquête des Indes Orientales, quand le capitaine normand Binot-Paulmier de Gonneville partit de Honfleur, en juin 1503, pour suivre la trace de l'illustre aventurier. Il doubla, comme lui, le terrible et fameux cap; mais, assailli par une des grandes tempêtes ordinaires à ces parages, il perdit sa route, puis se trouva subitement dans un calme plat, au milieu d'une mer inconnue. Ayant aperçu plusieurs oiseaux qui semblaient aller et venir du côté du sud, il en augura qu'il y trouverait une terre, et la trouva en effet. Il y demeura pendant six mois entiers, occupé à remettre en état son navire tout délabré, et nomma la contrée ainsi découverte par lui les *Indes Méridionales*. Somme toute, Gonneville ne se trompait guère dans cette appellation.

Quelle était cette terre inconnue? D'après la relation du navigateur, les indigènes étaient des gens simples, ne demandant qu'à mener joyeuse vie sans grand travail, vivant du produit de la chasse et de la pêche, ou de légumes et de racines, allant, pour la plupart, demi-nus et se couvrant seulement au milieu du corps de peaux, de nattes déliées ou de plumes. Les femmes portaient des colliers d'or et de coquilles; leurs cheveux étaient gracieusement tressés sur leurs têtes nues avec de petits cordons d'herbes teintes de couleurs vives et luisantes. Les hommes avaient de longs cheveux flottants et ceints de plumes hautes, brillantes et soigneusement arrangées; comme armes ils se servaient d'un os bien affilé et d'un épieu de bois très dur, brûlé et aiguisé par en haut. Le pays parut à Gonneville médiocrement peuplé : on y voyait des hameaux de quatre-vingts cabanes environ, faites avec des piquets fixés en terre, des herbes et des feuilles; les toitures en étaient pareillement de feuillage; à l'intérieur de ces cabanes, il y avait des lits composés de fines nattes remplies de feuilles sèches ou de plumes. Les ustensiles de ménage étaient de bois, même les pots à bouillir; mais on les avait enduits d'une façon d'argile épaisse d'un doigt, qui empêchait le feu de les consumer.

Gonneville vit jeter à l'eau, par l'ordre du souverain, un jeune homme qui avait donné un soufflet à sa mère, bien que celle-ci n'en eût pas fait plainte. Il eut de fréquentes relations avec ce prince, nommé Arosca, homme de grave maintien, de moyenne stature, et qui était en paix avec tous ses voisins. Un jour, cinq rois du pays vinrent à la fois visiter le navire normand; sauf les plumes qu'ils avaient sur leur tête et d'une seule couleur, rien ne les distinguait de leurs sujets. Le capitaine Gonneville se plut à reconnaître que, si lui et ses compagnons eussent été des anges ou des dieux, ils n'eussent pas été accueillis avec plus de déférence par les bons naturels de cette terre inconnue. Voulant laisser en ces lieux une marque de son voyage, Gonneville y planta une croix, suivant l'usage du temps, le jour de Pâques 1504; le roi Arosca, ses enfants et d'autres personnages du pays aidèrent à cette cérémonie avec toutes les apparences de la joie. Enfin, le navire ayant été radoubé, Gonneville remit à la voile le 3 juillet suivant, non sans qu'Arosca lui eût fait jurer de revenir : ce roi lui avait même confié son fils Essomericq, lequel débarqua heureusement en France sur le navire honfleurois, au mois de juillet 1405. Son retour opéré, l'aventurier normand fit immédiatement sa déclaration authentique.

Nous nous le demandons de nouveau : quelle était cette terre ainsi découverte? Les détails qui précèdent ont donné à penser qu'il s'agissait de Madagascar, la grande île africaine. D'audacieux conjectureurs, allant plus loin, ont affirmé nettement que Gonneville avait débarqué en Australie, devançant ainsi les Hollandais de plus d'un siècle. Nous nous rallions à la première opinion, plus probable : notre courageux compatriote aurait encore, de cette façon, précédé de deux années l'apparition des Portugais à Madagascar, aujourd'hui enfin terre française.

III

JEAN ANGO.

Le plus riche armateur normand de la première partie du xvi° siècle fut Jean Ango, qui armait et expédiait au loin de véritables flottes. Dès 1506, le capitaine Jean Denis, d'Honfleur, avait abordé à Terre-Neuve ; en 1508, le père d'Ango, reprenant l'opération, expédiait dans cette île le capitaine Thomas Aubert pour y créer un établissement français. Jean Ango devait donner un suprême retentissement au renom, déjà bien établi pourtant, de sa maison.

La tradition prétend qu'il déclara la guerre pour son propre compte au roi de Portugal, avec qui le roi de France était en paix. Il paraîtrait que, ses navires ayant été insultés par une escadre portugaise, Ango équipa dix vaisseaux qui se trouvaient dans le port de Dieppe, les fit accompagner de six ou sept autres de moindre grandeur, ajouta aux équipages ordinaires huit cents volontaires, gens de résolution, et envoya le tout opérer des descentes jusque sur les côtes du Portugal et les rives du Tage. L'incendie de plusieurs villages sur ce littoral et la capture d'un grand nombre de bâtiments allant prendre la mer ou revenant des Indes ayant donné à penser que ce ne pouvait être un simple armateur français, mais bien le roi de France lui-même qui faisait cette guerre d'improviste, le roi de Portugal aurait dépéché en toute hâte deux diplomates pour demander raison d'une pareille violation de la paix à François Ier, lequel, d'après la même tradition, leur répondit ironiquement : « Messieurs, ce n'est pas moi qui fais la guerre; allez trouver Ango, et arrangez-vous avec lui ! » Les deux envoyés se seraient alors, en effet, rendus auprès de l'armateur dieppois, qui, en considération du roi de France, son maître, aurait daigné leur promettre d'expédier sur l'heure un bon voilier pour rappeler ses navires.

Rien ne prouve que la tradition normande soit inexacte, ou même exagérée. Mais que penser d'un aussi grandiose commerçant ! Jean Ango fut, dans tous les cas, l'un des plus actifs soutiens de l'honneur du pavillon français ; les services qu'il rendit à François Ier furent si grands que ce monarque le nomma vicomte et capitaine gouverneur de la ville et du château de Dieppe.

La mort de son royal protecteur atteignit Ango dans ses grandeurs et sa fortune. On lui reprochait, depuis longtemps, de s'être laissé enorgueillir jusqu'à l'insolence de sa prodigieuse prospérité : mais combien peu auraient su se contenir arrivés à un tel faîte ! Toutes les jalousies, toutes les haines s'exercèrent contre lui quand la main de François Ier ne s'étendit plus sur sa tête. On conjura sa ruine, et on l'obtint pleine et entière : son bien fut confisqué, et, dans les dernières années de sa vie, cet homme, qui avait été riche et puissant à l'égal des princes, en était réduit à ne plus oser sortir du château de Dieppe, dont cependant, par un reste de reconnaissance, on lui avait laissé le commandement.

IV

LES FRÈRES PARMENTIER.

Autres Normands, mêmes entreprises. Il s'agit, cette fois, d'une expédition dans la mer des Indes.

Les frères Jean et Raoul Parmentier accomplirent dans cette mer un mémorable voyage avec deux navires, le *Sacre* et la *Pensée,* équipés par le célèbre vicomte-capitaine Ango. Le 2 avril 1529, ils mirent à la voile de Dieppe ; le 25, ils mouillèrent à l'une des îles du Cap-Vert ; le 11 mai, ils firent célébrer une messe et festoyèrent pour le passage sous l'équateur ; cinquante de leurs gens environ reçurent, à cette occasion, l'accolade et furent faits chevaliers. Le 29, les navigateurs découvrirent à leur nord-est une île haute et élevée, d'à peu près six lieues de tour, qu'ils nommèrent l'Ile Française et que l'on a crue, d'après les calculs faits sur leur Journal, être l'île de la Trinité ou celle de l'Ascension, l'un de ces rochers perdus au milieu de l'Atlantique entre les continents d'Afrique et d'Amérique, peut-être même Sainte-Hélène.

Le 1er juillet, à la hauteur du cap de Bonne-Espérance, une épouvantable tempête ballotta tellement les deux navires que, raconte naïvement le Journal des frères Parmentier, on eût cru que « le dieu Eolus, accompagné de Favorinus et d'Africus Libo, « faisait les noces de lui et de Téthys, fort délibéré de la faire « bien danser, et que même les nefs et tous ceux qui étaient « dedans dansaient d'une haute sorte ». Le cap, pourtant, fut doublé. Vers la fin du même mois de juillet, on aperçut l'île de Madagascar ; mais, s'en étant approché, on eut quelques relations fort malheureuses avec les indigènes, qui massacrèrent trois matelots. On se résolut à poursuivre plus loin le voyage, car le scorbut venait de se mettre dans les équipages, et cette terrible maladie enlevait les hommes les uns après les autres.

C'est en ce désolant état, et en continuant à donner chaque jour la mer pour tombe à un nouveau cadavre, que le *Sacre* et la *Pensée* se trouvèrent, au mois de septembre 1529, au milieu des îles parfumées de l'archipel Indien. Les frères Parmentier voulurent imposer à plusieurs d'entre elles des dénominations qui n'ont point prévalu, à l'une entre autres celle de La Parmentière. Ils mouillèrent, en novembre, à la grande île de Sumatra, où ils furent parfaitement accueillis par les habitants d'une ville appelée Ticou, « tant qu'ils disaient tous : Ticou ! « France ! France ! Ticou ! » Les frères Parmentier louèrent une maison pour y mettre leurs marchandises, et la fortifièrent. Ils firent beaucoup de commerce dans le pays, dont ils étudièrent les mœurs et les coutumes. Quelques difficultés survinrent seulement au moment du départ ; mais ce n'était qu'un malentendu, bientôt terminé, et l'on se quitta de part et d'autre en s'embrassant et en disant toujours : « Ticou ! France ! France ! « Ticou ! et adieu ! » Mais, pour les deux frères Parmentier, l'adieu devait être éternel. Avant même qu'on se fût éloigné de Sumatra, Jean mourut; peu de jours après, ce fut le tour de Raoul. Une nouvelle maladie s'était mise sur les équipages, qui ne les rendit qu'horriblement décimés en France, où le *Sacre* et la *Pensée* revinrent dans le courant de l'année suivante.

On peut considérer ce voyage comme ayant établi les premières relations commerciales de la France avec l'archipel Indien.

V

JACQUES CARTIER ET ROBERVAL.

De 1523 à 1525, François Ier, passionné pour tout ce qui était grand et aventureux, donnait commission au Florentin Verazzani d'aller suivre, avec des navires français, les traces de Christophe Colomb en Amérique et d'y découvrir de nouveaux territoires. En deux voyages, Verazzani longea tout le littoral nord, depuis les bouches du Saint-Laurent jusqu'aux Florides ; une troisième expédition fut désastreuse, car ni de lui ni des siens on n'entendit plus jamais parler.

En 1533, Jacques Cartier, pilote renommé de Saint-Malo, offrit à l'amiral Brion-Chabot de recommencer l'entreprise ; le roi y consentit. Cartier partit donc de Saint-Malo le 20 avril 1534, avec deux navires de soixante tonneaux chacun, portant ensemble cent vingt-deux hommes. Les vents étant favorables, il put atterrir au cap de Bonne-Viste, à Terre-Neuve, alors couverte de neige ; il ne s'y arrêta point. Descendant six degrés au sud-est, il entra dans un port auquel il donna le nom de Sainte-Catherine. De là il remonta au nord et gagna des îles qu'il appela Iles des Oiseaux, distantes d'environ quatorze lieues de Terre-Neuve. Cartier revint alors dans cette dernière île, dont il côtoya toute la partie nord, mais sans avoir pu se convaincre qu'elle ne constituait pas une portion du conti-

nent voisin. Il l'a décrite en deux phrases brèves, disant
qu'on ne voit nulle part de meilleurs ports ni de pires pays ;
l'audacieux navigateur ne prévoyait certes pas le riche parti
qu'on en tirerait plus tard au moyen de la pêche. Il y trouva
des hommes bien faits, ayant les cheveux liés en chignon au
haut de la tête avec quelques plumes d'oiseaux entrelacées
sans art. Refaisant route vers le sud, il traversa un golfe,
s'approcha du continent et pénétra dans une baie fort profonde,
qu'il nomma Baie de la Chaleur. Il visita une grande partie des
côtes environnant le golfe, prit possession du pays au nom
de François Iᵉʳ, puis revint en France rendre compte de ce
premier voyage.

Sur son rapport, et grâce à l'appui de l'amiral Charles de
Mouy de La Meilleraye, un établissement fut décidé. Muni d'une
nouvelle commission plus large, accompagné de trois navires
et de bons équipages, Cartier remit à la voile le 19 mai 1535.
Le 25 juillet, il retrouvait le golfe dans lequel il avait précédemment abordé et lui donnait, le 10 août suivant, le nom, depuis
si fameux, de golfe Saint-Laurent, en l'honneur du saint dont
on chômait la fête ce jour-là. Quelques jours auparavant, il
avait appelé Port Saint-Nicolas un havre situé à l'embouchure
du fleuve, nom également conservé, et y avait planté une
croix avec les armes de France. Le 15, il découvrait une île,
dite par lui de l'Assomption, mais connue depuis sous la dési-
gnation d'Anticosti. Les trois navires remontèrent alors de concert le fleuve Saint-Laurent, reconnurent l'embouchure de la
rivière de Saguenai, puis, quinze lieues plus haut, l'île aux
Coudres. Se voyant ainsi engagé fort avant dans un pays inconnu, l'explorateur malouin s'occupa de chercher un port où sa
flottille pût hiverner en sécurité. A huit lieues au delà, Cartier
rencontra une autre île, beaucoup plus belle et plus grande,
toute verdoyante de bois et de vignes, qu'il appela Ile de Bac-
chus, mais qui devint par la suite l'île d'Orléans. De ce point
il se rendit dans une petite rivière qui n'est éloignée que de dix
lieues, et qui vient du nord : c'est la rivière de Jacques-Cartier,
qu'il avait nommée rivière de Sainte-Croix. Le lendemain de

son arrivée, il y reçut à son bord la visite de Donnacono, un des chefs du pays. Il traita avec lui par l'entremise de deux Indiens, venus avec lui en France l'année précédente et qui avaient appris quelques mots de notre langue : ces interprètes déclarèrent à Donnacono que les étrangers voulaient gagner l'île où se trouvait la bourgade d'Hochelaga, dont ils avaient entendu parler. Le rusé sauvage, voulant réserver à son propre district les avantages d'un commerce avec les Européens, essaya de dissuader Cartier d'aller plus loin ; mais le courageux navigateur ne s'y laissa pas prendre, leva l'ancre et gagna le lac de Saint-Pierre. N'en ayant pas su enfiler le canal, il abandonna son navire, arma deux chaloupes et s'y installa avec trois de ses volontaires nommés de Pontbriand, de La Pommeraye et de Goyelle. Son audace réussit ; le 2 octobre, il gagnait Hochelaga. La bourgade était de forme arrondie, avec trois enceintes de palissades renfermant environ cinquante cabanes de plus de cinquante pas chacune, larges de quatorze à quinze. On entrait par une seule porte, au-dessus de laquelle régnait, ainsi que tout le long de la première enceinte, une espèce de galerie où l'on montait avec des échelles et abondamment pourvue de pierres pour la défense de la place. Tel était le lieu qui devait devenir célèbre sous le nom de Montréal, nom commencé du reste par Cartier lui-même, qui appela la montagne au pied de laquelle s'élevait Hochelaga le Mont-Royal. Les habitants parlaient la langue huronne. Leur étonnement fut inexprimable à la vue des étrangers ; ils avaient un désir immodéré de toucher aux trompettes, aux armes à feu, aux habits, aux longues barbes des Français, que d'ailleurs ils reçurent de leur mieux. Après s'être assuré, du sommet du Mont-Royal, de la vaste étendue de ce merveilleux pays, Cartier quitta l'île et regagna la rivière de Sainte-Croix, où ses gens s'étaient construit des baraques et des retranchements pour l'hivernage. Tout se passait à merveille. Par malheur, le scorbut éclata ; déjà vingt-cinq hommes avaient péri quand les sauvages, touchés de pitié, enseignèrent à Cartier un remède souverain tiré d'un arbre du pays. Ses compagnons étant rétablis, Cartier retourna en

France avec un Mémoire détaillé de son second voyage. Le Canada était désormais découvert, et son nom emprunté par l'explorateur à la langue même de la région.

Mais Cartier n'avait point découvert de mines d'or ou d'argent, grave inconvénient à une époque où l'Europe ne demandait point autre chose à l'Amérique! Malgré ses récits enthousiastes, personne ne voulait le suivre. Un certain jour néanmoins, François de La Roque de Roberval, gentilhomme picard, bien vu en cour, s'avisa subitement de demander au roi l'autorisation de courir, lui aussi, le Nouveau Monde. Cet imprévu sauva l'entreprise. François Iᵉʳ accorda à Roberval le titre de vice-roi et lieutenant-général en Canada, Terre-Neuve, etc., avec usage absolu des droits royaux. Le nouveau dignitaire partit en 1541 pour l'Amérique, avec cinq navires et Jacques Cartier sous ses ordres en qualité de premier pilote, injustice inconcevable aux yeux de quiconque ignorerait combien on répugnait à cette époque à investir de titres élevés tous ceux qui n'appartenaient point à la noblesse. Roberval bâtit un fort sur le Saint-Laurent, en laissa le commandement à Cartier avec une garnison, des provisions et un de ses navires, après quoi il retourna en France chercher des renforts. Revenu avec un grand convoi de secours, Roberval remonta le Saint-Laurent, entra dans la rivière de Saguenai, tout en laissant Cartier gouverner à sa guise la colonie en son absence. Pendant ce temps et par ses ordres, un de ses pilotes naviguait vers le Nord pour trouver une voie maritime pouvant relier l'Amérique aux Indes Orientales. Ce fut Cartier qui reçut le rapport de cet autre explorateur, car Roberval avait de nouveau regagné la France sans attendre le résultat d'une aussi aventureuse entreprise.

Le vice-roi Roberval resta quelques années en France; il joua même un rôle actif dans les expéditions d'Italie. Il repartit, enfin, pour l'Amérique en 1549. Jamais, depuis, on n'entendit parler de lui; sans doute, il périt avec tout son monde dans un naufrage. Quant à Jacques Cartier, à partir de cette même époque, il disparaît, lui aussi, soudainement, victime assurément de quelque drame tragique. L'établissement définitif de la

France au Canada se trouva ainsi abandonné pour un assez long temps, tellement on finit par redouter ces parages lointains dont on revenait si rarement.

VI

VILLEGAGNON. — BOIS-LE-COMTE. — JEAN DE LÉRI.

On se tourna alors vers l'Amérique du Sud, véritable pays de merveilles, assurait-on. Dès l'an 1505, du reste, les Français allaient au Brésil. Le mauvais état des entreprises portugaises engagea le roi Henri II à tenter le partage de ce riche pays avec ses premiers occupants.

L'amiral de Coligny s'était d'avance entendu à l'égard de ce projet avec un personnage qui le lui avait en partie suggéré, Nicolas Durand de Villegagnon, vice-amiral de Bretagne et chevalier de Malte, fort connu par ses exploits maritimes précédents. En 1555, Villegagnon partit du Havre-de-Grâce avec deux beaux navires équipés et armés en guerre aux frais du roi, plus 10,000 livres pour ses frais de route. Les vents contraires ramenèrent deux fois l'expédition en France, et ce ne fut que le 14 août qu'on put embarquer définitivement. En passant aux Canaries, les Espagnols de Ténériffe tirèrent deux ou trois coups de couleuvrine sur les bâtiments français, au moment où ils se disposaient à relâcher. Indigné de cette traîtrise, Villegagnon fit canonner si vigoureusement la place que peu s'en fallut, raconte sa Chronique, que les Français ne fissent de cette île enchanteresse leur Brésil. Le 10 novembre, l'amiral mouillait dans la baie de Rio-Janeiro, découverte par nos compatriotes, mais non occupée; la mer l'empêcha de se loger sur un rocher qui en commandait l'entrée : il s'établit donc une lieue plus avant, dans une île inhabitée, où il jeta les fondements d'un fort, appelé par lui Fort-Coligny. Peu après, il envoyait demander des renforts au roi Henri II et aux calvinistes de Genève, offrant, en qualité de coreligionnaire, un refuge assuré aux protestants alors persécutés dans presque toute l'Europe catholique : des deux côtés on répondit à son appel.

Au mois de novembre 1556, le vice-amiral de Bois-le-Comte, son neveu, faisait voile d'Honfleur avec trois nouveaux navires, également équipés et armés par le roi, les deux premiers de quatre-vingts hommes d'équipage, le troisième de cent vingt, comprenant en plus cinq jeunes filles et une femme d'âge pour les gouverner, lesquelles furent les premières femmes françaises que l'on vit au Brésil. En outre figurait à bord le Bourguignon Jean de Léri, zélé calviniste et narrateur plein d'intérêt de cette seconde expédition. La navigation fut pleine de traverses, causées surtout par des tempêtes qui faillirent perdre plusieurs fois l'escadre ; elle fut signalée aussi par des rencontres de bâtiments étrangers, que l'on attaqua souvent, que l'on pilla, il faut l'avouer, d'une manière déloyale et malheureusement fort en usage alors entre les navigateurs de toutes les nations, qu'elles fussent amies ou ennemies. Quand on se sentait le plus fort, raconte Léri, et qu'on faisait rencontre de quelques navires marchands, on feignait d'être dans un grand besoin de vivres, à cause de l'impossibilité où l'on avait été mis par les tempêtes et les calmes plats d'aborder en un lieu secourable, et l'on demandait un partage de subsistance que l'on s'offrait de payer ; mais, sous ce prétexte, on n'était pas plus tôt parvenu à poser le pied sur le navire avec lequel on s'était abouché que celui-ci était dépouillé de tout ce qui semblait beau et bon aux pillards. Les bâtiments espagnols et portugais, qui d'ordinaire étaient de riches proies, couraient surtout les plus grands risques et étaient traités avec d'autant moins de pitié que, lorsqu'ils avaient le dessus, ils n'en montraient eux-mêmes aucune. Les capitaines, maîtres, soldats et matelots des vaisseaux de Bois-le-Comte étaient pour la plupart Normands, et comme, ajoute Léri, ceux de cette province ne le cèdent à personne en mer, ils mettaient tout en fuite devant eux et auraient osé une fois de plus, s'ils l'eussent rencontrée, livrer combat à l'armée navale du roi de Portugal. L'expédition passa la Ligne au mois de février 1557 et découvrit bientôt la terre du Brésil, ainsi appelée par les

Français du bois qu'ils en tiraient, nom qui a prévalu sur celui de Santa-Cruz que lui avaient donné les Portugais. Au bruit du canon d'atterrissage, les naturels accoururent en grand nombre. Les immigrants ne savaient ce qui devait le plus les étonner ou de ces indigènes entièrement nus, peints et noircis par tout le corps, ayant tous la lèvre inférieure trouée pour y accrocher une grande et ronde parure verte, ou de la nature géante et si profondément fournie de cette terre dont les herbes étaient hautes comme des arbres d'Europe, dont les forêts, vierges comme à la naissance du monde, produisaient sans culture les plus énormes végétaux. Cependant quelques matelots, déjà venus sur cette côte, ayant reconnu les habitants pour alliés des Portugais et ennemis des Français, Bois-le-Comte s'empressa de gagner un lieu plus hospitalier, le cap Frio, où les Indiens l'accueillirent à bras ouverts, lui donnant des nouvelles de Villegagnon, qu'ils nommaient *Paycolas*. Dans la première quinzaine de mars, les trois équipages honfleurois étaient rendus au Fort-Coligny.

Dans les premiers jours, l'œuvre de colonisation marcha bien, chacun s'imaginant être appelé à fonder, dans cette partie du Nouveau Monde, une Sion calviniste à l'abri des atteintes du catholicisme romain. Par malheur, Villegagnon, sur de pressants avis que lui avait fait parvenir, dit-on, le cardinal de Lorraine, abjura. Les huguenots l'ayant traité, fort justement, de rénégat, il leur intima l'ordre de sortir de l'île et du Fort-Coligny. Les infortunés, parmi lesquels Jean de Léri, restèrent sur la côte pendant deux mois entiers au milieu des sauvages, plus humains que Villegagnon à leur égard. Enfin ils partirent du Brésil au mois de janvier 1558, avec le regret de n'avoir rien accompli et la persuasion que, sans cette division déplorable, on aurait bientôt régné sur la vaste et belle contrée que déjà on avait saluée du nom de *France Antarctique*. Leurs misères, pourtant, n'étaient point finies : une dévorante privation d'eau et la plus cruelle famine les poursuivirent jusqu'en vue de la Basse-Bretagne, où ils purent se procurer des vivres. A la fin de mai, ils débarquaient au Blavet.

Peu de temps après, Villegagnon, qui ne recevait plus de secours de France, serré de près par les Portugais, repassa en Europe. Il laissait la garde, désormais impossible, de Fort-Coligny à quelques soldats. Ces malheureux ne tardèrent pas à être attaqués et surpris par les Portugais, qui en tuèrent une partie et réduisirent le reste à l'esclavage. Telle fut la lamentable issue d'une entreprise qui, avec un peu de conduite, aurait pu procurer à la France, au détriment du Portugal, la plus belle de ses colonies d'Amérique.

VII

JEAN DE RIBAUT. — RENÉ DE LAUDONNIÈRE. — DOMINIQUE DE GOURGUES.

Néanmoins, Coligny ne renonçait point à l'idée de créer une colonie calviniste. Charles IX monté sur le trône, Catherine de Médicis approuva à son tour ce plan, qui la débarrassait de gens qu'elle exécrait. L'amiral songea, cette fois, à l'Amérique du Nord et fit choix d'un bon huguenot, Jean de Ribaut, gentilhomme de Dieppe, lequel partit de cette ville le 18 février 1562 avec deux bâtiments, des équipages choisis et des gens de noblesse comme volontaires.

La première terre qu'il reconnut fut une pointe assez basse, bien boisée, et située par les 50 degrés nord, à laquelle il donna le nom, changé depuis, de Cap-Français; mais il ne s'y arrêta point, et, ayant tourné à droite, il aperçut, quelque temps après, un grand cours d'eau qu'il nomma rivière des Dauphins, et qui est maintenant appelé rivière de Saint-Jean, dans la Floride proprement dite; il n'y entra pas; mais, continuant à longer les côtes, il en trouva un autre éloigné d'environ quinze lieues du premier; il y pénétra le 1er mai, et le nomma pour cela rivière de Mai; c'est à présent le fleuve de Saint-Marys, aux limites de la Floride proprement dite et de la Géorgie. Il vit, sur les bords, des naturels en assez grand nombre; croyant s'apercevoir qu'ils

étaient charmés de son arrivée, il débarqua et se mit en devoir
de faire construire, sur un monticule, une petite colonne de
pierre aux armes de France. Après avoir pris possession du
pays au nom du roi et de l'amiral de France, et avoir échangé
quelques prévenances avec le chef des naturels, il se rembarqua et continua sa route au nord, rangeant la côte à vue.
A quatorze lieues du fleuve Saint-Marys, il reconnut celui d'Ala-
tamaha, qu'il nomma la rivière de Seine. Il donna ensuite à tous
les autres grands cours d'eau qu'il crut apercevoir dans l'espace
de soixante lieues les noms des principales rivières de France,
comme la Charente, la Loire, la Garonne, etc.; mais on reconnut par la suite qu'il avait pris plusieurs anses pour des embou-
chures de fleuves. Enfin il crut avoir rencontré la rivière Santée,
qu'on appelait alors le Jourdain; mais c'était une erreur : la
rivière Santée lui restait encore au nord, et celle où il entra et
où il jeta l'ancre près d'une petite île était l'Edisto ou Poupon,
que les Espagnols avaient nommé Santa-Cruz. Ribaut imposa à
l'endroit où il avait mouillé l'appellation de Port-Royal; il arbora
les armes de France dans l'île et y fit construire un premier
établissement de défense, qu'il nomma Charles-Fort, en l'honneur du roi Charles IX. Une rivière poissonneuse, un terrain
fertile, des bois remplis de gibier, les balsamiques senteurs des
lauriers, des sassafras et des lentisques, jointes aux ombrages des
lataniers, des cèdres et des palmiers, une population environ-
nante faisant bon accueil, tout se réunissait pour rendre des
plus propices la situation choisie par les Français. A peine
Jean de Ribaut eut-il jeté les premiers fondements de sa colonie,
qu'il lui donna pour chef un certain capitaine Albert et retourna
en France pour y chercher du renfort; il toucha à Dieppe le
20 juillet 1563. Pendant son absence, Charles-Fort fut détruit
par un incendie.

Gaspard de Coligny, loin de reculer devant les difficultés de
tout genre qui mettaient obstacle à ses projets de colonisation
calviniste, y persévérait d'autant plus que la persécution redou-
blait contre les huguenots. Il profita d'un moment où la cour
était entrée, par ses soins, en composition avec ceux-ci pour

engager Charles IX à fournir de nouveaux moyens à ses essais d'établissements en Amérique. Charles lui accorda trois navires bien équipés. L'amiral en confia le commandement à un officier de marine expérimenté, nommé René de Laudonnière, qui connaissait déjà l'Amérique pour y avoir accompagné Jean de Ribaut deux ans auparavant. On lui donna des ouvriers habiles et des détachements de soldats d'élite ; plusieurs jeunes gens de famille et de riches gentilshommes voulurent faire le voyage à leurs dépens. Coligny eut soin, pour ne point créer un prétexte certain de division, de ne faire embarquer que des huguenots. Charles IX fit compter 50,000 écus à Laudonnière pour le voyage et pour ses frais une fois qu'il serait arrivé. Le but primitif de cette seconde expédition était d'aller ravitailler Charles-Fort ; mais on a vu qu'il n'était plus temps. Les trois navires firent voile du Havre-de-Grâce le 22 avril 1564. Deux d'entre eux avaient pour pilotes les frères Michel et Thomas Le Vasseur, gens des plus habiles dans le métier qu'il y eût alors en France. Laudonnière prit sa route par les Canaries, côtoya la plupart des petites Antilles et aborda, le 22 juin, à la côte orientale de l'Amérique du Nord. Quelques jours après, il mouilla à l'embouchure de la rivière de Saint-Jean, dans laquelle les naturels cherchèrent à le retenir ; de là, il passa à la rivière de Saint-Marys, débarqua sur les bords et fut reconnu par les habitants de la contrée, qui lui firent toutes sortes d'amitiés et le conduisirent au monticule où Jean de Ribaut avait précédemment fait graver les armes de France sur une colonne de pierre. Ces Indiens avaient attaché un sens mystérieux à ce monument, ils l'entouraient d'une espèce de culte. Instruit sans doute déjà du total abandon de Charles-Fort, émerveillé par les beautés et les avantages de la position qui se présentait à lui, Laudonnière fit élever, à deux lieues à peu près de la mer, entre la rivière de Saint-Marys, alors rivière de Mai, et celle de Saint-Jean, mais plus rapprochée de la première, une forteresse triangulaire qu'il nomma La Caroline, toujours en l'honneur du roi de France Charles IX. Dès qu'elle fut achevée, Laudonnière envoya en France un de ses navires pour y demander des secours. Il fit dans le même temps construire deux grands bateaux, qu'il destinait à aller chercher des vivres dans les rivières voisines. Enfin il chargea son lieutenant d'Ottigni de remonter le plus avant qu'il pourrait la rivière de Saint-Marys, et de s'assurer de la vérité de ce que les naturels lui avaient dit au sujet de certaines mines d'or que devaient renfermer leurs montagnes. D'Ottigni s'acquitta avec exactitude de sa mission; mais, à mesure qu'il avançait, les mines reculaient, et toujours les indigènes lui indiquaient un pays plus éloigné dans les terres comme les renfermant. On s'aperçut alors que les Indiens n'avaient pas d'autre but, en flattant les étrangers de ce trompeur espoir, que de les attirer à eux et de leur faire livrer peu à peu toutes leurs marchandises. La grande, la féconde, la véritable mine, le défrichement et la culture des terres, continuait à être mise en oubli à La Caroline, comme elle l'avait été à Charles-Fort. Laudonnière fut obligé de prendre parti dans les guerres des populations indigènes entre elles. Dans une de ces guerres, l'enseigne d'Erlach, avec cinq Français, fit gagner une victoire importante à un chef ou *paraousti* du pays, qui faisait sa demeure ordinaire à quatre-vingts lieues du fort de La Caroline. Quand il revint, Laudonnière venait de découvrir un complot que tramaient les siens. Laudonnière était un homme éclairé, ferme et prudent. Après avoir fait justice d'un misérable qui abusait de sa confiance, il profita d'un navire marchand, récemment arrivé à La Caroline, pour renvoyer en France les plus mutins. Il n'avait pourtant pas encore assez épuré ses rangs : peu de jours après le départ des révoltés, les deux bateaux que l'on avait construits pour aller chercher des vivres en remontant les rivières furent enlevés par des matelots et des charpentiers qui disparurent. Le capitaine en faisait construire de nouveau, et ils n'étaient pas encore achevés, quand une révolte ouverte se déclara. Saisi par un soldat, Laudonnière fut transporté dans un de ses navires. Les révoltés armèrent les deux nouveaux bateaux et mirent à la voile au mois de décembre 1564, avec le dessein d'aller droit à Saint-Domingue pour y surprendre et piller une ville réputée une des plus riches de cette

île. L'un des bateaux fit naufrage : l'autre, manquant complètement de vivres, fut obligé de venir mouiller à l'embouchure de
la rivière de Saint-Marys. Laudonnière, qui en eut avis, envoya
un ordre au pilote de s'approcher du port, et quatre des principaux meneurs furent, après jugement, passés par les armes.
Malgré les événements, on était en pleine voie de découvertes
et de relations nouvelles. Malheureusement on éprouvait chaque
jour plus de difficultés à se procurer des vivres. Quelques provisions furent apportées, il est vrai, par un des deux pilotes qui
avait remonté un des cours d'eau voisins ; mais l'infortuné capitaine, n'osant plus rien espérer de la France, ne voyant d'autre
perspective pour lui et pour les siens, si on restait à La Caroline, qu'une mort prochaine assurée, résolut de profiter de ce
secours pour ramener son monde en Europe. Il acheta donc un
navire d'un capitaine anglais pour retourner en France. Au
moment où l'on se disposait à lever l'ancre, on découvrit plusieurs voiles : c'étaient des navires français commandés par
Jean de Ribaut. Tout paraissait terminé : non ! à peine à terre,
Ribaut décrétait Laudonnière d'accusation. C'en était trop. La
probité inattaquable de Laudonnière força Ribaut à reconnaître
que les accusations dirigées contre lui constituaient une série de
véritables calomnies. Une fois disculpé, et malgré les instances
de Ribaut repentant, Laudonnière voulut retourner en France.
Ce vaillant officier avait bien gagné son repos.

Les navires français étaient arrivés le 28 août 1565 : le 4 septembre, une escadre espagnole, commandée par don Pedro
Menendez, vint mouiller dans la même rade qu'eux, et Menendez
demanda, avec une sorte d'intérêt amical, des nouvelles de Jean
de Ribaut. Mais il n'eut pas plus tôt sondé les forces des navires
français, dont plus de la moitié des équipages était à terre, qu'il
se démasqua et cria à ses gens d'aborder. Trahison sans doute,
mais Villegagnon en avait fait autant, ou pire ! Heureusement,
les câbles de ses vaisseaux s'étant embarrassés dans les ancres,
les Français eurent le temps de prendre le large. Menendez les
poursuivit en leur tirant quelques volées de canon, qui ne les
atteignirent pas. Alors, désespérant de les pouvoir joindre, il

se rapprocha de la rivière de Saint-Marys, à dessein d'y entrer. Cinq bâtiments qu'il aperçut à l'ancre et deux bataillons qui, rangés en bon ordre sur la pointe de la barre naturelle de cette rivière, firent feu sur ses vaisseaux changèrent bientôt sa résolution. Menendez se retira du côté de la rivière de Saint-Jean. Les quatre navires français qu'il avait précédemment poursuivis sans succès et qui ne l'avaient point perdu de vue, dès qu'ils eurent remarqué sa retraite revirèrent de bord et retournèrent à leur premier mouillage, les vents s'opposant à ce qu'ils s'approchassent davantage de la rivière de Saint-Marys. Le capitaine Cosset, qui les commandait, écrivit à Ribaut pour achever de l'instruire des événements ; un conseil fut immédiatement assemblé à La Caroline, et toutes les voix, moins une seule, furent d'avis qu'on travaillât sans relâche à se fortifier, pendant qu'on enverrait par terre un gros détachement dans la rivière Saint-Jean pour tomber sur les Espagnols avant qu'ils eussent eu le loisir de se retrancher. Mais la voix qui manquait était celle de Ribaut ; le nouveau chef de la colonie, malgré les remontrances et les prières de Laudonnière, et contre l'avis de tout le conseil qu'il n'avait assemblé que pour la forme, décida qu'il irait avec ses quatre plus grands bâtiments fondre sur trois de ceux d'Espagne que Cosset lui avait mandé être restés au large. En vain on lui fit observer que cette côte était sujette à des ouragans qui duraient quelquefois plusieurs jours, et que si par malheur il en survenait un, tandis que presque toutes les forces de la colonie seraient en mer, rien n'empêcherait les Espagnols, qui étaient dans la rivière de Saint-Jean, de venir s'emparer de La Caroline. Ribaut persista ; il obligea même Laudonnière, qui était alors malade, et à qui il laissa le commandement du fort, à lui donner toute sa garnison et presque tous ses vivres, et partit. La colonie conserva pour toute défense un chef brave, mais alité, un ingénieur nommé Du Lys, deux gentilshommes du nom de La Vigne et Saint-Cler, et de cinquante à quatre-vingts personnes, dont vingt seulement étaient assez valides pour tirer un coup de mousquet. L'imprudence de Ribaut fut, pourtant, sur le point d'être justifiée par le succès. Menendez, ayant eu avis que les Français s'approchaient pour combattre son escadre, quitta les bords de la rivière Saint-Jean où il venait de jeter quelques rapides fondements de colonisation espagnole, donna ordre à deux de ses vaisseaux d'appareiller, à minuit, pour Saint-Domingue, s'embarqua lui-même dans un grand bateau, mit cent cinquante soldats sur un navire de cent tonneaux, puis, avec ces deux bâtiments, alla mouiller sur la barre du fleuve, à deux brasses d'eau. Il n'y avait pas longtemps qu'il y était quand les navires français parurent, et quand l'un deux s'avança vers la barre avec trois chaloupes. Menendez se crut perdu : son bonheur le sauva. Il fallut que les Français attendissent deux heures entières le retour de la marée pour entrer sur la barre ; et en ce moment la mer, qui tout à l'heure était fort belle, s'agita d'un vent du nord si violent que Ribaut fut contraint de s'éloigner de la côte et d'abandonner la proie qu'il était près de saisir. Menendez, tirant aussitôt parti de cet orage, montra aux siens le ciel qui combattait pour eux et contre les huguenots ; puis il donna le signal pour qu'on redescendît à terre et pour qu'à travers bois et marais cinq cents soldats d'élite allassent attaquer les Français dans leur colonie dégarnie, avant que l'escadre de Ribaut eût pu rentrer au port. Menendez domina les menaces et les séditions de ses gens qui s'opposaient à son hardi projet, et lui-même, par une pluie abondante, ayant souvent dans les marais de l'eau jusqu'à la ceinture, et se faisant jour, la hache à la main, dans les forêts, il les conduisit jusqu'au fort de La Caroline : un Français, indigne de ce nom, mais que le fanatisme inspirait sans doute, avait dirigé la marche des Espagnols.

Vaincu par le nombre, Laudonnière conduisit les débris de la colonie au bord de la rivière de Saint-Marys, où il rencontra trois navires français. Un neveu de Jean de Ribaut, qui les commandait, lui en donna un, avec lequel il revint en France.

Quant à Ribaut, jeté du côté du canal de Bahama par la tempête, il vit ses bâtiments brisés sur les rochers. Hors un seul, tous ses hommes parvinrent à gagner le littoral à la nage ; mais, ne sachant que devenir, sans armes, sans munitions, Jean de

Ribaut et les siens entreprirent, pour leur plus horrible perte, de rejoindre à travers les terres le fort de La Caroline, qu'ils atteignirent après des peines et des fatigues inouïes. Les Espagnols s'en étaient déjà emparés, et lui avaient donné le nom de San-Matheo. A bout de forces et désespéré, Ribaut envoya son pilote Michel Le Vasseur demander quel traitement il pouvait espérer des vainqueurs. Menendez répondit que l'on n'avait qu'à venir à lui avec confiance, qu'il agirait comme un bon père fait pour ses enfants. Les Français, au nombre de huit cents, se fièrent à la parole de Menendez. A mesure qu'ils se livraient, ce monstre, se signant le front, leur fit enfoncer un poignard dans le cœur. Puis, les Espagnols firent rassembler tous les cadavres de leurs victimes et les pendirent à des arbres, avec cette inscription : « Ceux-ci n'ont pas été traités de la sorte comme Français, mais comme hérétiques et ennemis de Dieu. »

A la cour de Charles IX, on ne parut même pas se préoccuper de cet atroce dénouement d'une entreprise française ; au surplus, c'étaient autant de huguenots en moins ! Un simple gentilhomme gascon, Dominique de Gourgues, se chargea à lui seul d'aller laver dans le sang espagnol l'injure faite à son pays. Il partit de Bordeaux, le 2 août 1567, pour l'ancien fort français de La Caroline avec trois navires susceptibles d'aller à la rame et tirant assez peu d'eau pour entrer dans la plupart des rivières de la partie de l'Amérique qu'il avait en vue. Il lia quelques rapports avec les Indiens et apprit d'eux qu'il n'y avait que quatre cents Espagnols dans la place. Il descendit aussitôt à terre, s'avança avec ses gens jusqu'à peu de distance d'un des deux ouvrages qui couvraient le fort principal et s'en empara ; le second fortin eut bientôt le même sort. Deux jours après, tous les Espagnols occupant le fort principal furent massacrés ou pris. De Gourgues leur rappela leur perfidie, leur cruauté, leur infamie, et les fit pendre à ces mêmes arbres dont les branches avaient naguère plié sous les restes mutilés des malheureux compagnons de Ribaut. A la place de l'ancienne inscription de Menendez il attacha la suivante : « Je ne fais ceci comme à Espagnols, mais comme à traîtres, voleurs et meurtriers. » De

GASPARD DE COLIGNI

Amiral de France.

Né le 16. Fev. 1516 Mort a Paris le 24. Aoüt 1572.

Gourgues, ne pouvant entreprendre de relever le fort de La Caroline, le rasa, mit à la voile le 3 mai et débarqua à la Rochelle le 6 juin 1568. Pour récompense de sa glorieuse expédition, Catherine de Médicis voulut lui faire trancher la tête. Il ne put se réfugier qu'à grand'peine chez le président de Marigny, à Rouen; les événements postérieurs lui permirent, néanmoins, de surmonter sa disgrâce et même de reprendre un peu plus tard du service. A sa mort, de Gourgues laissa la réputation d'un des plus vaillants et habiles marins de son siècle.

VIII

DE LA COURT-PRÉCOURT RAVILLON. — RIFAUT. — DE LA ROCHE. — CHEDOTEL. — DE PONTGRAVÉ.

Les premières années du règne de Henri IV, quoique agitées, en promettant une politique ferme et stable rendirent quelques espérances au commerce et l'encouragèrent à quelques essais.

En 1591, un navigateur français, nommé de La Court-Précourt Ravillon, partit, sur le navire le *Bonaventure,* pour le Canada, reconnut les îles de Saint-Pierre et de Miquelon, près de Terre-Neuve, et une partie de celles qui composent l'archipel de la Madeleine, dans le golfe de Saint-Laurent.

En 1595, on entreprit aussi de faire un nouvel essai de colonisation française au Brésil. Un capitaine rochelois, nommé Rifaut, s'y rendit avec trois navires; mais la division, qui s'introduisit aussitôt entre les gens faisant partie de son expédition, le força bientôt de revenir sans avoir jeté le moindre fondement d'établissement.

En 1598, une entreprise, de quelque éclat par le personnage qui la commandait, fut faite vers le Canada. Henri IV donna commission à cet effet au sieur de Mesgouet, marquis de La Roche, gentilhomme breton, et le nomma son lieutenant-général dans tous les pays de l'Amérique du Nord, sur lesquels la

France élevait des prétentions depuis les découvertes de Verazzani et de Jacques Cartier. Les pouvoirs conférés au marquis
de La Roche étaient tout semblables à ceux dont François Ier
avait précédemment revêtu Roberval. Il arma un vaisseau, sur
lequel il s'embarqua avec un habile pilote normand, nommé
Chedotel. La première terre où de La Roche aborda fut l'île de
Sable, située par les quarante degrés douze minutes nord
environ, et qui, inhabitable, sans ports, complètement impro-
ductive, renfermant, dans son étendue de dix lieues, un lac qui
en a lui-même cinq, n'offrait pas les plus petites chances à la
colonisation. Le marquis de La Roche y débarqua quarante
malheureux qu'il avait tirés des prisons de France, et qui ne
tardèrent pas à y regretter jusqu'à leurs cachots. Par les mérites
de son excellent pilote Chedotel, de La Roche alla ensuite reconnaître les côtes du continent le plus proche, qui sont celles de
l'Acadie, et, après y avoir recueilli toutes les connaissances qui
lui semblaient nécessaires pour une nouvelle et plus importante
expédition, il appareilla pour retourner en France. De La Roche
avait, dit-on, le projet de repasser par l'île de Sable, afin d'y
reprendre ceux qu'il y avait déposés ; mais il paraît que les
vents contraires l'empêchèrent d'aborder. Divers contretemps
l'arrêtèrent en France les années suivantes, et la mort l'atteignit
avant qu'il eût pu donner suite à son entreprise. On s'accorde à
dire qu'il avait commis une faute énorme en ne commençant
pas un établissement en Acadie, où une pêche sédentaire, qui
ne lui aurait pas coûté beaucoup, aurait pu lui éviter la ruine
qui le frappa.

Les quarante malheureux qu'il avait laissés dans l'île de
Sable s'y fabriquèrent d'abord des baraques avec quelques
débris de vaisseaux espagnols trouvés sur le rivage. De ces
mêmes vaisseaux, qui avaient eu pour but d'aller faire un essai
de colonisation à l'île Royale, il était sorti quelques moutons et
quelques bœufs, qui avaient multiplié dans l'île de Sable, et qui
furent pendant quelque temps une ressource pour les pauvres
exilés ; le poisson devint ensuite leur unique nourriture. Quand
leurs habits furent usés, ils s'en firent de peaux de loups marins.

Enfin, au bout de sept ans, le roi, ayant ouï parler de leur aventure, fit un devoir au pilote Chedotel d'aller les chercher. Chedotel n'en trouva plus que douze, qu'il ramena ; les autres étaient morts de misère. Henri IV voulut voir ceux qui étaient revenus, dans l'équipage qu'ils s'étaient fait à l'île de Sable ; on les lui présenta avec leurs peaux d'animaux marins, leurs longs cheveux, leur longue barbe, et on leur trouva dans ce bizarre accoutrement quelque ressemblance avec les dieux mythologiques des fleuves. Le roi leur fit compter à chacun cinquante écus, et les déchargea de toutes poursuites de justice.

L'insuccès de la tentative du marquis de La Roche n'empêcha pas qu'on ne sollicitât vivement, après sa mort, la commission qu'il avait eue du roi. Un des principaux négociants de Saint-Malo, de Pontgravé, qui avait accompli personnellement plusieurs voyages à Tadousac, au confluent de la Saguenai et du Saint-Laurent, dans le Bas-Canada, comprit que la traite des pelleteries dans le nord de l'Amérique pourrait devenir le fonds d'un grand commerce, et conseilla au capitaine Chauvin d'en demander le privilège exclusif avec toutes les prérogatives attachées à la commission de M. de La Roche. Chauvin, ayant goûté cet avis et obtenu ce qu'il désirait du roi, équipa aussitôt quelques bâtiments de peu de port et les conduisit à Tadousac. Pontgravé, qui l'accompagnait, voulait monter jusqu'aux Trois-Rivières, parce que ce lieu, qu'il avait précédemment visité avec soin, lui paraissait plus propre qu'aucun autre à un établissement ; mais le capitaine Chauvin ne montra aucune volonté de coloniser : quand il eut rempli ses navires de peaux de castor et de pelleteries de toutes sortes, il revint à Saint-Malo. Un second voyage, accompli l'année suivante, fut aussi stérile pour la France.

IX

SAMUEL CHAMPLAIN.

La campagne de Chauvin fut reprise par Aymard de Chastes qui, en 1604, forma une Compagnie de marchands rouennais, auxquels s'associèrent plusieurs personnes de haut rang. Il remit la conduite de son armement à Pontgravé.

Dans le même temps, un gentilhomme de Brouage, Samuel Champlain, arrivait d'Amérique, où il avait passé deux ans et demi. Il accepta les propositions d'Aymard de Chastes de tenter avec Pontgravé un nouveau coup de fortune sur le Canada. Partis dans cette même année 1604, les deux associés s'arrêtèrent peu à Tadousac, mais y laissèrent leurs navires, puis, sur un bateau léger, remontèrent le Saint-Laurent jusqu'au saut de Saint-Louis, point où s'était arrêté Cartier. Quand Champlain et Pontgravé revinrent en France, de Chastes était mort, et un calviniste, Pierre du Guast de Monts, l'avait remplacé dans son titre de lieutenant-général du roi. De Monts sut accroître la Compagnie et augmenter ses armements, puis lui-même partit du Havre le 7 mars 1605 avec Champlain, Pontgravé et Jean de Biencourt, seigneur de Poutrincourt. Ils abordèrent tous d'abord dans un port d'Acadie, que La Roche avait déjà reconnu, et le nommèrent Port-Rossignol. Champlain visita une grande partie de la côte dans une chaloupe; il en prit possession au nom du roi de France. On avait d'abord fait le choix d'un îlot d'une demi-lieue de tour pour s'y établir, mais on l'abandonna presque aussitôt pour aller chercher un lieu plus avantageux, qu'on trouva à l'embouchure d'une rivière de la presqu'île d'Acadie, dans la Baie-Française. La rivière et l'établissement reçurent le nom de Port-Royal. Pontgravé fut nommé par de Monts lieutenant de la nouvelle colonie. De Monts, à son tour, jugea alors utile de regagner la France, où

les pêcheurs de tous les ports du royaume réclamaient avec
force contre les privilèges par trop exclusifs de la Compagnie
d'Amérique. A son arrivée, ces privilèges venaient d'être révo-
qués en conseil du roi. De Monts, ne perdant pas pour cela courage, fit un nouveau traité avec Poutrincourt, par qui il avait
été suivi en France, et qu'il engagea à retourner en Acadie.

Poutrincourt remit à la voile de la Rochelle avec un seul
vaisseau, le 13 mars 1606. Le voyage fut long, ce qui donna lieu
de croire aux colons de Port-Royal qu'on les abandonnait.
Pontgravé, après avoir employé en vain tous ses raisonnements
à les rassurer, venait de se voir contraint de se rembarquer avec
tout son monde et se trouvait encore presque à vue de la Baie-
Française, quand il apprit par une barque l'arrivée de Poutrincourt en Acadie. A cette nouvelle, il rebroussa chemin et rentra
dans Port-Royal, où il trouva Poutrincourt, qui déjà y était
débarqué sans qu'ils se fussent rencontrés. De Monts avait fait
précédemment à celui-ci la concession de Port-Royal. Pontgravé,
homme sage, habile, infatigable et d'une haute expérience, loin
d'en être jaloux, l'aida à s'y fortifier. Un autre personnage,
nommé Marc Lescarbot, avocat de Paris, dont les relations de
voyages sont le fond de tant d'autres qui ont vu le jour depuis,
s'était aussi embarqué pour Port-Royal et y rendait de signalés
services, employant les ressources d'un esprit des plus féconds
à inventer chaque jour quelque chose de nouveau pour le bien
et l'utilité de la colonie. Pendant ce temps, Samuel Champlain
continuait à explorer les côtes. En 1607, de Monts eut le crédit
de se faire rétablir, pour une année, dans son privilège, à la
condition expresse qu'il fonderait un établissement sur le fleuve
Saint-Laurent. Sa Compagnie, dans laquelle les Malouins avaient
fini par être en majorité, ne l'avait pas abandonné dans sa disgrâce ; mais il paraît qu'elle n'avait en vue que le commerce des
pelleteries, et cet objet lui fit prendre le change et délaisser
l'Acadie, où Poutrincourt, confirmé par le roi dans sa concession,
resta seul pour coloniser. Les associés de de Monts équipèrent
deux navires à Honfleur et les confièrent à Samuel Champlain
et à Pontgravé, qui furent chargés de se rendre à Tadousac.

L'année suivante (1608), de Monts envoya encore des navires dans le fleuve Saint-Laurent. Mais il n'avait pas seulement des ennemis parce qu'il était privilégié, il en avait encore et de plus dangereux comme calviniste ; or, ces derniers firent si bien que, après lui avoir fait perdre définitivement son privilège, ils le forcèrent même à se retirer de l'association qu'il avait fondée ; et alors, pour bien marquer que c'était à sa personne propre qu'on en voulait et non aux abus, le privilège fut immédiatement rendu à la Compagnie. Henri IV ne put empêcher cet excès d'intolérance. Au surplus, les associés de de Monts ne songeaient qu'à remplir leurs coffres, et ils n'eussent su accomplir rien d'honorable ou qui méritât d'être rappelé sans le perspicace Samuel Champlain qui, n'envisageant le commerce qu'en seconde ligne et pensant d'abord en citoyen, étudia avec soin l'endroit le plus propice pour créer un grand établissement définitif au Canada. Champlain fonda donc en 1608, à cent vingt lieues de la mer, sur la rive droite du Saint-Laurent, une ville destinée à un grand avenir, car cette ville était Québec.

Pendant ce temps, Poutrincourt, revenu en France, se voyait en butte aux attaques intéressées des Jésuites. Henri IV venait de mourir, Marie de Médicis était régente, les Révérends Pères exigeaient l'étouffement d'une colonie française protestante surgie, malgré eux, au delà des mers. La Compagnie de Jésus l'emporta, ce qui n'étonnera personne. Le 12 juin 1611, ses missionnaires débarquaient au Port-Royal, se faisaient donner en 1613 le chevalier de La Saussaye comme gouverneur, lequel fondait un petit port du nom de Saint-Sauveur, puis exaspéraient les populations indigènes par leurs conversions forcées. Il en advint que les Anglais, qui n'avaient point donné signe de vie jusque-là, ne voyant que des Jésuites au lieu et place des Français, se jetèrent sur la rive acadienne, enlevèrent Saint-Sauveur et Port-Royal, expulsèrent leurs défenseurs, puis gardèrent le tout. C'était à prévoir. Le gouvernement de Louis XIII ne s'en préoccupa point. Il est, du reste, à noter que toujours l'État a fait défaut au zèle des colonisateurs français, vice fondamental et réfléchi qui persiste encore à notre époque,

qu'aucune révolution politique ne semble pouvoir supprimer ou
du moins neutraliser. La France étouffera, si elle n'y prend
garde, par l'excès de mauvais vouloir de sa centralisation de
parti pris. C'est en quoi le gouvernement anglais, protecteur
en tout et partout des intérêts de ses particuliers, ne manque
jamais de mieux comprendre son rôle.

Plus heureux dans le Canada, Samuel Champlain avait pénétré,
dès l'an 1611, avec Pontgravé chez les Indiens Iroquois et avait
découvert sur sa route, dans l'État actuel de New-York, un lac
d'environ vingt lieues de long sur douze de large, qui porte encore
son nom. C'est en ce lieu qu'il avait remporté sa première grande
victoire sur ces sauvages, ennemis acharnés des Algonquins et
des Hurons, alors alliés des Français. Après avoir laissé sous
les ordres d'un homme de cœur, Pierre Chavin, la colonie de
Québec, Champlain revint avec Pontgravé dans la mère-patrie
pour y rendre compte de notre situation au Canada, que l'on
commençait à nommer la Nouvelle-France. L'infatigable pionnier
voulait mener, à tout prix, son entreprise à bonne fin. La mort
de Henri IV ayant complété la disgrâce de de Monts, ce dernier
engagea fortement Champlain, qui lui était resté fidèle, à chercher
un nouveau protecteur pour la colonie. Charles de Bourbon,
comte de Soissons, et Henri II de Condé furent les deux premiers
qui eurent, en conséquence de ce protectorat, le titre de vice-roi
de la Nouvelle-France. Inutile de dire qu'ils n'y mirent jamais
le pied. Champlain, investi par eux de la lieutenance, conclut
un nouveau traité d'association avec des marchands de Saint-
Malo, de Rouen et de la Rochelle, tandis que d'un autre côté,
toujours secondé par Pontgravé, il faisait, à chacun de ses voyages
au Canada, quelque expédition pour soumettre les Iroquois.
Dans l'une d'elles, en 1615, il fut blessé et se vit par suite obligé
d'hiverner au milieu des Hurons, ce qu'il fit avec un grand
courage et de manière à en tirer parti pour sa colonie.

En 1620, un prince du nom de Condé ne crut pas se déshonorer
en vendant pour 11,000 écus sa vice-royauté de la Nouvelle-
France à l'amiral de Montmorency. Le nouveau vice-roi continua
la lieutenance à Champlain, qui, persuadé désormais que l'éta-

blissement de Québec allait prendre l'importance qu'il méritait, ne craignit pas d'y transporter sa famille. Après cette grande preuve de confiance donnée à la colonie, Champlain continua à combattre les Indiens Iroquois, secrètement soutenus par les Hollandais, établis, depuis l'an 1613, dans cette partie de l'Amérique qu'ils avaient appelée la Nouvelle-Belgique et qui a pris par la suite le nom de la Nouvelle-York. Sur ces entrefaites, la Compagnie du Canada fut supprimée, en 1622, à la demande de Samuel Champlain, comme ne remplissant aucun de ses engagements ; le cardinal de Richelieu, dans le cours de l'année 1627, en forma une autre de cent associés, sur un plan qui lui fut présenté. Le duc de Ventadour était alors vice-roi du Canada ; il fit abandon de sa charge, tout honorifique, à la nouvelle association qui, comptant parmi ses membres le maréchal d'Effiat, le vice-amiral de Razilli et le cardinal de Richelieu lui-même, reçut le titre de Compagnie de la Nouvelle-France.

C'était le temps de la guerre civile de la Rochelle ; les Anglais en prirent occasion de se saisir des premiers navires envoyés par la Compagnie et d'aller attaquer les établissements français en Amérique. Une de leurs escadres, sur laquelle se trouvaient plusieurs huguenots de France, remonta le Saint-Laurent jusqu'à Québec et somma cette ville naissante de se rendre. Champlain, qui s'y était fortifié, s'y défendit longtemps avec un grand courage et ne l'abandonna, en 1629, aux ennemis que quand il eut essuyé avec les siens toutes les horreurs d'une extrême famine et après une capitulation dont il dicta lui-même les conditions.

On doit imaginer quelle fut la douleur de Champlain en quittant la colonie dont il pouvait être regardé comme le fondateur et le père. Il revint en France plaider avec ardeur auprès du gouvernement pour qu'il en exigeât la restitution. Ses efforts furent couronnés de succès, et, en vertu d'un traité signé à Saint-Germain-en-Laye le 29 mars 1632, le Canada fut rendu aux Français avec l'Acadie ; l'île du cap Breton ou île Royale fut reconnue aussi pour possession française. En 1633, la Compagnie de la Nouvelle-France rentra dans tous ses droits ; elle concéda l'Acadie au vice-amiral commandeur de Razilli, un de ses membres, à condition qu'il y ferait un établissement. Il en fit un en effet, mais pas assez considérable pour être respecté, dans le port de La Hève. Samuel Champlain, nommé gouverneur de la Nouvelle-France, y retourna avec une escadre honorable et qui semblait prouver que l'on avait des intentions sérieuses de se maintenir dans l'Amérique du Nord. Il venait d'assister à la fondation d'un collège, à Québec, quand il finit sa carrière si bien remplie au mois de décembre 1635. Si un jour, comme cela ne paraît pas douteux, le Canada devient un empire puissant et indépendant, le nom de Samuel Champlain y sera inscrit en lettres d'or parmi ceux des grands fondateurs qui ont servi et honoré l'humanité.

X

HENRI D'ESCOUBLEAU DE SOURDIS.

A cette époque, les prélats jouaient un grand rôle dans la marine de France; car le clergé du pays, s'inspirant de son prince le plus éminent, semblait revenu aux premiers temps du moyen âge, où les mêmes mains qui bénissaient et qui portaient la crosse faisaient le geste du commandement militaire et portaient bravement la lance. Le plus étrange de ces personnages, déjà célèbre par ses querelles avec le duc d'Épernon, gouverneur de Guienne, était Henri d'Escoubleau de Sourdis, archevêque de Bordeaux. Il avait accompagné naguère Richelieu à la Rochelle, et avait eu, pendant le siège, l'intendance de l'armée et la direction des vivres. Depuis, il s'était senti entraîné, autant par ses penchants que par son désir de plaire au cardinal, vers la marine; il en avait fait une étude théorique qu'il était prêt à mettre en pratique. Henri de Lorraine, comte d'Harcourt, ayant été choisi, en 1636, pour lieutenant-général de la flotte chargée d'aller reprendre les îles de Lérins aux Espagnols, l'archevêque de Sourdis lui fut adjoint comme chef du conseil de marine et comme intendant-général. De Beauvau, évêque de Nantes, fut, de son côté, revêtu des mêmes charges sur les galères de la mer du Levant, qui avaient alors pour général le marquis de Pontcourlai, neveu du cardinal-ministre. L'évêque de Nantes eut ordre de se rendre en Provence et de faire arrêter tous les vaisseaux, tant français qu'étrangers, qu'il jugerait propres à être équipés en guerre, pour les joindre à ceux que l'archevêque amènerait de l'Océan. La flotte de l'Océan ou du Ponant, réunie à la rade de Saint-Martin-de-Ré, et divisée en trois escadres : de Bretagne, de Normandie et de Guienne, se composait de trente-huit vaisseaux de guerre, sans compter les brûlots, les flûtes et les frégates, alors petits navires à rames, avec ou sans pont, qui servaient surtout à aller à la découverte. Cette flotte passa le détroit sans obstacle, sous la conduite du comte d'Harcourt accompagné de l'archevêque, au mois de juillet 1636, et fut jointe près des îles d'Hyères par douze galères et treize gros vaisseaux de Provence. Des mésintelligences empêchèrent qu'elle n'en vînt à son but cette année. Le comte d'Harcourt eut occasion d'offrir une fois la bataille à la flotte ennemie, qui la refusa, quoique, paraissant en pourpoint sur le pont de son vaisseau amiral et faisant un grand bruit de toute son artillerie, il la défiât de toutes manières. Pour occuper son temps, il alla faire une descente dans l'île de Sardaigne, qu'il mit à contribution et dont il ravagea les côtes.

L'année suivante, d'Harcourt et Sourdis recommencèrent l'opération. Le 28 mars 1637, ils débarquaient à Sainte-Marguerite sous le feu de l'ennemi, forçaient les Espagnols à se retirer dans le fort de Monterey et s'installaient eux-mêmes dans un fortin évacué. L'archevêque fut blessé pendant l'affaire. Le 12 mai, le gouverneur espagnol capitulait, et M. de Guitaut reprenait, quelques jours après, possession des îles de Lérins au nom du roi de France. Cette expédition rapporta beaucoup de gloire à Sourdis, qui en avait inspiré les moindres détails et qui ne s'était pas ménagé dans l'action.

Au mois de juillet 1638, le cardinal de Richelieu confiait à

M. de Sourdis le commandement d'une flotte de soixante-quatre
voiles, dont quarante-quatre galions, pour coopérer à la prise
de Fontarabie, alors assiégée par le prince de Condé. Le 17 août,
on aperçut dix-huit bâtiments espagnols croisant au large ;
l'archevêque vint leur couper la route avec dix-neuf galions.
L'escadre espagnole se réfugia sous les batteries de Guetaria,
et le calme retint plusieurs jours les Français dans l'inaction.
Enfin le 22 la lutte eut lieu : après un combat acharné, les
Espagnols furent mis en pleine déroute. Tout ce qui ne fut pas
coulé devint la proie des flammes.

Le 1ᵉʳ juin 1639, l'archevêque de Bordeaux partit de Belle-Isle
avec la flotte du Ponant et parut le 8 devant La Corogne. A son
approche, trente-cinq navires espagnols chargés de troupes, se
disposant à faire voile pour les Flandres, se retirèrent prudemment dans le port sous la protection de deux batteries et d'une
estacade. Sourdis, ne pouvant les attirer au combat, prit le
parti d'aller les attendre sur la route de Dunkerque ; mais,
assailli par une violente tempête, il eut grand'peine à regagner
Belle-Isle après avoir perdu dans la tourmente vingt doubles
pinasses ou frégates de Calais, pontées et montées par les meilleurs hommes désignés pour les descentes.

Le 7 août, l'archevêque reprenait la mer et, se portant de nouveau sur les côtes d'Espagne avec une flotte de soixante-treize
voiles, détruisait les forts de Larédo, qui fut livrée au pillage.
Le 16, une énergique attaque fut dirigée sur Santona, où s'étaient
réfugiés deux galions espagnols que leurs capitaines abandonnèrent en les livrant aux flammes : on sauta à leur bord, mais
un seul put être préservé d'une destruction complète.

Vers la fin de juillet 1640, Sourdis courut chercher l'ennemi
sur les côtes de Naples et de la Sicile. Ayant ouï dire que le duc
de Fernandez, amiral d'Espagne, était près de Gênes et répan-
dait le bruit qu'il avait couru toute la mer pour combattre la
flotte française sans pouvoir la rencontrer, il lui envoya ce car-
tel assez curieux, surtout quand on songe aujourd'hui au caractère sacerdotal du personnage qui l'expédiait : — « Monsieur,
« si vous êtes allé chercher aux îles de Sainte-Marguerite les

« dix-huit galères que j'ai l'honneur de commander avec pareil
« nombre, comme toute l'Italie le publie, je m'assure que vous
« aurez joie que je vienne pour vous faciliter la rencontre. Les
« six vaisseaux qui les suivent ne vous doivent faire ombrage,
« car on les peut tenir à distance en mer ou les mettre en dépôt
« dans le port de Gênes. Que toute appréhension soit donc
« levée de ce côté. La générosité que vous professez et la valeur
« que vous avez toujours fait paraître, et que j'honore à un
« haut point, m'ont fait venir de deux cents milles d'ici pour
« vous donner cette satisfaction et vous témoigner, en ce faisant,
« que je suis votre très humble et obéissant serviteur. » —
L'archevêque ne reçut pas de réponse, et la flotte du duc n'osa
pas tenir la mer. Sourdis alla donc enlever un vaisseau jusqu'au
fond du golfe de Naples, puis trois autres et un gros galion sur
la côte, pendant qu'une descente meurtrière retenait au soin de
leur propre défense les troupes qui les voulaient secourir.

Le 27 mars 1641, à l'occasion des affaires de Catalogne, l'archevêque enlevait cinq vaisseaux espagnols jusque sous le
canon de Roses. L'éclatant renom de Sourdis était alors à
son apogée.

Chargé de bloquer Tarragone par mer, pendant que le maréchal de la Mothe-Houdancourt l'assiégeait par terre, l'archevêque fit encore d'importantes captures. Il concourut vivement
à la prise du fort de Salo. Mais ce devait être la fin de la carrière et des exploits militaires de l'archevêque de Bordeaux. Le
20 août de cette année 1641, un convoi espagnol trompa sa
vigilance et parvint à ravitailler Tarragone, qui était sur le
point de succomber ; ce fut le prétexte que le maréchal de Hou-
dancourt donna pour lever son siège. Plusieurs combats bril-
lants s'étaient livrés sur mer pendant le siège de Tarragone ;
dans l'un deux, on avait vu trois vaisseaux français commandés par Boissis, Quelus et un autre capitaine dont on n'a pas
gardé le nom, se défendre contre vingt galères et les forcer à
reculer. Du Quesne se signala dans la retraite. L'archevêque
ramena sa flotte à Toulon sans laisser un seul de ses navires
aux Espagnols ; le vaisseau amiral duquel il descendit avait

tous ses mâts coupés et était criblé de coups de canon. Cependant la levée du blocus de Tarragone fut le signal de la disgrâce
de Sourdis. Richelieu le relégua à Carpentras.

XI

AUGUSTIN DE BEAULIEU.

Pendant ce temps, les Normands ne cessaient pas d'explorer
la route des Indes Orientales. En 1616, une Compagnie, qui avait
pour chef Girard Le Flamand, fit partir de Normandie quelques
navires à destination de Java. L'entreprise réussit.

Le 2 octobre 1619, le Rouennais Augustin de Beaulieu, prenant
le titre de général, mit à la voile de Honfleur avec le *Montmorency*
qu'il commandait en personne, l'*Espérance* et l'*Ermitage*,
273 hommes d'équipage, 56 canons, 2 fauconneaux et 48 pierriers.
Les capitaines Gravé et Redel étaient ses seconds. L'expédition
emportait des vivres pour deux ans.

Le 2 novembre, elle doubla le cap Vert. On eut quelques relations avec les habitants de la côte africaine, que Beaulieu connaissait déjà pour avoir fait en 1612, de concert avec le chevalier
de Bricqueville, un essai de colonisation sur la rivière de Gambie.
Le 6 janvier 1620, on passa la Ligne. Le 15 mars suivant, on
jeta l'ancre dans la baie de la Table, au cap de Bonne-Espérance :
les équipages descendirent, en partie, à terre et nouèrent des
pourparlers amicaux avec les naturels ; on fit même une assez
longue excursion dans le pays. Les temps contraires ne permirent
pas de remettre à la voile avant le 5 avril. Le 26 du même mois,
une tempête affreuse jeta le *Montmorency* dans un tel désarroi
que Beaulieu se vit contraint de laisser prendre les devants
à l'*Espérance* et d'aller, avec la patache l'*Hermitage*, se réparer à Madagascar, dans la baie de Saint-Augustin. Beaulieu et
Gravé s'étaient, préalablement, donné le mot pour se rejoindre
à Bantam, dans l'île de Java, avant la fin de l'année.

Le général de l'expédition, qui, pendant le cours de son long voyage, s'occupa activement, soir et matin, d'étudier les variations de l'aimant, ne négligea pas non plus de s'enquérir des mœurs, usages et richesses des pays qu'il rencontrait. L'île de Madagascar fut l'objet de son attention pendant tout le temps qu'il y séjourna, et quand il la quitta, le 3 juin 1620, ce fut pour aller prendre connaissance des Comores. La Grande-Comore, qui est, dit-il, la plus proche de la terre ferme de Mozambique, lui parut attirer, en raison de sa hauteur, beaucoup de nuages autour d'elle qui la rendent extrêmement froide et humide. Le roi de la Grande-Comore envoya un de ses gens à Beaulieu pour lui témoigner le plaisir que lui faisait éprouver l'arrivée des Français dans ses terres. Beaulieu remarqua d'une manière particulière l'île Mayotte : il la trouva d'un excellent mouillage, moins haute, plus habitable que les autres Comores, et abondamment pourvue de tout ce qui est nécessaire à la vie.

Le 28 juin, le *Montmorency* repassa la Ligne, et le 27 septembre on aperçut, après bien des difficultés, la côte de Malabar. Le lendemain, Beaulieu détacha une embarcation avec vingt-trois hommes pour aller s'informer, auprès d'un bâtiment qu'on découvrait au loin, de l'inconvénient qu'il y aurait peut-être à essayer de doubler le cap Comorin dans une saison si avancée. Beaulieu attendait depuis quelque temps le retour de son canot, quand un bruit de mousqueterie vint lui présager quelque malheur. En effet, on vit revenir l'embarcation avec cinq hommes seulement des vingt-trois qui avaient été envoyés à la découverte, et encore ces cinq infortunés étaient-ils horriblement mutilés. Le bâtiment au-devant duquel on était allé appartenait à des pirates Maures qui, après avoir attiré à eux les Français, en avaient fait un affreux massacre. Le 2 octobre pourtant, le *Montmorency* était en travers du cap Comorin, avec la patache l'*Hermitage,* où les maladies ne laissèrent bientôt plus que trois hommes vivants. Beaulieu n'arriva à l'île de Sumatra, le 1er décembre 1620, que pour y ouïr les bruits précurseurs d'un malheur bien plus grand que tous ceux qui avaient précédé ; ces bruits concernaient le navire l'*Espérance* et son équipage. Aussitôt

on envoya de Ticou, où l'on se trouvait, à Achem et à Bantam,
pour avoir de plus amples informations. Beaulieu se rendit même
de sa personne à Achem, où il fut reçu avec une pompe tout
asiatique par le souverain du pays. Là, les Français eurent fort
à se plaindre des Anglais, à ce point qu'ils eurent besoin de
beaucoup de précautions pour se garantir d'être assassinés par
eux. Beaulieu honora son expédition par le rachat de plusieurs
chrétiens, Portugais de nation, qui étaient esclaves du souverain
d'Achem. Cependant le général, restant toujours sans nouvelles
positives de l'*Espérance,* et n'en ayant plus même de la patache
l'*Hermitage,* dernièrement envoyée pour découvrir ce bâtiment,
prit le parti d'aller lui-même à la recherche. Après avoir un
moment fait voile du côté de Bantam, il revenait vers la rade
d'Achem, sur l'avis qu'un petit navire français s'y trouvait, quand
un vaisseau, portant pavillon anglais, détacha sa chaloupe vers
le *Montmorency* et lui envoya une personne qui avait appartenu
à l'*Espérance.* Beaulieu apprit alors d'une manière certaine que
ce navire avait été arrêté, puis brûlé, la nuit, par les Hollandais,
à Iacatra, et que, s'il n'y prenait garde, on préparait au *Montmorency* un sort pareil ; il apprit aussi que le capitaine Gravé,
après être parvenu, non sans beaucoup de peine, à s'échapper
des mains des Hollandais, se trouvait très gravement malade
sur le bâtiment même d'où venaient ces tristes détails. Peu de
jours après, Gravé mourut à bord du *Montmorency,* où on l'avait
déposé. Beaulieu retourna à Achem, en l'île de Sumatra, où il
fit un nouveau séjour, et se rendit de là pour la seconde fois à
Ticou, d'où il appareilla pour la France le 1er février 1621.

Il débarqua au Havre le 1er décembre de la même année,
après trente-huit mois d'une navigation qui, malgré bien des
mésaventures, des catastrophes même, n'avait pas été infruc-
tueuse, puisque le *Montmorency* rapportait une charge plus que
suffisante pour en couvrir les frais. Les armateurs normands
ne devaient pas oublier pendant longtemps encore la route des
Indes Orientales.

XII

FONCET DE BRÉTIGNY. — JEAN DU PLESSIS. — BELAIN D'ESNAMBUC.

Les Normands n'oubliaient pas davantage l'Amérique. De 1626 à 1633, des marchands de Rouen fondèrent à la Guyane plusieurs colonies composées chacune d'un petit nombre d'hommes. En 1633, d'autres négociants de Rouen obtinrent le privilège du commerce et de la navigation des pays sis entre l'Orénoque et l'Amazone ; mais cette tentative ne réussit pas. Une nouvelle compagnie, celle du Cap-Nord, se forma sur les ruines de la première en 1643 ; elle n'aboutit pas davantage. Un des associés, Poncet de Brétigny, parti de Dieppe avec trois cents hommes, se conduisit avec une telle barbarie et vis-à-vis de ceux-ci et vis-à-vis des indigènes qu'on le massacra. Les Indiens Galibis n'eurent point de repos qu'ils n'eussent tué ou chassé tous les Français. La réoccupation de la Guyane par la France ne devait avoir lieu que plus tard.

En 1635, Charles Liénard de l'Olive, lieutenant-gouverneur de Saint-Christophe, et Jean du Plessis d'Ossonville, représentant la Compagnie des îles d'Amérique, se rendirent à La Guadeloupe, abandonnée depuis sa découverte aux Caraïbes, et en prirent possession. Du Plessis sut se concilier les naturels par son esprit de modération ; mais il mourut, et Liénard, moins prudent, déclara la guerre aux Indiens : les hostilités durèrent jusqu'en 1660. A cette date, un traité de paix fut conclu entre les belligérants, et les Caraïbes se retirèrent les uns à la Dominique, les autres à Saint-Vincent.

L'histoire des autres Antilles est curieuse. La Martinique, elle aussi, avait été laissée aux Caraïbes, les Espagnols ayant dédaigné ce groupe qui, pour eux, n'était que des rochers (*cayes*). Les Français en jugèrent autrement.

En 1625, ils abordèrent à l'île Saint-Christophe, l'une des

petites Antilles, sous la conduite des capitaines de vaisseau
d'Esnambuc et du Rossei, le même jour que, par une singularité
remarquable, les Anglais, sous la conduite de Vaërnard,
débarquaient sur un autre point de cette île, découverte et
nommée par Colomb en 1493. Ce qu'il y eut de plus extraordinaire encore que cette rencontre inattendue, ce fut la bonne
intelligence qui régna quelque temps, sur un aussi étroit terrain,
entre les petites colonies des deux nations rivales. Les Anglais
troublèrent les premiers cette harmonie. Ils voulurent s'étendre
aux dépens des Français; mais, en 1629, le chef d'escadre de
Cusac ayant paru, avec les vaisseaux du roi, sur les côtes de
Saint-Christophe, prit, coula à fond, dissipa tout ce qui se
trouvait de navires anglais dans ces mers, et obligea Vaërnard
à s'en tenir au traité de partage qui avait été arrêté deux ans
auparavant entre les deux colonies.

Toutefois, ce n'était pas tant contre les Anglais que contre les
Espagnols que l'escadre de Cusac avait été envoyée; on avait
eu avis, à la cour de France, que ceux-ci, commençant à prendre
ombrage des établissements de Saint-Christophe, préparaient
une flotte pour aller les détruire. Cusac, satisfait d'avoir remis
les Français sur le pied d'égalité avec les Anglais, aux Antilles,
et d'avoir élevé un fort dans l'île Saint-Eustache, eut le tort de
perdre de vue le but principal de son expédition. Fatigué
d'attendre les Espagnols, il permit à plusieurs de ses vaisseaux
de faire la course où bon leur semblerait et alla lui-même croiser
dans le golfe du Mexique. C'est alors qu'une flotte castillane,
forte de trente-cinq gros galions et de quatorze navires marchands armés en guerre, vint mouiller à deux portées de canon
d'un des quartiers français. En cette circonstance, le capitaine
du Rossei montra aussi peu de résolution que d'Esnambuc et
Duparquet, son neveu, laissèrent voir de sang-froid et de courage. Duparquet, lâchement abandonné par du Rossei, se trouva
réduit à trois hommes, avec lesquels il tint encore longtemps.
Le commandant des troupes espagnoles débarquées fut tué de
sa main. Le jeune héros enfin, atteint de dix-huit coups, tomba
sur un monceau d'ennemis; on l'emporta mourant sur le galion

amiral d'Espagne, et, après autant de jours de souffrances qu'il
avait reçu de blessures, il y finit une carrière qui promettait non
de plus nobles, mais de plus longs services aux Français des
Antilles. D'Esnambuc, menacé du poignard par ses colons s'il
ne cédait pas au torrent et ne se retirait pas dans l'île d'Antigoa,
embarqua les quatre cents hommes qui composaient sa colonie
sur deux navires qui se trouvaient en rade et que les vents
poussèrent à l'île Saint-Martin. Les Anglais de Saint-Christophe
capitulèrent de leur côté, et ceux qui ne quittèrent pas l'île
immédiatement, faute d'assez de navires, jurèrent à l'amiral
espagnol qu'il ne les retrouverait pas à son prochain retour.
Mais la flotte ennemie ne fut pas plus tôt retirée que ceux-ci
oublièrent leur serment. Quant à d'Esnambuc, qui n'avait rien
promis, il revint prendre possession de ses établissements de
Saint-Christophe. Le capitaine du Rossei, lui, finit mal ; à son
retour en France, on lui fit expier sa lâche conduite à la Bastille.

D'Esnambuc était un de ces marins qui font honneur et profit
à leur pays. Ses précédents exploits maritimes lui avaient valu,
lors de son départ, le titre de « capitaine du Roi sur les mers du
Ponant ». La colonie fondée, il avisa le gouvernement français de
l'état des choses, et, sous le patronage de Richelieu, il se forma
une Compagnie des îles d'Amérique. D'Esnambuc ne devait pas
s'en tenir là. Ainsi que nous venons de le raconter, un de ses
lieutenants à Saint-Christophe, Charles Liénard, s'était associé
à Jean du Plessis et avait obtenu de la Compagnie une commission pour fonder une colonie soit à La Dominique, soit à La
Martinique, soit à La Guadeloupe. Ils quittèrent Dieppe le
25 mai 1635, emmenant cinq cent cinquante hommes. Un mois
après, ils débarquèrent à La Martinique, y arborèrent les premiers
le drapeau français, puis, trouvant l'île trop montagneuse, se
transportèrent à La Guadeloupe. D'Esnambuc, laissant la colonie
de Saint-Christophe, se porta à La Martinique avec cent cinquante
hommes et en prit solennellement possession le 15 septembre
au nom de la Compagnie, après avoir traité avec les sauvages.
Les fondements du nouvel établissement une fois établis, il
nomma commandant un certain Jean Dupont, dont il était sûr,

et retourna à Saint-Domingue. Mais Dupont eut à lutter contre les Caraïbes, qui étaient venus attaquer le petit fort en palissades construit par d'Esnambuc ; il les battit, ensuite à son tour il prit la route de Saint-Christophe. Toutefois, la colonie était fondée.

En 1637, on envoya de France, pour remplacer Dupont à La Martinique, un autre neveu de d'Esnambuc, également nommé Duparquet. Peu après son arrivée, ce dernier achetait, pour 60,000 livres, Sainte-Lucie, la Grenade et les Grenadines. C'était de l'argent bien placé. En récompense, Duparquet reçut du roi le titre de capitaine-général.

XIII

PRONIS. — FLACOURT.

On se souvint alors de cette grande île de Madagascar dont quelques audacieux Français avaient rapporté les idées les plus avantageuses. Ces idées donnèrent naissance à une Compagnie dont Richelieu protégea les commencements dans la dernière année de sa vie, et qui fut organisée par lettres-patentes du 24 juin 1642.

Le capitaine Ricault en était le chef. Le but de la Compagnie était de coloniser à Madagascar et aux îles adjacentes pour s'assurer une large part dans le commerce des Indes Orientales. Ce fut en mars 1643 qu'elle envoya, pour cet objet, son premier navire, le *Saint-Louis,* qui déposa dans l'île, au mois de septembre suivant, douze ou quinze Français, dont Pronis et Foucquim-bourg, deux de ses agents. Ceux-ci s'établirent, avec le consentement du chef de la province, à la baie de Sainte-Luce, sur la côte sud-est. Dans le cours de l'année suivante, deux autres navires apportèrent successivement à la colonie un renfort de cent soixante-dix individus. Mais bientôt la fièvre fit de tels ravages parmi les colons de Sainte-Luce qu'on fut obligé de chercher sur la côte un asile moins malsain.

On crut le trouver dans la presqu'île de Tolang-Hare, qui reçut le nom de Fort-Dauphin. Bien dirigée, cette petite colonie aurait peut-être prospéré ; mais l'intelligence de Pronis, son chef, n'était pas à la hauteur de sa charge. La Compagnie le reconnut trop tard ; et ce ne fut qu'au mois de mai 1648 qu'elle envoya, sur le navire le *Saint-Laurent,* pour le remplacer, un autre de ses agents, nommé Étienne de Flacourt, qui a laissé un curieux ouvrage sur l'île de Madagascar. C'était un homme énergique, éclairé ; son système aurait présumablement amené la prospérité dans la colonie si la Compagnie lui avait expédié les secours qu'elle lui avait promis. L'activité de Flacourt se déploya, pourtant, d'une manière remarquable. Quoique privé de toutes ressources, au milieu d'une population indigène que l'affaiblissement des Français rendait arrogante, et accusé sans cesse par ses administrés, il sut maintenir son autorité et même entreprendre, sur les côtes et dans l'intérieur du pays, des voyages d'exploration.

Il fit aussi quelques expéditions dans la mer des Indes. En 1649, il alla prendre solennellement possession, à cent quarante lieues de Madagascar, d'une île que les Portugais avaient découverte en 1545, et qu'ils avaient nommée Mascasenhas. C'était l'île Bourbon, où Pronis l'avait toutefois précédé en 1642, et de qui elle avait reçu son nouveau nom.

Malgré les efforts de Flacourt, la colonie de Madagascar allait périr faute d'appui, lorsque le maréchal de La Meilleraie, dans l'intention et l'espérance de se substituer seul aux droits de la Compagnie, déjà plus d'à moitié ruinée, expédia des navires, des hommes et de l'argent au Fort-Dauphin. Les arrangements de ce personnage avec la Compagnie ne se terminèrent qu'en 1656 ; et, dès 1655, Flacourt était reparti pour la France, laissant l'intérim de son gouvernement à Pronis, qui était revenu à Madagascar, et qui y mourut peu de temps après de chagrin. Un officier, nommé Champmargou, prit la conduite de la colonie, en attendant le retour de Flacourt. Celui-ci, après s'être abouché avec La Meilleraie et s'être fait investir par lettres-patentes du commandement de Madagascar, revenait en effet plein d'espérances et de projets habilement conçus quand, le 10 juin 1660, il fut

attaqué, à la hauteur de Lisbonne, par trois corsaires barbaresques qui lui enlevèrent la vie. Sa mort fut un coup fatal pour
la nouvelle colonie.

Ici doit être terminée la première partie de notre livre,
période de tâtonnements et d'initiations, mais toute de
grandeur, de désintéressement et d'audace. Elle a créé leur
voie aux époques qui vont suivre. On a trop oublié de nos
jours à quels labeurs patriotiques s'attachèrent volontairement
nos ancêtres, notamment ceux des côtes normandes, dignes
descendants des antiques Rois de la Mer. Les remettre quelque
peu en lumière, rappeler au souvenir de nos contemporains leurs
noms injustement méconnus, les proposer au besoin comme
exemples, sinon sans reproches, du moins sans peur, maintenant
que la France a compris, non sans peine toutefois, le besoin
d'étendre immédiatement son influence coloniale, sans laquelle
sa puissance cesserait bientôt de compter, tel a été notre but;
mais tel était, aussi, notre devoir.

Nous abordons, maintenant, l'époque régulière et réfléchie de
notre grande Marine. L'étude qui a précédé en a été le prolégo-
mène utile.

SECONDE PARTIE

DU QUESNE. — JEAN BART. — TOURVILLE. — DUGUAY-TROUIN. — CASSARD. — SUFFREN. — LA BOURDONNAYS. — DUPLEIX. — LA GALISSONNIÈRE. — MONTCALM. — LALLY-TOLLENDAL. — D'ESTAING. — LA PÉROUSE. — D'ENTRECASTEAUX. — BOUGAINVILLE.

SECONDE PÉRIODE

XVIIᵉ ET XVIIIᵉ SIÈCLES

I

ABRAHAM DU QUESNE.

Né à Dieppe en 1610, Abraham Du Quesne n'entra qu'en 1637 dans la marine royale. Jusqu'à cette date, depuis dix ans, il avait navigué avec son père, officier de marine commissionné, qui lui avait fait entreprendre de nombreux voyages, visiter le plus possible de ports et d'arsenaux, ne négligeant rien de ce qui pouvait accroître son instruction dans toutes les parties de sa profession.

Une fois muni de son brevet de capitaine, il reçut l'ordre de se joindre à la flotte destinée à chasser les Espagnols des îles de Lérins. Ce fut pendant cette expédition, que nous avons rapportée plus haut, qu'il apprit la mort de son père, tué par les mêmes ennemis, alors qu'il escortait un convoi venant de Suède en France. Cette nouvelle lui arracha des larmes de rage, et il jura à l'Espagne une haine qui ne se démentit jamais.

La flotte française rencontra bientôt après les Espagnols dans les eaux de Gattari. Leur amiral, ayant rangé ses vaisseaux sous la protection d'une formidable artillerie qui défendait la côte et battait toute la rade, se crut tellement inattaquable que ses matelots se mirent à huer les Français dès que ceux-ci furent en vue. L'événement vint cruellement les désabuser ; la flotte française, sans se laisser intimider, s'avança avec résolution. Du Quesne, laissé à l'arrière-garde pour voler au secours du premier bâtiment qui faiblirait, profita de cette inaction pour préparer un brûlot, qu'il dirigea savamment vers les navires espagnols ; sa route avait été si bien calculée qu'il dériva droit sur eux, puis embrasa soudain une galère. A cette vue, l'amiral français fit lancer d'autres brûlots qui, poussés par un vent favorable, mirent le feu au reste de l'escadre ennemie. Ce fut un spectacle épouvantable : aucun navire espagnol n'échappa à ce désastre, dans lequel périrent plus de trois mille marins. Le succès de la journée fut, unanimement, attribué à Du Quesne.

On le retrouve ensuite dans l'expédition de La Corogne, au combat devant Tarragone, où il se distingue toujours. Au combat de Gata, il donna de si nombreuses preuves de bravoure et d'habileté que, sans les troubles de la minorité de Louis XIV, qui vinrent paralyser les guerres maritimes, il est hors de doute que, dès ce moment, le jeune capitaine de vaisseau eût été appelé au commandement d'une division navale.

Las d'une inaction forcée, Du Quesne demanda alors et obtint de passer provisoirement au service du roi de Suède, qui le nomma vice-amiral de sa flotte. Sur-le-champ, il attaqua les Danois à la hauteur de Gothembourg, et les mit en fuite. Le roi de Danemarck, voulant réparer cet échec, prit lui-même le commandement de ses navires et vint provoquer les Suédois. C'était la première fois que Du Quesne allait avoir l'occasion de déployer ses qualités de tacticien. Il dut à ses admirables dispositions une victoire qui lui fut disputée pendant deux jours entiers. Pour en finir, il passa derrière le vaisseau amiral et lui envoya à bout portant une volée si terrible qu'elle fracassa sa poupe et que ses boulets, enfilant le bâtiment ennemi dans toute sa longueur, tuèrent ou blessèrent la moitié de son équipage. Le vaisseau, désemparé, amena sur-le-champ son pavillon, et le reste de la flotte se dispersa. Une paix glorieuse pour la Suède fut la récompense de cette vaillante campagne, et Du Quesne revint en France comblé d'honneurs et de cadeaux magnifiques.

Il en profita pour équiper à ses frais une flottille avec laquelle il courut sus aux Espagnols, ses ennemis de prédilection, qui, profitant des troubles de la France, envoyaient une escadre au secours de Bordeaux révolté. En route, il rencontra une division anglaise, dont le commandant le somma de baisser son pavillon devant lui. « Le pavillon français, répondit Du Quesne, « ne sera jamais déshonoré tant que je l'aurai à ma garde ; laissez-« moi passer, ou le canon décidera. » L'action suivit de près la menace, et les navires anglais s'éloignèrent bientôt avec des avaries considérables. Il atteignit ainsi l'embouchure de la Gironde, qu'il bloqua si étroitement que les Espagnols n'essayèrent pas même de la forcer. Bordeaux capitula, et la régente Anne d'Autriche, récompensant son désintéressement, lui conféra le titre de chef d'escadre et lui donna le château d'Indret, près de Nantes, pour l'indemniser de ses frais d'armement.

Dans la guerre maritime de 1672, il se couvrit de gloire aux combats qui se livrèrent dans la Manche : ce fut là qu'il se mesura pour la première fois avec le fameux Hollandais Ruyter. Bientôt après, on le chargea de seconder le marquis de Vivonne pour le ravitaillement de Messine. Une escadre espagnole, supérieure en nombre et commandée par le brave Melchior de la Cueva, voulut leur barrer le passage ; mais Du Quesne avait si bien pris ses mesures que l'ennemi ne put jamais l'approcher. Seuls, trois navires espagnols osèrent risquer un abordage : mal leur en prit ; Du Quesne les canonna si énergiquement qu'ils faillirent couler bas, et se sauvèrent à grand' peine. On ne revit plus les Espagnols, et Messine fut ravitaillée.

Mais Ruyter, à son tour, venait d'envahir la Méditerranée avec sa puissante escadre. D'un pareil adversaire tout était à redouter. Louis XIV et Colbert n'hésitèrent pas à s'en remettre sans réserves à Du Quesne. « J'attends le brave Du Quesne ! » disait à un capitaine anglais Ruyter, qui croisait dans les parages de Messine. La rencontre eut lieu le 7 janvier 1676 en vue de Stromboli ; les forces étant égales, elle fut terrible. A diverses reprises, la flotte française faillit être écrasée et ne dut son salut qu'au dévouement répété de son amiral. Enfin, Ruyter se résolut à plier devant son rival. Quel triomphe pour Du Quesne que d'avoir réussi à vaincre le plus grand marin du temps! L'amiral hollandais se retira dans le détroit, et s'y fortifia sans qu'on l'eût poursuivi ; trop fin pour risquer une seconde partie, Du Quesne tourna rapidement la Sicile et gagna Messine par le sud.

Ruyter perdait ainsi le fruit de sa campagne, en même temps que Du Quesne donnait à nos hommes de mer un admirable exemple de sage prudence. Louis XIV lui écrivit de sa main pour l'en féliciter. Ce prince eut raison, car jusque-là nos marins ne se préoccupaient que d'attaquer à tout prix, en quelque circonstance que ce fût, dans l'unique intérêt de leur gloire personnelle. Le sang des équipages comptait pour si peu !

Trois mois plus tard, Ruyter revenait devant Messine, brûlant de venger sa défaite. Les deux rivaux se retrouvaient aux prises. Nouveau combat, cette fois désespéré. Mais, au milieu de l'action, l'amiral hollandais ayant été emporté par un boulet, sa flotte, pour la seconde fois, battit en retraite. Du Quesne, quelques jours après, non seulement tint à honneur d'aller saluer lui-même la dépouille de son illustre rival, mais encore il accorda un sauf-conduit au bâtiment qui la portait pour regagner sans inquiétude les ports de la Hollande. Dès ce moment, celui qui avait triomphé du « grand » Ruyter ne fut plus appelé que le « grand » Du Quesne.

Pour reconnaître de si éclatants services, Louis XIV érigea en marquisat la terre de Bouchet, près d'Étampes, et en fit don à son amiral, après la conclusion de la paix. Du Quesne fut alors appelé à faire partie du comité consultatif de la Marine, où sa bienveillance pour ses inférieurs fut plus d'une fois remarquée.

En 1683, il reçut le commandement de la flotte chargée d'aller mettre les Tripolitains à la raison. Les deux années suivantes, il alla bombarder Alger. C'est contre cette ville qu'on employa, pour la première fois, les mortiers à bombes, dont l'inventeur, Renau d'Éliçagaray, plus connu par son surnom de Petit-Renau,

fut d'abord traité de fou dans toute l'escadre. Mais Du Quesne
prit parti pour lui, lui facilita la construction de ses galiotes, si
bien qu'Alger fut bientôt changé en un monceau de cendres. La
mauvaise saison et le manque de munitions contraignirent, toutefois, l'amiral à retourner en France, non sans avoir auparavant
brisé les fers d'un grand nombre d'esclaves, qu'il ramena avec
lui.

Le bombardement de Gênes fut le dernier exploit de Du
Quesne. Après avoir vécu dans une tranquille retraite, servant
d'exemple à ceux qui le remplaçaient et entouré du respect de
tous, il mourut le 2 février 1688, à l'âge de soixante-dix-
huit ans.

II

JEAN BART.

La France n'a jamais produit aucun marin dont le renom
jouisse dans les masses d'une popularité aussi glorieuse que
Jean Bart. Au fond, son histoire est relativement peu connue,
ayant été travestie par de fantaisistes légendes. La réalité, pourtant, suffit à en faire un héros.

Jean Bart, né à Dunkerque le 20 octobre 1650, d'une modeste
famille d'armateurs, fit ses premières armes sous Ruyter, en
qualité de volontaire. Quand la guerre éclata entre la France et
la Hollande, il revint dans sa ville natale, où il prit le commandement de navires armés en course par ses parents.

Présenté à la cour en 1691 par le chevalier de Forbin, étant
capitaine de vaisseau, il y avait alors deux ans seulement
qu'il avait été nommé à ce grade ; pourtant, ses succès, ou plutôt
ses triomphes, étaient innombrables. En la seule année 1676,
il avait présenté au conseil des prises dix-sept navires, dont cinq
frégates de guerre portant ensemble soixante-dix-sept canons.
Assurément, le tort qu'il fit à cette époque au commerce des
Hollandais contribua puissamment à la paix de Nimègue.

La façon dont Jean Bart sut conquérir son grade peint l'homme tout entier. Étant sorti de Dunkerque sur une petite frégate de vingt-quatre canons, avec Forbin montant une corvette de seize, pour convoyer vingt bâtiments marchands, deux vaisseaux anglais, de chacun cinquante pièces, surprirent les deux amis en travers de l'île de Wight et leur donnèrent la chasse. Pour laisser au convoi qu'ils escortaient le temps de s'enfuir, ils se jetèrent bravement à l'abordage. La lutte dura plus de deux heures, pied à pied. Accablés par le nombre et blessés, ils furent pris : pendant ce temps, les navires marchands, gagnant le large, se mettaient en sûreté.

Conduits à Plymouth, Jean Bart et Forbin furent enfermés dans une solide prison; mais, au bout d'un mois, grâce au concours dévoué de deux mousses, ils purent gagner un canot sous un déguisement, traverser la Manche et, après une navigation de quarante-six heures des plus périlleuses, aborder à six lieues de Saint-Malo. Le salut du convoi ainsi défendu valut à Jean Bart sa promotion.

Depuis ce moment et jusqu'à la fin de sa carrière, Jean Bart ne cessa plus d'appartenir à la marine de l'État. Il ne tarda pas à prendre sa revanche contre les Anglais. Ayant reçu l'ordre de protéger l'arrivée d'une centaine de navires chargés de blés du Nord, il les rencontra près de l'embouchure de la Meuse; mais déjà ils portaient le pavillon britannique, et huit navires de guerre ennemis les escortaient, peu disposés à lâcher leur prise. Ni leur nombre ni leurs formidables rangées de canons n'intimidèrent le vaillant officier. « L'ennemi a huit « vaisseaux, dit-il à ces hommes ; nous sommes huit aussi, la « moitié plus faibles en artillerie, il est vrai. Mais, c'est « égal; à chacun le vôtre, et vive le Roi! » Ce bref discours enflamme ses hommes, qui courent à l'abordage. Au bout de deux heures, le vaisseau amiral anglais se rend avec deux autres bâtiments; le reste s'enfuit, et le convoi délivré cingle rapidement vers les côtes de France. Des lettres de noblesse récompensèrent ce nouveau succès. Louis XIV y écrivit de sa main : « De tous les officiers que j'ai anoblis il n'en est point qui s'en

JEAN BART
1650-1702

« soient rendus aussi dignes que mon cher et bien-aimé sieur
« Jean Bart. » Éloge à noter, le Roi-Soleil se montrant avare de
compliments aussi explicites.

En 1696, les Anglais et les Hollandais bloquaient de concert
le port de Dunkerque. Par une nuit obscure, Jean Bart passe
audacieusement au milieu d'eux, répondant en anglais au *qui
vive* des sentinelles, gagne la mer du Nord et rencontre dans
les eaux du Texel une flotte de 90 navires marchands con-
voyés par six vaisseaux de guerre hollandais. Jean Bart en avait
sept ; aussi la victoire ne lui fut-elle même pas disputée. Mais
à peine avait-il amarré ses prises pour les ramener en France,
qu'il aperçut courant sur lui, vent arrière, une division de treize
gros vaisseaux de guerre. Il n'y avait pas de temps à perdre :
Bart lâche ses prises et y met le feu, à deux portées de canon
de l'ennemi. L'opération terminée, il s'éloigne lentement, à
petites voiles, se complaisant à manœuvrer avec toute la coquet-
terie d'une évolution de parade. Les treize navires hollandais
forcent de voiles pour la poursuite; mais Jean Bart, sans se
presser davantage et réglant sa vitesse sur la leur, les promena à
sa remorque jusqu'à la nuit, puis leur échappa.

Ses sept petites frégates, de bonne marche, lui parurent
encore suffisantes pour mater les Hollandais et les priver,
cette année-là, de la pêche du hareng, à laquelle plus de
500 navires étaient employés. Les alliés, pour protéger leurs
pêcheur s, durent en conséquence entretenir pendant toute la
saison 52 vaisseaux de guerre partagés en trois escadres qui,
malgré tous leurs efforts, tentèrent vainement de placer l'humble
division française sous le feu de leurs canons. Chaque jour,
les pêcheurs voyaient Jean Bart les traquer sans relâche ; mais
pour l'escadre ennemie il restait invisible, ou bien, si elle
l'apercevait parfois, c'était à l'entrée de la nuit, lorsque les
introuvables frégates françaises se perdaient dans les brumes de
l'horizon. Cette campagne, qui eut pour résultat de paralyser
pendant cinq mois toute la marine hollandaise, tenue en échec
par sept petits navires, est, aux yeux des connaisseurs, une
des plus remarquables et des plus curieuses expéditions qui aient

jamais été exécutées. Jean Bart ne songea à la retraite que lorsqu'il eut épuisé ses vivres. Trente-trois vaisseaux hollandais et anglais l'avaient précédé devant Dunkerque, où l'on tremblait pour lui, car on l'attendait d'un moment à l'autre. En effet, il ne tarda pas à paraître. Aussitôt, tous les vaisseaux qui le guettent s'ébranlent et lui courent sus ; mais Jean Bart, avec ce bonheur et cette habileté qui étaient sa caractéristique, glisse au milieu d'eux et rentre sain et sauf avec ses sept frégates.

Cet exploit fut le dernier. Nommé chef d'escadre quelques mois avant la paix de Ryswick, il vécut dès lors modestement à Dunkerque; il y mourut d'une pleurésie au moment où la guerre de la Succession d'Espagne ouvrait une nouvelle et large carrière à son courage et à son expérience. Jean Bart n'était âgé que de cinquante et un ans, et possédait encore toute la vigueur de sa jeunesse.

III

TOURVILLE.

Le comte de Tourville, né en 1642 à Saint-Vast-de-la-Hougue, en Cotentin, continue la glorieuse tradition des grands marins normands. A quatorze ans, il était reçu chevalier de Malte.

Sa charmante figure et ses manières douces n'indiquaient nullement de quelle indomptable énergie il était capable. Aussi le brave capitaine d'Hocquincourt écrivait-il au duc de La Rochefoucauld, qui le lui avait recommandé pour le prendre sur sa frégate : « Que voulez-vous que je fasse, sur un vaisseau « armé en course, d'un Adonis plus propre à servir les dames « de la cour qu'à supporter les fatigues de la mer? »

Quelques jours après, la frégate d'Hocquincourt faisait croisière dans les eaux du cap Matapan. Un corsaire algérien, fier de la supériorité de son équipage, l'attaque. Quel ne fut pas l'étonnement du commandant français de voir partout, au plus fort

de la mêlée, son « Adonis » maniant la hache et le sabre avec
une incroyable vigueur et renversant tout devant lui ! L'Algérien
est pris. On pensait l'affaire terminée, quand un pirate tripoli-
tain accourt subitement venger la défaite de son allié. La disproportion des forces est encore plus grande : pendant plus de
trois heures, on se bat à distance. Mais le jeune Tourville, sans
consulter personne, ordonne l'engagement corps à corps,
s'élance sur le pont des Barbaresques avec une bande de volontaires, commence et achève une épouvantable boucherie, si
bien que cet autre ennemi se rend. Hocquincourt, enthou-
siasmé, nomma sur-le-champ son garde-marine lieutenant du
vaisseau qu'il venait de conquérir.

A peine la prise est-elle réparée et armée, sous la conduite
du capitaine d'Attigny ayant Tourville pour second, qu'on rencontre, à quelques lieues au large, un troisième bâtiment tunisien,
qu'on attaque. L'affaire fut si chaude que Tourville n'eut que le
temps, son navire faisant eau de toutes parts, d'ordonner l'abordage pour tenter l'échange. Cette fois encore, son audace réussit.
Tourville fut promu capitaine en second. C'est ainsi qu' « Adonis »
conquit ses premiers grades.

Il continua, pendant six années, à se signaler par une longue
série d'exploits dans cette guerre contre les États Barbaresques.
Ses courses l'ayant conduit, en 1666, à Venise, le doge, en reconnaissance des services qu'il avait rendus à la République en
purgeant l'Archipel des flibustiers qui l'infestaient, lui remit un
brevet dans lequel il était qualifié de Protecteur du Commerce
et d' « *Invincible* ». Ce brevet était accompagné d'une médaille
et d'une chaîne d'or du plus grand prix. L'année suivante,
Tourville rentra en France. Le roi accueillit avec la plus grande
distinction le capitaine de vaisseau de vingt-cinq ans, et toute
la cour voulut voir le chevalier de Malte qui, comme tant d'autres
de son Ordre, se battait comme un lion.

Lorsque, en 1669, Louis XIV résolut d'envoyer une armée au
secours de Candie, ce fut Tourville qu'il désigna pour cette expédition. Au combat de Soulthbaq, à celui de Messine, il se
couvrit de nouveaux lauriers. Son expérience des choses et des

hommes de la mer était, désormais, accompli. Ensuite, il accompagna Du Quesne dans ses diverses expéditions contre Alger et acheva ainsi, à l'école de ce grand amiral, de se rendre digne d'être placé, lui aussi, à la tête des forces navales de la France. Peu après son retour, il épousa la veuve du marquis de La Popelinière. Le roi, en signant son contrat, lui adressa ces paroles flatteuses : « Je souhaite que vous ayez des enfants d'un mérite aussi distingué que le vôtre, et qui soient aussi utiles à l'État que vous. »

Lorsque Louis XIV réunit, dans le port de Brest, la plus belle flotte qu'eût jamais possédée la France, le commandement suprême en fut donné au vice-amiral de Tourville. Tout ce qui portait un nom dans notre Marine servait sous ses ordres. Soixante-dix vaisseaux de guerre, dix-huit brûlots, cinq corvettes, quinze galères allaient provoquer les flottes combinées de l'Angleterre et de la Hollande. Après avoir, par suite du mauvais temps, relâché au Camaret, Tourville alla chercher l'ennemi jusque chez lui et s'établit en face de Plymouth. L'escadre alliée était forte de cent douze bâtiments, mais quelque peu inférieure en artillerie. Le combat s'engagea le 10 juillet 1690; l'escadre anglo-hollandaise fut, en grande partie, détruite. Ce désastre était tel que la Grande-Bretagne, qui venait de perdre presque en même temps la bataille de Fleurus, n'avait pas encore été si près de sa perte. Quelques jours après, Tourville incendiait encore douze vaisseaux anglais à Tingmouth, dans le Northumberland. Pendant cette glorieuse campagne, ses pertes avaient été insignifiantes. L'amiral rentra alors à Brest.

Sa campagne du large, que ne signale pourtant aucune grande bataille, passe, aux yeux des gens compétents, pour une merveille de tactique navale. Les alliés, ayant passé l'hiver à réparer leurs pertes et à faire construire de nouveaux navires, possédaient au printemps une escadre formidable. Tourville résolut de la paralyser. Pendant que l'amiral Russel le croyait encore caché au fond de nos ports, il croisait depuis quinze jours à l'entrée de la Manche, où il capturait tous les bâtiments voulant y entrer ou en sortir; c'est ainsi qu'il enleva un riche convoi

en vue des Sorlingues. Russel, exaspéré, se met à sa poursuite.
Trop faible pour risquer une bataille, Tourville gagne la pleine
mer et, pendant cinquante-cinq jours, élude les plans d'attaque
de l'ennemi. Une tempête dénoue la situation, en forçant Russel
à se réfugier près des côtes. Tourville en profite pour protéger
les envois d'Irlande. Quand il rentra en France, sa flottille en
excellent état, son but était rempli, et les forces anglo-hollan-
daises n'avaient servi à rien dans la Manche.

Chose étrange! Tourville est plutôt célèbre, en France, par
sa défaite à La Hougue que par ses triomphes. C'est que certaines batailles perdues en des circonstances spéciales sont
plus glorieuses que des victoires; l'échec subi grandit alors le
drapeau. N'avons-nous pas aujourd'hui Reischoffen? Louis XIV,
mal conseillé, persistait à restaurer Jacques II sur le trône des
Stuarts. Plein de cette idée généreuse, mais folle, il écrivit à
Tourville : « Allez chercher mes ennemis et combattez-les, forts
« ou faibles, partout où vous les trouverez, quoi qu'il en puisse
« arriver. » Le moyen de résister à de tels ordres donnés par un
pareil autocrate! L'amiral s'y résigna. Il n'avait que 44 vaisseaux de ligne et 13 brûlots; la flotte anglo-hollandaise comprenait 99 vaisseaux de ligne, portant 6,994 canons et
40,675 hommes, plus 37 frégates et brûlots. Quelle disproportion!
Mais l'ordre formel du roi sauvegardait, du moins, l'honneur du
pavillon français, qui resta intact. La rencontre eut lieu le
29 mai 1692, entre le cap de La Hougue et la pointe de Barfleur.
Après un effroyable engagement de toute une journée, Tourville avait réussi à dégager tous ses vaisseaux quand la tempête
s'en mêla. Son escadre fut dispersée par le vent, et l'amiral
anglais Russel put retrouver en détail une revanche, d'ailleurs
chèrement disputée. Quinze bâtiments français périrent; le reste
put rallier les ports de Brest et de Saint-Malo. Au fond, l'affaire,
quoique l'échec fût considérable, n'eut pas l'importance exagérée que quelques historiens se sont complu à lui donner. La
puissance de Louis XIV s'en ressentit sans doute, mais notre
marine répara promptement ses pertes.

L'amiral Russel, en loyal adversaire, écrivit à Tourville pour le féliciter d'avoir si vaillamment soutenu ce combat inégal. En France, tout le monde lui rendit la même justice. Louis XIV, en apprenant la perte de ses vaisseaux, demanda vivement : « Tourville est-il sauvé ? car, pour des vaisseaux, on en peut « trouver ; mais où trouver un officier comme lui ? » Le monarque eut, du reste, le rare courage de reconnaître toujours qu'il était l'unique cause de ce désastre. Longtemps après, étant à son balcon de Versailles avec le maréchal de Villeroi, il dit à celui-ci en lui montrant Tourville : « Voilà l'homme qui m'a obéi à La Hougue ! »

Le 27 mars 1693, Tourville reçut le bâton de maréchal de France, bien mérité, et le commandement de 71 vaisseaux destinés à intercepter un convoi de bâtiments anglais et hollandais chargés pour Cadix et Smyrne. Il s'empara de 27 navires et en brûla plus de 60, en sorte que la perte des alliés s'éleva au moins à trente-six millions de livres, somme énorme pour le temps.

Après quelques autres expéditions, qui eurent pour résultat de protéger les côtes de Provence, infestées par des pirates qu'il traqua avec une persévérance à toute épreuve, Tourville se vit enfin forcé d'abandonner entièrement le service de la mer. Il mourut à Paris, le 28 mai 1701.

IV

DUGUAY-TROUIN.

René Duguay-Trouin naquit à Saint-Malo, en 1673, d'une vieille famille d'armateurs. On le destinait, pourtant, à la robe ; mais sa turbulence et ses goûts étaient tels que son père dut se décider à l'embarquer.

Il n'avait pas encore vingt et un ans que déjà il s'était signalé, en maintes occasions, par des traits d'une audace inouïe. Malgré sa jeunesse, on n'hésita pas à lui confier une frégate de quarante-huit canons. Comme on était en guerre avec l'Angleterre, il débarque sur les côtes d'Irlande, dans la rivière de Limerick, y brûle deux navires et s'empare d'un château fort, après avoir chassé les troupes qui le défendaient. Au retour, il tombe dans une division anglaise de six vaisseaux, dont un de soixante-dix canons s'acharnant à l'abordage. Une lutte effroyable s'engage ; mais le vaisseau de Duguay-Trouin prend feu, un boulet le renverse sans connaissance, et il est fait prisonnier. Transporté à Plymouth, il s'échappe de sa prison et réussit à gagner la France.

Trois jours après, il repart de Rochefort avec le commandement d'un navire de guerre ; il capture immédiatement cinq bâtiments marchands à l'entrée de la Manche. Il ramenait sa prise quand on lui annonça à l'horizon une escadre considérable ; c'était un convoi de soixante galions, escortés par deux grosses frégates. Confier ses prises à l'un de ses officiers, puis courir sus à l'Anglais, ce fut pour le jeune commandant l'affaire d'un seul instant. Le convoi put échapper, mais les deux frégates anglaises furent prises et conduites en France. Louis XIV envoya une épée d'honneur à ce capitaine de vingt-deux ans dont les exploits promettaient un nouveau Jean Bart.

Vers la fin de 1695, Duguay-Trouin prit encore sur les côtes d'Irlande trois riches vaisseaux de la Compagnie des Indes, avec leur chargement et cent cinquante canons. L'année suivante, il enlève deux bâtiments de guerre hollandais sur les côtes d'Espagne ; par malheur, il perdit dans une descente tentée auprès de Vigo un jeune frère qu'il aimait tendrement, et auquel il avait confié une frégate de seize canons. La douleur qu'il ressentit de cette mort le jeta dans une sorte d'accablement dont on eut beaucoup de peine à le tirer.

On lui offrit de prendre à Brest le commandement de trois vaisseaux de haut bord, destinés à enlever une flottille partie de Bilbao et escortée par trois bâtiments de guerre hollandais sous les ordres de Wassenaer. Duguay-Trouin accepte, rejoint l'ennemi, l'attaque, le bat et enlève une partie du convoi. Mais ses propres pertes avaient été dures ; outre ses navires désemparés, trois de ses parents avaient été tués, et aussi plus de la moitié de son équipage. Louis XIV le reçut avec les plus grands égards. Comme il lui demandait des détails sur sa croisière, Duguay-Trouin ayant dit au milieu de son récit : « J'ordonnai à la *Gloire* de me suivre. » — « Elle vous fut fidèle ! » répondit le roi. C'est à la suite de ce combat contre Wassenaer que Duguay-Trouin passa sans retour dans la marine royale, d'abord en qualité de capitaine de frégate, bientôt après avec le titre de capitaine de vaisseau.

Pendant la guerre de la Succession, le vaillant officier alla de nouveau croiser sur les côtes d'Espagne; il y enleva un vaisseau hollandais.

En 1703, à la tête de deux vaisseaux et de trois frégates, il tombe, égaré par une épaisse brume, au milieu de six vaisseaux de guerre hollandais. Sans se déconcerter, il attaque hardiment l'un d'eux, résiste aux autres, soutient seul le choc pour permettre à sa division de prendre le large, puis à son tour s'éloigne fièrement sans qu'on ose le poursuivre. « J'étais seul contre six vaisseaux, racontait-il plus tard, et je ne perdis que trente hommes ! » Ce combat était celui que Duguay-Trouin narrait le plus volontiers.

En 1706, Louis XIV lui ordonna d'aller avec trois vaisseaux se jeter dans Cadix, menacé d'un siège. En route, il rencontre à la hauteur de Lisbonne la flotte du Brésil, escortée par six bâtiments de guerre. Le combat dura deux jours entiers, avec un acharnement sans égal. Mais Duguay-Trouin passa outre. Arrivé devant Cadix, il voulut s'occuper de la défense de la place; mais la population l'insulta, lui et ses équipages : il ne put obtenir satisfaction de ces indignes outrages. Il s'embarqua donc sans délai, rentra en France et fit son rapport au roi, lequel exigea du gouverneur espagnol une réparation publique éclatante. A cette occasion, Duguay-Trouin fut nommé chevalier de Saint-Louis.

En 1707, de concert avec Forbin, il attaqua dans les eaux de Dunkerque un convoi composé d'environ 130 voiles, qu'escortaient cinq vaisseaux de 56 à 92 canons. Ce convoi portait une immense quantité de marchandises, d'armes, de munitions et de provisions de toute espèce destinées au roi de Portugal.

Les forces françaises ne s'élevaient qu'à quatorze voiles. Suivant son habitude, Duguay-Trouin aborda résolument. L'affaire dura pendant plusieurs heures, à la suite desquelles trois vaisseaux de guerre se rendirent, avec le vice-amiral anglais; et soixante bâtiments marchands furent capturés. A Brest, quand on débarqua les prisonniers, la population leur cria railleusement : « Place aux maîtres de la mer! » Les Anglais avaient dès cette époque des prétentions à l'omnipotence universelle, que les événements ne ratifiaient pas toujours et qui les faisaient prendre en haine par tous les États, comme aujourd'hui.

Ce fut vers cette époque que Duguay-Trouin conçut le projet d'aller venger, à Rio-Janeiro, l'infortuné Duclerc, qui non seulement avait échoué devant cette colonie, mais qui avait été fait prisonnier et s'était vu, contre tous les droits de la guerre, jeté dans des cachots infects avec tous ceux ayant survécu à sa défaite. Dix années de guerre et l'épouvantable famine de 1709 ayant totalement épuisé les finances publiques, Duguay-Trouin s'adressa à une Compagnie de marchands, leur fit valoir les bénéfices de l'entreprise, les convainquit et se fit donner par eux un crédit illimité. Quatorze vaisseaux furent mis sous ses ordres. Le 11 septembre 1711, il se présentait à l'improviste devant la baie de Rio-Janeiro, forçait les passes, enlevait l'île aux Chèvres et débarquait ses troupes. Onze jours lui suffirent pour se rendre maître des abords de la place, puis de la ville elle-même, réputée imprenable. Soixante bâtiments marchands, trois vaisseaux de haut bord, deux frégates, une quantité prodigieuse de marchandises devinrent le prix de sa victoire. Ne pouvant conserver Rio, il la frappa d'une rançon de deux millions deux cent mille livres. En outre, il eut le bonheur de pouvoir encore arracher aux cachots brésiliens quelques-unes des malheureuses victimes de l'expédition précédente.

Cette brillante et fructueuse campagne consacra la gloire de Duguay-Trouin. Le roi lui accorda des lettres de noblesse, conçues dans les termes les plus flatteurs, et dans lesquelles il était constaté que l'illustre marin avait pris plus de trois cents navires marchands et vingt vaisseaux de guerre. Du reste, il devint chef d'escadre en 1715, lieutenant-général et commandeur de Saint-Louis en 1728.

Avant de terminer sa glorieuse carrière, ce grand marin eut encore maintes occasions de soutenir l'honneur du pavillon français devant Tunis, Tripoli, Smyrne, Alger, où nos bâtiments marchands n'implorèrent jamais inutilement sa protection.

Duguay-Trouin mourut le 27 septembre 1736, avec une réputation que personne ne surpassa, et aussi avec une fortune médiocre, que les richesses enlevées au Brésil n'accrurent point.

V

JACQUES CASSARD.

Un nom trop oublié aujourd'hui est celui de Jacques Cassard, né à Nantes en 1672. Fils d'un capitaine de la marine marchande, il avait fait son apprentissage de marin à Saint-Malo, suivit Pointis dans son expédition de Carthagène et sut, dans le périlleux service des galiotes à bombes, se faire remarquer de cet officier-général. Dès le commencement de la guerre de la Succession d'Espagne, Cassard avait repris la course pour le compte de quelques habitants de sa ville natale, et le bruit de ses exploits parvint jusqu'à la cour. Louis XIV, curieux de le voir, le fit appeler à Versailles et, après un instant d'entretien, lui annonça qu'il lui donnait une gratification et le nommait lieutenant de frégate. Cassard prit part successivement à nos opérations maritimes les plus importantes. En 1710, tous nos grands noms ayant disparu, Du Casse, Duguay-Trouin et Cassard remplissaient à peu près à eux seuls toute la scène navale.

Au commencement de 1712, Cassard appareillait de Toulon avec trois vaisseaux, cinq frégates et deux bricks, ayant sous ses ordres l'élite de la noblesse française et des équipages de choix. Il se proposait d'aller déloger les Hollandais et les Anglais du

Nouveau-Monde. Chemin faisant, « pour charmer les ennuis de la traversée », Cassard, qu'une tempête avait rapproché des îles du Cap-Vert, proposa à ses officiers un coup de main sur Santiago, dont la capitale Ribera-Grande devait par ses richesses les dédommager amplement de leurs peines. L'attaque fut si brusque que le gouverneur, la garnison et les habitants, frappés de stupeur, demandèrent à capituler. Le commandant français y consentit; mais, pendant qu'il fixait avec les notables les conditions de la rançon, les Portugais, honteux et revenus de leur frayeur, lui déclarèrent qu'ils rompaient la conférence. Exaspéré par ce manque de loyauté, Cassard ordonna l'assaut. Ribera-Grande fut pillée d'abord, brûlée ensuite.

Des îles du Cap-Vert, Cassard se rendit à La Martinique, où il renouvela ses vivres et ses munitions. Les célèbres flibustiers de Saint-Domingue, qui le connaissaient de longue date, lui demandèrent à l'accompagner dans les expéditions qu'il méditait, ce qu'il accepta, et renforcèrent sa flottille de quelques excellents bâtiments légers. Secondé par ces hommes déterminés, Cassard débuta par l'attaque de l'île de Montserrat, que les Anglais venaient d'occuper : il n'y rencontra pas plus de résistance qu'à Ribera-Grande. La conquête d'Antigoa ne lui coûta pas davantage, tant était grande la terreur de son nom. Enhardi par ces succès, et désireux de balancer la gloire dont Duguay-Trouin venait de se couvrir à Rio-Janeiro, le commandant français résolut d'emporter Surinam, capitale de la Guyane Hollandaise.

Le 10 octobre, il mouillait devant la place, qu'il espérait surprendre. Mais les Hollandais, sur leurs gardes, se tenaient prêts à une résistance vigoureuse. C'est alors que Cassard prouva qu'à ses talents de marin il joignait ceux d'un ingénieur consommé. La ville de Surinam, assise sur les bords d'un fleuve dont tous les points de débarquement étaient défendus par des batteries formidables, possédait elle-même des fortifications régulières, mais qui pourtant ne couvraient que la partie regardant le fleuve, les Hollandais ayant pensé que l'autre côté se trouvait suffisamment protégé par une immense étendue de forêts marécageuses, regardées comme impénétrables. Cassard mit à profit cette imprudente sécurité : pendant que ses vaisseaux occupaient les forts de la rive, il jetait dans les bois une compagnie de cent hommes qui, la hache à la main et se servant des arbres abattus pour former une espèce de chaussée, parvinrent à s'ouvrir, après des efforts inouïs, un chemin vers Surinam. Une fois la route frayée, Cassard, à qui rien ne semblait impossible, envoya un second détachement avec une batterie de mortiers et de gros canons. Vingt fois ces énormes masses de fer disparurent presque entièrement dans la boue ; mais rien ne rebuta les Français guidés par leur chef, et bientôt Surinam, à la fois foudroyé par l'artillerie des vaisseaux et par une batterie de mortiers, se vit dans la cruelle alternative de se rendre ou d'être enseveli dans ses ruines. Les habitants exigèrent qu'on mit bas les armes, et ils offrirent à Cassard la moitié des revenus de la colonie pendant un an s'il consentait à s'éloigner. Cette proposition, qui mettait à la disposition du vainqueur une somme de plus de deux millions quatre cent mille livres, fut accueillie, et la rançon payée partie en argent, partie en sucre et « en nègres ». Pour la troisième fois, Cassard revint à La Martinique avec ses vaisseaux tellement encombrés de dépouilles que la prospérité de cette colonie s'en accrut presque subitement.

Après avoir ravitaillé ses vaisseaux, il cingla vers Saint-Eustache et Curaçao. La première, trop faible pour se défendre, se racheta ; quant à la seconde, fière d'avoir repoussé le vice-amiral Jean d'Estrées en 1678, elle rejeta avec hauteur toutes les sommations. L'attaque fut donc décidée. Le 18 février 1713, Cassard opéra sa descente dans la baie de Sainte-Croix, à cinq lieues de la capitale de l'île. Si les Hollandais se fussent contentés de se renfermer dans la place et d'en abandonner les approches, il est probable que les assaillants eussent éprouvé de sérieuses difficultés ; mais le gouverneur voulut marcher au-devant des Français. Ceux-ci le chargèrent avec une telle impétuosité que, malgré les difficultés du terrain, ils enfoncèrent ses troupes, qui se replièrent en désordre vers un camp

retranché assis sur la route même de la baie de Sainte-Croix
à la ville de Curaçao. Sans donner à l'ennemi le temps de se reconnaître, Cassard fait alors aborder ce camp; il y entrait un
des premiers, quand une balle l'atteint au pied et le renverse. A
cette vue, les Français plient; mais le chevalier d'Espinay, à
la tête d'une vingtaine de flibustiers, relève son chef, se préci-
pite au milieu des Hollandais et ramène les assaillants à la
charge. Ce ne fut plus qu'une épouvantable boucherie, les Hollandais se faisant tuer plutôt que de reculer; un petit nombre
d'entre eux put regagner la place, où ils portèrent la consterna-
tion. Les Français les y suivirent, le 26, et commencèrent le
bombardement. Privés de leurs plus braves défenseurs, et pour
éviter des dégâts terribles, les habitants rachetèrent leur ville
moyennant 600,000 livres, immédiatement comptées.

La blessure de Cassard le forçait à prendre du repos. Pendant qu'il guérissait à La Martinique, une autre escadre française arriva, commandée par une créature du ministre Pon-
chartrain, ce qui remettait Cassard en sous-ordre. Il préféra
rentrer en France, non sans avoir encore dispersé, chemin faisant, une flotte anglaise et pris deux vaisseaux de guerre. En
débarquant à Toulon, il apprit qu'on l'avait nommé capitaine de
vaisseau et chevalier de Saint-Louis. C'était peu, somme toute,
pour tant d'exploits. Son caractère, naturellement taciturne,
s'exaspéra de ce qu'il considérait comme un déni de justice :
il se retira du service.

En 1733, le bruit se répandit que le roi Louis XV, sortant de
son apathie, allait armer pour punir les outrecuidances anglaises.
A cette nouvelle, tous les vieux loups de mer en retraite, — il
n'en restait plus guère! — arrivent à Versailles et offrent de nouveau leur expérience et leurs bras. Parmi eux, Cassard, ayant
endossé un vieux pourpoint qu'avait troué jadis plus d'une
balle ennemie. Comme quelques marins de cour, pimpants et
musqués, toisaient avec mépris le modeste vieillard, Duguay-
Trouin, qui se trouvait là, cria brusquement à ces coureurs
d'antichambre : « Comment! vous portez les insignes de la
« marine et vous ne connaissez pas Cassard! Cassard, le plus

« grand homme de guerre qui nous reste ! Je donnerais toutes
« les actions de ma vie pour une des siennes. Avec un seul
« vaisseau il faisait plus que nous avec une escadre entière. »
Ce trait, qui honore les deux héros, peint suffisamment par
contre la triste cour de Louis XV.

Si, encore, l'on s'y fût borné à railler et à méconnaître Cassard ! Mais quand il se permit de réclamer, avec une vivacité
très excusable, le remboursement de trois millions qu'il avait
avancés à l'État sur ses prises dans les années malheureuses
de Louis XIV, on lui répondit en le faisant jeter dans les prisons
du château de Ham, où il languit jusqu'à sa mort, arrivée en
1740. L'ingratitude succédait ainsi à l'oubli. Comment ne pas
mépriser et haïr de pareilles époques ?

VI

SUFFREN.

Pierre-André de Suffren de Saint-Tropez naquit au château
de Saint-Cannat, en Provence, le 13 juillet 1726. Il fit ses premières campagnes comme garde-marine sur le *Solide* et la
Pauline ; à vingt ans, enseigne sur le *Monarque*, il était fait
prisonnier et emmené en Angleterre. Rendu à la liberté par la
paix de 1748, il profita de son inaction forcée pour se rendre
à Malte et prendre ses degrés dans son Ordre fameux, dont il
devint tour à tour chevalier, commandeur et bailli. C'est sous
ce dernier titre qu'il s'est particulièrement illustré.

A la reprise des hostilités, en 1755, Suffren obtint le grade
de lieutenant de vaisseau. Une seconde captivité entre les
mains des Anglais se termina en 1763. Il demanda alors qu'on
lui confiât le commandement d'un chebec, chargé de protéger
notre commerce dans la Méditerranée. Nommé capitaine de
vaisseau en 1772, il accomplit une croisière dans les mers du
Levant, puis fit deux campagnes d'évolutions sous les ordres

du comte Du Chaffaut et du comte de Barras. Enfin, il commanda le vaisseau le *Fantasque* dans la course que le comte d'Estaing entreprit en Amérique.

Jusque-là, le bailli de Suffren passait, après quarante années de navigation, pour un brave et intègre capitaine, mais rien de plus, sa modestie et son horreur de l'intrigue n'étant guère propres à le mettre en relief. Il fallut que le gouvernement français hasardât une expédition ingrate, perdue au bout du monde, pour qu'on songeât à Suffren, personne n'en briguant le commandement. Il s'agissait de s'allier à la Hollande, laquelle du reste subvenait à l'armement de notre flotte, pour aller, de concert avec cette puissance, arracher l'empire de la mer des Indes à l'Angleterre.

Le commodore Johnston devait attaquer le Cap : il était temps de le prévenir. Le 22 mars 1781, Suffren quitta Brest avec cinq vaisseaux et deux frégates. A la hauteur de Praya, une des îles du Cap-Vert, il rencontre l'ennemi. Suffren ordonne l'attaque : par suite d'une maladresse, il reste en présence de Johnston avec deux bâtiments. Pendant plusieurs heures, on se canonne : le commandant anglais, effrayé, lâche pied, et Suffren, libre de sa route, peut à son aise ravitailler le Cap et y déposer la garnison dont il était chargé.

Il piqua droit sur l'Ile-de-France pour s'y ravitailler. Il y fit équiper à bref délai huit transports qui, en outre d'une énorme quantité de vivres, d'armes et de munitions, emmenaient trois mille hommes de troupes de débarquement à destination de l'Inde. Les armements ne se bornèrent pas là. Quand il partit, indépendamment des transports précités, sa flotte comprenait onze vaisseaux, trois frégates et trois corvettes. L'amiral Hughes, qui le rencontra peu après sous Madras, disposait de forces à peu près égales, de sorte que la victoire, dans ces mers lointaines, semblait devoir être la récompense du plus brave et du plus habile.

Suffren, gêné par le convoi qu'il traînait, voulut gagner Pondichéry. A partir de Madras, l'amiral Hughes lui donna la chasse. L'action se poursuivait dans des conditions désastreuses pour les Anglais quand la tempête, se mêlant de la partie, sépara les combattants. Tandis que Hughes rétrogradait, Suffren débarquait à Porto-Novo les trois mille Français qui devaient aider le rajah Haïder-Ali à résister aux Anglais. Délivré du convoi qui retardait sa marche, il se mit à la recherche de l'ennemi.

A la hauteur de Provedien, sur les côtes de Ceylan, Suffren rencontra de nouveau Hughes, à la tête de quatorze voiles. Le combat dura cinq heures, au bout desquelles le commandant anglais s'enfuit.

Le vainqueur, après s'être ravitaillé à Batacolo, se dirigea sur Tranquebar et Goudelour. Il prenait ses dispositions dans cette dernière station pour aller chasser les Anglais de Negapatram, quand on vint l'avertir que sir Edward Hughes couvrait ce point avec toutes ses forces. Le 5 juillet 1782, il était en vue de la flotte britannique : le lendemain, le feu s'ouvrait. L'amiral Hughes, comptant sur l'ardeur française, avait ordonné à son avant-garde de ne point prendre part à l'action et d'attendre ses ordres pour s'engager; mais Suffren, aussi rusé, rendit cette disposition inutile. Il fallut bien que la bataille amenât chacun sur le terrain à nombre égal de vaisseaux, onze contre onze. Suivant son habitude, Suffren s'attacha directement au bâtiment du commandant ennemi, qu'il mit en triste état. Le combat semblait se terminer à l'avantage des Français quand ceux-ci virent, soudain, l'un des leurs, le capitaine Cillart du *Sévère,* amener son pavillon. Par bonheur, le second, nommé Dieu, contraignit ce lâche officier à le rehisser; d'où ce brocard sanglant, qui courut la flotte : « Le capitaine du *Sévère* voulait se rendre, mais Dieu ne le permit pas. » Cillart fut justement suspendu après l'affaire, avec ses lieutenants Forbin et Bidé de Morville. La marine française est assez riche en gloires pour qu'on puisse rappeler au public le nom de deux traîtres de hasard. Les Anglais n'ont-ils pas eu l'amiral Bing? Nous autres, ne ressentons-nous pas la douleur d'avoir possédé le maréchal Bazaine? Le drapeau national n'est point humilié par de pareils lâches, leur boue fait ressortir son éclat. Sir Edward Hughes eut l'aplomb, à quelque temps de là, de réclamer le *Sévère,* comme s'étant

rendu. Suffren répondit au parlementaire : « Venez le prendre ! »
On ne s'y risqua pas. Quoi qu'il en fût, un fort grain sépara
brusquement les combattants. La flotte de Hughes, pour la troisième fois, en profita pour battre en retraite,

Ces reculs rendaient Suffren maître de la situation. Après
une pompeuse entrevue avec Haïder-Ali, qui se dérangea de
plus de cinquante lieues avec une armée de quatre-vingt mille
hommes pour le féliciter, après avoir rallié d'importants renforts
que lui amenait le capitaine d'Aymar, il se résolut à attaquer
Trinquemalé. Un succès complet couronna cette entreprise. Le
30 août, les forts capitulèrent, et une garnison française en prit
possession le lendemain. Le 3 septembre, sir Edward Hughes
reparut, ignorant de cette prise. Suffren, ne lui laissant pas le
temps de se reconnaître, donna le signal du combat. Malheureusement, ses capitaines ne comprirent pas ses ordres et ouvrirent le feu en détail avant qu'il eût formé sa ligne ; d'autre part,
étant trop au vent, le plus grand nombre d'entre eux évoluait
mal. Depuis son arrivée dans l'Inde, Suffren avait eu si souvent
à se plaindre de ses lieutenants qu'il se crut abandonné. Il prit,
alors, une résolution héroïque, celle de soutenir à lui seul
l'assaut des forces anglaises ; et il y réussit ! Après une lutte
sanglante, l'amiral Hughes battit en retraite une fois de plus
pour aller se radouber à Madras. Suffren rentra à Trinquemalé,
où quinze jours lui suffirent pour faire disparaître de ses vaisseaux toutes les traces de leur dernier combat.

C'est alors que l'on vit Suffren, avec son escadre si faible pour
une telle entreprise, bloquer toutes les côtes de l'Inde, depuis
l'embouchure du Gange jusqu'à Madras, sans que sir Edward
Hughes tentât même de s'y opposer sérieusement. Ce ne fut que
lorsqu'il eut reçu un renfort de six vaisseaux de ligne que l'a-
miral anglais, sortant de son inaction, se porta sur Goudelour
pour attaquer par mer les Français renfermés dans cette
place, tandis qu'une armée britannique les assiégeait par terre.
Suffren n'en fut pas plus tôt instruit qu'il résolut de sauver Goudelour, incapable de résister à tant de forces réunies. Mais, en
arrivant, il trouva quatorze vaisseaux de ligne déjà embossés

le long de la côte et prêts à foudroyer la place. A la vue de l'escadre française, Hughes appareilla brusquement et gagna le large. Décidément, les Anglais fuyaient toujours! On sait, du reste, que leurs victoires se payent d'avance en argent. Sous les yeux de l'ennemi apeuré, Suffren se mit en communication avec la garnison assiégée, puis il courut à sir Edward Hughes, qu'il contraignit au combat. Après une canonnade très vive, la flotte anglaise se décida à lever le blocus. Lorsque, au point du jour, les assiégés virent les vaisseaux français seuls maîtres de la rade et l'escadre britannique disparaissant lentement sous l'horizon, ce furent des transports et des cris de joie qui, répétés par les échos du rivage, vinrent jusque sur ses bâtiments saluer Suffren du doux nom de « père » et de « libérateur ». Quand il descendit à terre, le marquis de Bussy, commandant de la place, vint au-devant de lui, entouré de son état-major, que suivait une population innombrable. Le bailli de Suffren, seul étonné de ce triomphe, se vit enlever dans un magnifique palanquin que les défenseurs de la ville chargèrent sur leurs épaules. C'était au mois de juin de l'année 1783. Huit jours après cette mémorable entrée, une frégate anglaise vint annoncer la signature du traité de Versailles, rétablissant la paix.

Suffren était parti capitaine de vaisseau en 1781 ; une cinquième charge de vice-amiral fut créée tout exprès pour lui en 1784. Les quatre autres titulaires étaient le comte d'Estaing, le marquis de Saint-Aignan, le comte de La Rochefoucauld-Coussages et le prince de Montbazon. Jamais avancement ne fut mieux mérité. Le glorieux marin demeura, du reste, l'idole du public jusqu'à sa mort, arrivée le 8 décembre 1788.

VII

MAHÉ DE LA BOURDONNAYS.

La France, si féconde en grands capitaines, en habiles administrateurs, a produit cependant peu d'hommes doués de qualités aussi éminentes que Bertrand-François Mahé de La Bourdonnays, et l'on ne sait vraiment à son sujet ce qu'on doit le plus admirer ou de l'universalité de ses connaissances ou du parti qu'il sut en tirer.

Né à Saint-Malo, le 11 février 1699, La Bourdonnays n'avait que dix ans lorsqu'il fit son premier voyage dans les mers du Sud. En 1713, il embarquait de nouveau, en qualité d'enseigne, sur un vaisseau allant aux Indes Orientales et aux îles Philippines. Un savant jésuite du bord, frappé de ses prodigieuses dispositions, se fit un plaisir de lui enseigner les mathématiques, dans lesquelles ses progrès furent rapides, comme en toutes les choses qu'il entreprenait. Du reste, chez ce jeune homme, l'opiniâtreté du travail se joignait encore à la facilité : il avait pris l'habitude de ne dormir que deux ou trois heures. Après ces deux premiers voyages, il navigua en 1716 et 1717 dans les mers du Nord, puis en 1718 dans celles du Levant. L'année suivante, il entra au service de la Compagnie des Indes en qualité de lieutenant. C'est pendant une de ces traversées qu'il composa un traité sur la mâture des vaisseaux, qui étonna tous les gens du métier par la profondeur et la perspicacité de ses vues. En 1724, il passait capitaine en second. Après une vaillante campagne dans l'Inde, il armait pour son propre compte et réalisait des bénéfices considérables. Il rentra en France en 1733.

Sur la proposition d'Orry, contrôleur-général des finances, La Bourdonnays fut nommé gouverneur de l'Ile-de-France et de Bourbon. Ces deux colonies prirent sous son administration une importance qu'elles étaient loin d'avoir jusque-là. En quelques années, il en changea complètement la face. On le vit tour à tour : législateur, établir des lois et des règlements d'une grande sagesse ; ingénieur, créer des ports et des fortifications ; architecte, donner les plans d'une foule d'édifices publics et de fabriques ; agriculteur, enseigner aux colons la culture de la canne à sucre et du manioc, qu'ils ne connaissaient pas ; enfin manufacturier, diriger l'exploitation des premières sucreries, des premières indigoteries, des premières fabriques de coton, après les avoir montées lui-même. Sans parler des ponts, des routes, des quais, des viaducs que La Bourdonnays acheva avec une rapidité incroyable, ce fut encore lui qui, à l'Ile-de-France, organisa un vaste chantier de constructions navales ; en sorte que l'on vit tout à coup une colonie, passant avec raison pour ne pas même savoir réparer ses chaloupes de pêche, construire et équiper avec ses propres ressources de grands navires de guerre et de commerce. Pour exécuter tant et de si grandes choses, quels secours La Bourdonnays reçut-il de la métropole ? Nous avons honte d'être obligé de constater que non seulement on lui refusa tout, mais qu'il eut encore à lutter contre les intrigues et contre un mauvais vouloir qui semblait s'accroître à mesure que cet habile gouverneur déployait plus de génie et plus d'activité. La seule faveur qu'il obtint fut d'être nommé capitaine de frégate dans la marine royale. Il voulut donner sa démission ; on exigea de son patriotisme qu'il conservât ses fonctions.

Un trait de sa vie suffira à peindre l'homme tout entier. Une frégate venait de lui apporter la nouvelle de la rupture de la paix entre l'Angleterre et la France. N'ayant à sa disposition qu'un vaisseau de guerre et quelques bâtiments marchands, La Bourdonnays sentait le besoin d'une flotte pour résister à celle des Anglais, et il résolut de la créer. Il commence par former des équipages avec tous les hommes de bonne volonté qui se présentent, colons, Nègres, Indiens, transforme en navires de guerre tous les bâtiments marchands qu'il peut se procurer, les arme avec les canons des forts, puis va chercher à Madagascar les vivres dont il manque. Une violente tempête le surprend dans cette traversée et désempare ses vaisseaux ; il mouille près de l'île

Marosse dans la baie d'Antongil, et, sans se laisser décourager par cette première épreuve, il débarque, établit un quai, des forges, une corderie. On était au mois d'avril 1746. Pour alimenter ses forges, il prend le lest en fer de ses bateaux ; les vieux câbles, qu'il fait détordre, lui fournissent les cordages dont il manque également. La petite île possédait une forêt avec des arbres magnifiques, mais des fondrières et des marais la séparaient du rivage ; il construit alors une chaussée et, de cette façon, rend possible le transport des troncs et des madriers. Enfin, quarante-neuf jours lui suffisent pour réparer la coque endommagée de ses navires, remplacer leurs mâts, leurs vergues et une partie de leurs cordages, et pour quitter Marosse avec neuf bâtiments en état de chercher l'ennemi. Il le rencontra en effet, le 6 juillet, à la hauteur de Négapatnam, dans le golfe du Bengale. Les Anglais furent battus et s'enfuirent jusqu'à Ceylan, dans la baie de Trinquemalé. La Bourdonnays les y poursuivit ; mais la flotte ennemie prit les devants et disparut tout à fait. La mer des Indes fut aux Français. Le 21 septembre, il enlevait Madras à la tête de quinze cents hommes. Là commencèrent ses démêlés avec Dupleix, grand homme lui aussi, mais ombrageux et jaloux. Dupleix fit avorter toutes ses opérations, et La Bourdonnays dut revenir au mois de décembre de la même année dans son gouvernement de l'Ile-de-France, où il se trouva remplacé, sans en avoir été prévenu. Telle fut la récompense de l'illustre colonisateur, du vaillant marin.

Une plus triste déconvenue lui était encore réservée. Cet homme qui, de deux îles perdues dans l'Océan Indien, de l'Ile-de-France et de Bourbon, avait fait deux colonies florissantes, qui avait su les défendre après les avoir créées, qui assiégea et prit Madras, qui rendit la France maîtresse dans les mers des Indes, fut indignement attaqué par la Compagnie des Indes, par « Messieurs de Pondichéry », comme on disait dans la métropole ; et, quand il revint en toute hâte à Paris pour se justifier, sans vouloir l'entendre on le jeta de nuit à la Bastille, où il languit trois ans ! Là, sans communications avec sa famille, privé de papier, de plumes et d'encre, il trouva moyen d'écrire un

Mémorial justificatif, d'éclairer la justice qui, par un jugement solennel, le releva de toutes les poursuites intentées contre lui, déclara calomnieuses les accusations dont il avait été l'objet, enfin proclama son entière innocence.

Mais trois ans de détention avaient brisé les forces physiques de La Bourdonnays, qui mourut le lendemain même de son élargissement, le 9 septembre 1753. Ses malheurs immérités pèseront toujours sur la mémoire de son rival Dupleix, qui lui aussi, par un juste retour, devait subir l'ingratitude de ses compatriotes.

VIII

DUPLEIX.

Joseph-François Dupleix, né à Landrecies, le 1er janvier 1697, était le fils d'un fermier-général du roi, directeur de la Compagnie des Indes. Sa famille s'opposant à ses goûts artistiques, on l'embarqua sur un navire de la Compagnie en partance de Saint-Malo. Cette sévérité valut à la France une illustration de plus. Dupleix fit ainsi plusieurs voyages en Amérique et aux Grandes-Indes. A son retour, en 1720, il avait définitivement trouvé sa voie. Son père le fit nommer alors commissaire des guerres et membre du Conseil supérieur à Pondichéry. En 1721, à l'âge de vingt-quatre ans, il débarquait dans cet Hindoustan dont, pendant plus de trente années, il s'efforça de doter la France.

Le gouverneur Le Noir l'avait chargé de la correspondance générale, ce qui le mit promptement au courant des questions administratives et commerciales de la colonie. Après dix années employées ainsi, Dupleix fut appelé à la direction du comptoir de Chandernagor, au Bengale. Cet établissement, bien que formé depuis 1688 dans des conditions excellentes, n'avait fait que languir jusque-là; le nouvel administrateur le releva, et dans des proportions qui soulevèrent l'admiration générale. Pendant

douze ans, il soutint la gloire du nom français sur le Gange :
aussi applaudit-on de toutes parts quand, en octobre 1741, il fut
promu au gouvernement-général de l'Inde Française, à Pondichéry. Entre temps, il avait épousé à Chandernagor Mme Jeanne
Vincent, cette fameuse *Johanna Begun* qui parlait tous les dia-
lectes de l'Inde, si vénérée par les indigènes, si remarquable
par sa beauté, ses talents et son esprit, dont là-bas le souvenir
n'est point encore perdu.

Par malheur, Dupleix joignait aux plus hautes qualités un
orgueil extrême et une jalousie capable de se porter aux plus
violents excès contre quiconque menaçait de partager la gloire
qu'il ambitionnait pour lui seul. Sa lutte avec La Bourdonnays eut
pour première cause l'exaspération qu'il ressentit de voir dans
la mer des Indes un gouvernement-général en dehors du sien,
puis sa défiance de rencontrer en son titulaire un successeur. En
attendant le conflit, il s'occupa ardemment d'élargir les limites
de sa régie, qu'il trouvait, avec raison du reste, trop absolument mercantile; en conséquence, il décida que la Compagnie
deviendrait une puissance territoriale. Il rêva l'Inde entière
métamorphosée en une vice-royauté française, dont il serait
le héros absolu; plan grandiose, mais auquel il eût fallu un
autre gouvernement que celui de Louis XV pour devenir une
réalité. Pour ce qui la concernait, la Compagnie accepta, toutefois avec les détours habituels aux marchands, gens plus
retors que francs, même dès cette époque. Tout en applaudis-
sant à l'idée de Dupleix, elle donna des ordres contradictoires
à La Bourdonnays, auquel elle venait de confier le soin d'aller
secourir son collègue de l'Inde, peut-être aussi de le surveiller.

Dupleix, en attendant, marchait à pas de géant. Relevant en
premier lieu les titres aristocratiques, qu'il s'appliqua, de l'ancien empire mogol, traitant ensuite d'égal à égal avec les grands
feudataires de l'Inde, il commença par s'ériger en protecteur de
quelques-uns. Bien mieux, il s'aboucha plus particulièrement
avec deux princes du Dekhan : à l'un, Anaverdi-Khan, il pro-
mit d'enlever Madras aux Anglais et de lui remettre cette place
pour prix de son alliance; à l'autre, Chanda-Saëb, retenu dans

les fers des Marattes pour avoir usurpé le Maduré, il fit offrir secrètement le prix de sa rançon et la nababie d'Arcate à la condition qu'il assurât à la Compagnie française un territoire important. C'est au milieu de cette diplomatie, qu'il ignorait, que vint tomber La Bourdonnays, auquel Dupleix ne confia rien. Nous avons vu de quelle façon Madras fut prise; le vainqueur, non au courant de l'agrandissement territorial projeté, accorda une capitulation aux termes de laquelle les Anglais convinrent de payer une somme de dix millions de livres pour le rachat de leur ville, les magasins du roi et de la Compagnie d'Angleterre restant d'ailleurs aux Français, avec moitié de l'artillerie, des armes et des munitions de guerre. Dupleix, lié par ses négociations secrètes avec Anaverdi-Khan, refusa de reconnaître la capitulation; La Bourdonnays tint bon, fort des instructions personnelles qu'il avait reçues, soutenu par son escadre, ses troupes et le Conseil siégeant à Pondichéry. On essaya alors d'assassiner La Bourdonnays, puis, cette trame odieuse ayant échoué, de le retenir jusqu'au changement de mousson, époque féconde en catastrophes dans la mer des Indes. Malgré ces graves motifs d'inimitié, le gouverneur de l'Ile-de-France proposa une réconciliation à son envieux collègue : peine perdue! Dupleix même réussit encore à l'empêcher d'enlever Goudelour, lui fit tendre un piège à Mergui, auquel La Bourdonnays n'échappa qu'à grand'peine. Abreuvé de chagrins et de dégoûts, le vainqueur de Madras se décida à quitter définitivement l'Inde.

De pareils faits étaient profondément tristes, et c'est en vain qu'on essaye aujourd'hui de réhabiliter Dupleix sur ce point. Il n'a pu se relever de ce mauvais souvenir qu'à force de gloire.

Sept jours après le départ de La Bourdonnays, le Conseil de Pondichéry cassait la capitulation de Madras, malgré les réclamations des Anglais. A son tour, le nabab Anaverdi-Khan exigea l'accomplissement des promesses à lui faites; Dupleix ordonna qu'on lui fermât les portes de la place. L'Indien vint l'assiéger, mais fut repoussé. Dupleix tenta ensuite, par deux fois, d'enlever Goudelour; il ne put, toutefois, y réussir.

Somme toute, Madras restait entre ses mains ; il ne désirait pas autre chose, du moins pour le moment.

Les Anglais, exaspérés par son manque de foi, essayèrent une revanche sur Pondichéry. Le 30 août 1748, l'amiral Boscawen arrivait en vue de la ville avec quarante bâtiments, dont moitié armés en guerre : c'était la plus redoutable escadre qu'on eût vue dans ces parages. Aidé par l'ingénieur Paradis et par Charles de Bussy-Castelnau, ce dernier destiné également à se faire plus tard un nom célèbre dans l'Inde, Dupleix se montre à la hauteur de tout, sachant à la fois être tout : administrateur, munitionnaire, ingénieur, artilleur, général. Son courage et son sang-froid exaltent l'audace des habitants. La ville comptait, à cette époque, cent vingt mille habitants et mesurait quatre lieues de circuit. L'ennemi ouvre des tranchées, mais Boscawen ne fait pas montre de capacité. Son artillerie ne porte pas jusqu'aux murailles, ses parallèles sont trop éloignées de la place. Les Anglais perdent leur temps à corriger les erreurs commises : la saison des pluies arrive, les maladies fondent sur l'armée assiégeante. Le 17 octobre, l'armée britannique se repliait vers Ariancoupam, qu'elle évacua presque aussitôt : l'escadre de Boscawen se retira à Goudelour. L'ordre n'avait pas été troublé un seul moment dans Pondichéry.

Par ce fait d'armes heureux, la gloire de Dupleix fut portée à son comble : il remplit l'Hindoustan de son nom. Bientôt il reçut de France, avec le titre de marquis, la grand'croix de Saint-Louis. Mais la joie de son triomphe fut affaiblie. Le 18 octobre, la paix avait été signée à Aix-la-Chapelle, et l'une de ses principales clauses était le retour de Madras à la Compagnie anglaise. Dupleix eut la mortification de restituer cette ville à ses anciens possesseurs sans même avoir reçu d'eux la rançon qu'ils avaient consentie avec La Bourdonnays. Qu'avions-nous gagné aux mesquines jalousies de sa politique précédente? De l'éclat, du prestige, mais l'un et l'autre inutiles.

Dupleix, désireux de réparer l'effet produit par cette restitution, reprit sur-le-champ ses relations avec les princes indigènes. C'est ainsi qu'il fit alliance avec Chanda-Saëb, auquel il donna la nababie de Carnate. Les Anglais firent alors amitié avec Nazir-Sing, soubab du Dekhan, et l'opposèrent aux Français; mais le soubab fut tué dans une sédition, et Dupleix s'empressa de lui reconnaître pour successeur son neveu Mouzafer-Sing qui, par reconnaissance, lui donna d'immenses sommes d'argent, le combla d'honneurs, le déclara gouverneur d'un immense territoire avec le titre de munsah, ou commandant de la cavalerie. Dès lors, le gouverneur de Pondichéry prit le costume et les façons des souverains du pays.

Tout en faisant sa fortune, il n'oubliait pas celle de la France. Il fit céder à la Compagnie des Indes un beau territoire aux environs de Pondichéry, d'un revenu de 96,000 roupies, un autre près de Karikal de 106,000 roupies de produit annuel, enfin Mazulipatam et ses alentours, d'un revenu de 150,000 roupies, cessions dont l'ensemble représentait plus d'un million de revenu de France. En même temps, son lieutenant Bussy gouvernait le Dekhan au nom du soubab et faisait abandonner aux Français, en 1753, une étendue d'à peu près deux cents lieues, d'un revenu de 12 millions de livres. Plus tard, le même Bussy nous faisait octroyer de nouvelles provinces; de telle sorte que les Français se trouvèrent, en peu de temps et sans partage, maîtres de presque toute la Côte de Coromandel et de celle d'Orixa, possédant dans l'Inde une superficie territoriale plus grande que la France elle-même et habitée par près de 40 millions d'hommes. Dupleix écrivit alors aux ministres à Paris et aux directeurs de la Compagnie pour réclamer des renforts qui lui permissent de pousser à fin son œuvre.

Les Anglais commençaient, en effet, à s'inquiéter. A Dupleix et à ses lieutenants, le comte d'Auteuil et le chevalier Law, ils opposaient Saunders, Laurence et Clive, qui devaient plus tard, le dernier principalement, conquérir l'Inde à leur patrie. Une guerre s'ensuivit, pendant laquelle nous éprouvâmes quelques revers dans le Carnate, mais où nous gardâmes un succès complet dans le Dekhan. Somme toute, seuls des Européens, les

Français possédaient un empire dans l'Inde. C'est alors, — en 1754, — que la Compagnie française, fatiguée sans doute de la lutte, commit l'immense folie de rappeler Dupleix et de lui donner pour successeur Godeheu, lequel, d'un trait de plume, anéantit les divers privilèges conquis par son prédécesseur. En semblable cas, un pareil amour de la paix à tout prix ne constituait rien moins qu'une lâcheté : les ministres français laissèrent faire. Toutes les Compagnies de traitants sont les mêmes, ne supportant ni grands caractères, ni esprits indépendants parce qu'elles n'ont en vue que les dividendes de leurs actions. Au point de vue patriotique, leur suppression a été bonne, et c'est pourquoi nous eussions vu avec peine qu'on les eût rétablies de nos jours lors d'une grande entreprise industrielle que nous n'avons pas à désigner plus clairement ici.

La disgrâce de Dupleix, si imméritée et si honteuse qu'elle ait été, souleva peu de récriminations; on se souvenait encore des coupables persécutions que lui-même avait fait subir à La Bourdonnays. Celui qui avait distribué des trônes, qui avait plané, presque à l'égal du Grand-Mogol, au-dessus des grands feudataires de l'Inde, ne put obtenir justice de la Compagnie dont il avait été pendant plus de trente années la fortune et l'orgueil; il fut vu, dans Paris, à ce point misérable qu'il ne pouvait échapper aux contraintes par corps dont ses créanciers le menaçaient. Quand il mourut, le 11 novembre 1763, il venait de publier un Mémoire où s'étalait, à côté de l'amertume d'un grand cœur blessé, le souvenir de la gloire passée, des services rendus, et la magnifique perspective de puissance qu'il avait offerte à son pays dans l'Inde. C'est un fait acquis à l'histoire que les Anglais n'ont été que les imitateurs de Dupleix, qui leur avait enseigné, à notre défaut, comment avec une poignée d'Européens on pouvait conquérir l'Hindoustan en entier.

IX

BARRIN DE LA GALISSONNIÈRE.

Roland-Michel Barrin, marquis de La Galissonnière, né le 11 octobre 1693 à Rochefort suivant les uns, près de Nantes selon les autres, s'éleva de grade en grade par son mérite au rang de lieutenant-général des armées navales. On lui aurait dù mieux encore; mais la faveur, dans ce temps, et la volonté des femmes entretenues à la cour, surtout, faisaient presque toujours les vice-amiraux aussi bien que les maréchaux de France.

La Galissonnière joignait les qualités d'un négociateur intelligent et ferme à celles d'un tacticien habile, d'un général de mer à la fois actif, courageux et pénétré au plus haut degré du sentiment du devoir; pour rien au monde, même quand sa gloire personnelle aurait eu tout à y gagner, il n'aurait dévié de la route que sa scrupuleuse conscience lui traçait. C'était le cœur généreux et loyal par excellence. L'honneur du nom français et les intérêts de la patrie préoccupaient tous ses instants, et l'on sait qu'il avait accompli des merveilles vis-à-vis de la Nouvelle-Angleterre quand il avait été investi d'un commandement militaire à la Nouvelle-France. Le ministre Machault d'Arnouville eut le bon esprit de le faire agréer de préférence aux deux vice-amiraux d'alors, et à des lieutenants-généraux plus anciens que lui, pour la conduite des opérations navales dans la Méditerranée, en 1756.

Son escadre, forte de douze vaisseaux de ligne et de cinq frégates, sans compter cent cinquante bâtiments de transport sur lesquels étaient douze mille hommes sous les ordres du maréchal de Richelieu, mit à la voile aux iles d'Hyères, le 12 avril, sut prévenir, grâce à l'habile conduite de son chef, une flotte anglaise qui avait projet de l'arrêter et, dès le 17, débarqua sans obstacles toute l'armée du maréchal à Minorque. Il était temps : le même jour, La Galissonnière eut avis de l'approche de l'escadre anglaise, composée de treize vaisseaux de ligne et de cinq frégates, sous le commandement de l'amiral Bing. Elle accourait vers Mahon, non seulement avec le dessein de jeter des secours dans la place, mais principalement avec celui de combattre la flotte française qui en bloquait le port. A la vue des ennemis, La Galissonnière chercha à gagner l'avantage du vent, ce qui l'obligea à s'éloigner de sa station, de sorte que Bing aurait eu, pendant trente-six heures, le temps de secourir Mahon s'il avait su profiter de cette circonstance; mais, avant tout, cet amiral se préoccupa de combattre. Le 21 mai, les deux escadres furent en présence. Après une courageuse résistance, qui dura presque toute la journée, la flotte anglaise se dispersa sous le feu du canon. Tout ce qu'elle put faire, aussi désemparée que possible, ce fut de tenir le vent autant que ses forces le lui permettaient. Pouvait-elle résister davantage? Jamais, peut-être, l'histoire de la Marine n'a soulevé une controverse aussi passionnante. L'Europe répondit : non ! L'Angleterre affirma : oui! et elle agit, quelques mois après, en conséquence. Son verdict fut politique, mais inhumain. Après tout, est-ce que l'humanité est une vertu britannique?

L'amiral Bing, jugeant que, dans le pitoyable état où se trouvait son escadre, il y aurait témérité de sa part à renouveler l'action avec les Français, qui depuis le commencement de l'affaire n'avaient pas un instant cessé d'avoir l'avantage et n'avaient encore rien perdu de leurs forces, résolut de se soustraire par la fuite à un danger imminent. Il courut donc se mettre à l'abri sous le canon de Gibraltar. Le gouvernement anglais, excité par l'orgueil national humilié, se montra sévère jusqu'à la barbarie envers l'infortuné vaincu.

On reprocha à Bing de n'avoir pas secouru Mahon, de n'avoir canonné que de loin l'escadre de La Galissonnière, et de ne s'être pas approché du vaisseau amiral de France; sa vie fut demandée à un conseil de guerre, qui le condamna unanimement à être arquebusé. La sentence, confirmée par le roi d'Angletérre Georges II, malgré un recours en grâce signé des juges eux-mêmes, qui déclaraient leur conscience troublée par la rigueur de la loi, reçut son exécution le 14 mai 1757. L'Europe entière jeta un cri de réprobation ; mais l'Angleterre croyait avoir ainsi appris à ses amiraux qu'ils n'avaient d'autre alternative, désormais, que de vaincre ou de mourir d'une manière infamante. Au reste, les suites immédiates du combat naval du 21 mai 1756 furent assez graves pour troubler sérieusement la nation britannique. La prise de Mahon, du fort Saint-Philippe et de l'île Minorque tout entière furent les conséquences de la victoire navale que les Français venaient de remporter.

Ce n'est pas le maréchal de Richelieu qu'il convenait de surnommer *vainqueur de Port-Mahon*, comme a fait la flatterie des poètes d'alors et entre autres de Voltaire, aussi grand écrivain qu'infidèle historien ; c'est La Galissonnière qui méritait de voir son estimable carrière couronnée de ce glorieux surnom. Le plus célèbre des roués de la cour de Louis XV le lui enleva ; mais l'équitable postérité doit le lui restituer. La Galissonnière survécut peu à sa victoire ; d'une santé toujours languissante, il n'avait entrepris sa dernière expédition que par dévouement, et contre l'avis des médecins qui lui avaient annoncé sa mort comme devant être le résultat assuré de ses nouvelles fatigues. En effet, comme il était en route pour se rendre à Fontainebleau, où se tenait dans le moment Louis XV, il mourut à Nemours, le 26 octobre 1756, avant d'avoir pu toucher au but si prochain de son voyage. Tous les marins le regrettèrent ; les matelots surtout, à la santé, au bien-être desquels il veillait avec un soin plein de compatissance et de paternelle affection, lui donnèrent des larmes sincères. La science aussi perdit en lui un de ses apôtres. La Galissonnière s'occupait avec passion d'histoire naturelle, et ce qui lui rendait cette étude encore plus chère, c'est qu'il savait la tourner au profit de l'humanité. Dans toutes les îles où il abordait, il avait soin de semer des graines utiles, de planter de nouveaux arbres fruitiers, et de laisser ainsi des souvenirs durables de son bienfaisant passage. Des colonies il apportait, en retour, d'autres semences, d'autres plantes, dont

DUPLEIX

1697-1763

LA BOURDONNAYS

1699-1753

il enrichissait le sol même de la France. La Galissonnière avait
l'âme aussi belle que son extérieur était contrefait. Petit de
taille et bossu de corps, il était droit de cœur et grand d'esprit.

X

MONTCALM.

C'est le Canada, ou plutôt la « Nouvelle-France », qui avait
été le principe plus ou moins avoué de la guerre dont nous
venons de relater un glorieux incident. Au fond, il s'agissait,
pour la Grande-Bretagne, implantée déjà dans les régions
avoisinantes, qu'elle nommait par anticipation jalouse la
« Nouvelle Angleterre », d'arracher à l'égoïste Louis XV
toutes ses possessions françaises d'outre-mer. Tandis qu'on se
battait dans la Méditerranée et dans l'Inde, partout, somme toute,
où elle nous rencontrait, la lutte prenait des proportions plus
graves sur les rives du Saint-Laurent, plus oubliées de la métropole et moins secourues par elle. Heureusement, le marquis de
Montcalm veillait. Cet homme est une des grandes figures de
cette époque de lâcheté officielle et de virilité privée dont le con-
traste laisse de si douloureux souvenirs à notre honneur national.
Montcalm demeure, encore aujourd'hui, aussi bien en France que
dans l'Amérique du Nord, un de ces types héroïques dont la
légende s'empare, parce qu'ils ont accompli un effort surhumain.
Sa défaite, qui fut celle de notre drapeau, l'a mieux servi, justement sans doute, qu'une victoire, car elle comporta plus d'éclat.
La fin de sa vie est donc la seule de son existence que la reconnaissance publique ait définitivement consacrée. Le cas est
rare ; mais, dans toutes les époques, de combien de nos hommes
en vue pourrait-on en dire autant ?

Quand la guerre éclata entre les deux puissances pour la
défense et la conquête du Canada, on put tout d'abord juger
que la lutte serait, cette fois, sans merci. Au début, le pavillon

français l'emporta. Le général de Montcalm s'était emparé, dans les premières campagnes, de deux des plus importantes positions anglaises, défendues l'une et l'autre par de nombreuses garnisons. Le 8 juillet 1758, il avait, à la tête de quatre mille cinq cents hommes seulement, gagné la bataille de Ticondéroga sur le général Abercrombie, dont l'armée était forte de vingt-trois mille soldats ; les Anglais, après avoir perdu lord Howe, un de leurs chefs, et plus de deux mille combattants, ne s'étaient arrêtés dans leur fuite précipitée qu'aux bords du lac Saint-Sacrement, nommé par eux lac Saint-Georges. Enfin Montcalm, malgré la faiblesse de ses ressources, la rigueur du climat et un dénuement presque absolu, s'était maintenu pendant plusieurs années avec un plein succès. Jamais homme, dit-on, ne réunit à un plus haut degré les qualités qui plaisent au soldat, l'attachent et l'entraînent. Son généreux et loyal caractère n'avait pas su moins favorablement agir sur les Indiens, qui s'associaient avec enthousiasme à ses expéditions, et qui, marchant de nuit, inaperçus, à travers les bois, tombaient sur les habitations écartées des Anglais et les détruisaient longtemps avant qu'on eût soupçonné leur approche. Montcalm, s'il eût été secondé par la métropole, non seulement eût été capable de conserver la Nouvelle-France dans toute son intégrité, mais encore de ruiner la Nouvelle-Angleterre. Malheureusement les secours, déjà insuffisants au début, n'avaient pas tardé à devenir complètement nuls, tandis que, au contraire, il arrivait de la Grande-Bretagne renforts sur renforts aux Anglais de l'Amérique Septentrionale.

Au mois de juin 1758, l'amiral Boscawen, avec vingt-trois vaisseaux de ligne et dix-huit frégates portant une armée de débarquement sous les ordres des généraux Amherst et Wolf, était venu attaquer cette colonie de Louisbourg pour laquelle la France avait fait naguère tant de dépenses. Boscawen disposa si bien ses vaisseaux au moment de l'attaque qu'ils couvraient toute la côte voisine de la ville et en menaçaient à la fois plusieurs points. Les Anglais, ayant tenté d'opérer leur descente à l'anse du Cormoran, furent repoussés, et peut-être auraient-ils alors renoncé à leur entreprise si Wolf n'eût imaginé de pénétrer par un endroit qu'on avait cru inaccessible. L'imprévoyance des Français est partout la même, et les cruelles leçons qu'ils reçoivent ne les guérissent jamais de leur légèreté. Un officier anglais, ayant gravi, en rampant sur les mains, avec un petit nombre d'hommes, avait frayé un chemin à l'armée ennemie, qui bientôt s'était trouvée maîtresse d'investir la place. Trois vaisseaux de ligne français furent mis en feu par les bombes et deux autres enlevés, pendant la nuit, à l'aide de bateaux et de chaloupes, dans le port même de Louisbourg. Le lendemain, les assiégés, voyant leur rade couverte des débris des vaisseaux incendiés ou coulés à fond, furent tellement effrayés de ce spectacle qu'ils résolurent aussitôt de capituler. Cette capitulation eut lieu le 26 juillet. L'ile Royale tout entière passa au pouvoir des Anglais avec Louisbourg. Un bâtiment de guerre français était parvenu à s'évader pendant le siège, ce qui donna lieu de penser que, avec un peu d'habileté, les autres en auraient pu faire autant. Après être sortis de la rade de Louisbourg, ils seraient allés rallier l'escadre du comte Du Chaffaut, qui avait vainement essayé de secourir la place, mais qui n'échappa que par l'adresse de ses manœuvres à la flotte de Boscawen, au milieu de laquelle il passa avant d'arriver en France.

Depuis la perte de l'Acadie, en 1754, l'ile Royale était devenue la clef du Canada; l'arsenal de Louisbourg au pouvoir des Anglais, l'entrée du Saint-Laurent était ouverte à leurs flottes. Les forces qui avaient servi à la conquête de l'ile Royale furent, en majeure partie, déposées sur le continent, où elles commencèrent à changer la face des affaires. Le général Forber, parti de Pensylvanie à la tête d'un corps d'armée, contraignit les Français, le 24 janvier 1759, à abandonner le fort Du Quesne, lequel maintenait les communications entre le Canada et la Louisiane, et il rasa complètement ce poste important. Toutefois, les colons français, confiants en l'habileté et en la valeur de Montcalm, étaient loin encore de se croire si proches de la catastrophe qui les menaçait quand les Anglais adoptèrent un nouveau plan de guerre. Comme Montcalm avait jusqu'alors réussi, en concentrant ses forces, à faire face aux ennemis, sans une trop grande infériorité numérique, sur les divers points où il s'était successivement rencontré avec eux, les généraux anglais combinèrent plusieurs attaques simultanées; les uns, avec de petits corps indépendants, sur les postes éloignés; la principale, au moyen d'une flotte puissante, sur Québec et le centre de la colonie, où toutes les forces britanniques devaient finir par se réunir. Les Français abandonnèrent, alors, presque tous leurs postes écartés. Avec six cents hommes, le brave Pouchot se défendit, pourtant, dans le fort de Niagara, à l'attaque duquel le général anglais Prideaux perdit la vie. Son successeur Jonhson, plus heureux, se rendit maître du fort. D'autre part, Bourlamaque tint les Anglais en échec au lieu nommé l'Ile-aux-Noix, à l'extrémité du lac Champlain; il réussit, de cette façon, à fermer à Amherst le chemin de Québec et à empêcher ce général de seconder l'attaque projetée contre la capitale de la Nouvelle-France.

Cependant, une nouvelle flotte anglaise de vingt-cinq vaisseaux de ligne et de plus de cent bâtiments de transport, partie d'Angleterre dans le courant de juillet 1759 sous les ordres de l'amiral Saunders, entra, après avoir reçu le général Wolf avec dix mille hommes d'élite, dans le Saint-Laurent, malgré les glaces qui l'obstruaient, le remonta, s'engagea dans les passes les moins fréquentées, puis opéra un débarquement dans l'île d'Orléans, qui ferme le port de Québec. L'armée ennemie était à peine descendue à terre qu'il s'éleva une violente tempête; plusieurs petits bâtiments coulèrent bas, quelques vaisseaux de ligne perdirent leurs ancres. Les Français voulurent profiter de cette circonstance pour incendier la flotte anglaise : huit brûlots furent lancés contre elle par une nuit profonde et un vent très favorable. Tout eût péri infailliblement, hommes et navires, si l'opération avait été conduite avec l'intelligence et le sang-froid qu'elle exigeait.

Dans l'impatience qu'ils avaient de voir le résultat de leur tentative, peut-être même d'assurer leur retour à terre, ceux qui la dirigeaient mirent trop précipitamment le feu aux brûlots. Les Anglais, avertis à temps du péril qui les menaçait, vinrent à

bout de se garantir, et le coup fut manqué. Des radeaux en-
flammés, qu'on envoya de nouveau contre eux, ne réussirent
pas davantage. Tandis que les ennemis voyaient leurs forces
navales échapper si heureusement à la destruction, leur armée
de terre attaquait la pointe de Lévi, l'enlevait aux troupes françaises qui s'y étaient retranchées, y établissait ses batteries et
bombardait la ville de Québec avec le plus grand succès, bien
qu'elle fût située sur la rive opposée du fleuve. Toutefois, la côte
qui conduisait à Québec était défendue par des redoutes, par
des batteries et par des troupes qui en rendaient l'aspect formidable. Wolf, fatigué d'attendre les deux divisions d'Amherst et
de Johnson, n'en résolut pas moins d'attaquer seul Montcalm
dans ses retranchements et se fit débarquer, à cet effet, à l'embouchure de la petite rivière de Montmorency; mais l'intrépide
Montcalm, malgré le feu des vaisseaux qui protégeait son adversaire, précipita les grenadiers anglais du saut de ce nom, et
Wolf fut obligé de se retirer avec perte de quinze cents hommes.
La saison avançait, l'ennemi n'avait plus l'espérance de forcer
les Français dans leurs postes; il commençait à manifester
son découragement, quand une idée semblable à celle qui amena
la prise de Louisbourg, et qui achèverait au besoin de démontrer combien on a toujours tort de s'en fier à la seule nature
pour la défense d'un point quelconque, vint à un des officiers
assiégeants. Cet officier proposa de faire remonter l'armée et
une partie de la flotte au-dessus de la place, et de s'emparer
des hauteurs d'Abraham que les Français ne gardaient pas,
les croyant suffisamment défendues par les rochers escarpés
dont elles sont hérissées. Wolf saisit ce plan avec empressement; il rembarqua son armée et la transporta sur l'autre
bord du Saint-Laurent : la flotte s'avança, ensuite, jusqu'à
douze lieues au-dessus de Québec. Par diverses fausses
attaques, Wolf réussit à distraire l'attention de Montcalm.
Enfin, dans la nuit du 15 septembre, ses bateaux, partis de
trois lieues au-dessus du point où il voulait descendre, se laissèrent aller à la dérive jusqu'au pied des rocs escarpés à l'extrémité desquels s'élève Québec. Débarquant dans l'obscurité, s'en-

fonçant dans les buissons et les ronces, l'ennemi gagna le sommet de la plate-forme, et Montcalm apprit avec étonnement que l'armée de Wolf se trouvait de niveau avec la haute ville, sur les sommets d'Abraham, prête à l'attaque des fortifications, qui n'avaient rien de redoutable, en même temps que la flotte foudroyait la basse ville. La bataille que, vu l'infériorité de ses forces, Montcalm avait jusqu'alors évitée, était désormais l'unique moyen de sauver Québec.

Le gouverneur français s'y décide à l'instant, repasse la rivière Saint-Charles et vient attaquer les Anglais, sans considérer le petit nombre de troupes qui le suivent. L'intrépide Montcalm tombe mortellement atteint aux premières décharges; mais il trouve encore assez de forces pour donner quelques conseils aux siens et pour dire : « Du moins, je n'aurai pas vu Québec au pouvoir des Anglais ! » Le général Wolf est aussi frappé à mort ; mais, avant d'expirer, il a la consolation d'avoir assuré la victoire à ses troupes. Monkton, qui lui succède, est tué à son tour. Ce sont de belles funérailles pour Montcalm! Ce fut le général Townshend qui recueillit les fruits de la victoire de Wolf. Elle pouvait, pourtant, n'être pas décisive. Douze heures de temps suffisaient pour rassembler des troupes françaises distribuées à quelques lieues du champ de bataille, les réunir au petit corps d'armée battu, marcher aux vainqueurs avec des forces supérieures à celles qu'ils avaient défaites : c'était le dernier conseil qu'avait donné Montcalm avant son dernier soupir; mais on ne le suivit pas, on s'éloigna de dix lieues. Le chevalier de Lévis, accouru de son poste pour remplacer Montcalm, blâma avec énergie cette retraite; on en rougit, on voulut revenir sur ses pas et ramener la victoire. Il n'était plus temps; Québec avait capitulé le 18 septembre. C'est ainsi que les grands désastres s'accomplissent.

Les Anglais croyaient qu'ils ne rencontreraient plus nulle part de résistance au Canada. Un poignée de Français, manquant de tout, lâchement, odieusement délaissés par la métropole, les eut bientôt désabusés. Ces braves restes d'une grande colonie se soutinrent plus d'une année encore et firent même des tentatives hardies pour reprendre Québec, dont l'une faillit être couronnée de succès. Ils regardaient toujours du côté de la mer si quelque voile amie ne blanchissait pas à l'horizon pour venir en aide à leurs efforts désespérés ; mais rien ne vint. Il fallut céder, enfin, à la fortune ; le 8 septembre 1760, le lieutenant-général marquis de Vaudreuil, dernier gouverneur de la Nouvelle-France, fut contraint de signer, dans Montréal, la capitulation qui livrait le Canada aux Anglais.

XI

LALLY-TOLLENDAL.

Aux Indes Orientales, les affaires de la France n'avaient pas mieux tourné qu'en Amérique et en Afrique. Ce n'est pas qu'on eût essayé, du moins pendant quelque temps, de soutenir, par une escadre et par des envois de troupes, le reste de puissance des Français dans l'Hindoustan. Le funeste rappel de Dupleix n'avait point eu pour résultat, comme on s'en était flatté, d'amener la neutralité des deux Compagnies dans les débats européens, mais, au contraire, avait allumé plus que jamais l'ambition britannique. Partout où les Français et les Anglais se sont trouvés ensemble, il a toujours fallu que l'un des deux peuples disparût : témoin les guerres du moyen âge, où les Anglais furent expulsés du continent européen ; témoin celles qui avaient lieu alors, dans l'Amérique Septentrionale et aux Indes Orientales, entre ces deux peuples rivaux. Le lieutenant-général comte de Lally-Tollendal, d'origine irlandaise, mais natif du Dauphiné, avait été nommé commissaire pour le roi, syndic de la Compagnie et commandant général de tous les établissements français aux Indes Orientales. Les Anglais n'avaient pas d'ennemi plus implacable que ce vieux partisan des Stuarts, qui s'était, en maintes circonstances, fait remarquer contre eux dans les guerres d'Europe. Une escadre

de six vaisseaux, commandée par d'Aché, avait eu ordre de le
conduire à sa destination avec trois mille hommes de troupes
choisies et un brillant état-major, dans lequel on comptait un
Montmorency, un Crillon, un La Fare et le comte d'Estaing,
alors brigadier des armées de terre. On partit le 2 mai 1757 ;
mais, après douze mois de traversée, au lieu d'avoir prévenu les
renforts anglais, comme on y comptait, on se trouva prévenu
de six semaines par eux. Dès le 24 janvier précédent, Clive avait
pris et rasé Chandernagor. Pour réparer ce fâcheux échec et
aussitôt son arrivée, Lally fit investir Gondelour, qu'il enleva le
sixième jour, puis le fort Saint-David, une des plus importantes positions des Anglais dans l'Inde, que d'Aché fut chargé
de bloquer par mer. Le 3 avril 1758, l'amiral Pocock accourait
secourir Saint-David ; quoique plus fort, il se vit obligé, après
un vigoureux combat, de reculer devant d'Aché.

Cependant une partie des équipages français se plaignait de
n'être pas payée et se refusait peu généreusement à servir davantage la Compagnie, ce qui obligea sans doute d'Aché à ne
pas reprendre sa première station et à aller mouiller à sept
lieues de Pondichéry, où un de ses vaisseaux se brisa à la côte.
Lally envoya aux matelots 60,000 francs de sa poche ; et d'Aché,
après s'être regréé, reparut devant le fort Saint-David, qui
capitula le lendemain, 2 juin 1758. Divicoté, place moins importante, suivit cet exemple, à la seule vue de l'escadre française.

Pocock, qui était alors à Madras, en partit pour aller chercher d'Aché. Les deux escadres se rencontrèrent de nouveau,
le 3 août 1758, à la hauteur de Négapatnam. Pocock avait renforcé ses équipages. L'avantage du vent était à lui : mais il ne
s'en servit que pour se tenir à une certaine distance des Français. De sorte que les canons de ceux-ci, étant d'un calibre bien
inférieur, lui causaient peu de dommages, et que lui, au contraire, faisait supporter à d'Aché de grands dégâts. Pocock ne
s'approcha que pour lancer une quantité de feux d'artifice. Deux
vaisseaux français en furent atteints, dont l'un quitta la ligne.
L'autre, que montait d'Aché lui-même, aurait infailliblement
sauté en l'air sans le courage réfléchi d'un écrivain, nommé

Guillemin, qui parvint à étouffer une flammèche tombée au milieu de la soute aux poudres. Le tiers de l'équipage de ce vaisseau ayant été tué ou mis hors de combat, et d'Aché étant blessé, l'escadre française se retira en désordre, n'évitant la poursuite des ennemis qu'à la faveur de la nuit. Malgré les sollicitations de Lally, d'Aché, sur l'escadre duquel régnait une grande indiscipline, et qui d'ailleurs manquait d'hommes, de vivres, de mâtures et d'agrès, se retira à l'Ile-de-France.

Quoique Lally eût marqué son arrivée dans l'Inde par des succès, néanmoins il était aisé de prévoir qu'ils n'auraient pas de suite. C'était un tourbillon impétueux qui, après avoir menacé de tout emporter, devait s'évanouir aussi promptement qu'on l'avait vu naître. Lally était un officier brave, fidèle, incapable d'une bassesse, mais dépourvu des qualités d'un général en chef ; ayant toujours la menace et l'invective à la bouche, il ne s'entendait nullement à mener des soldats français. Le pays lui était si parfaitement inconnu que, en allant assiéger le fort Saint-David, il avait égaré sa troupe ; et, pourtant, il avait débuté par se faire un ennemi du seul homme par lequel il aurait dû se laisser conseiller avant d'engager aucune guerre dans ces contrées, Bussy, auquel il envoya un successeur qui perdit en peu de temps toutes les conquêtes de ce dernier. En vain plusieurs officiers-généraux, entre autres d'Estaing, s'empressèrent de céder leur commandement à Bussy ; ce brave, cet habile homme, dernier reflet de la gloire de Dupleix, ne voulut pas l'accepter, et son inaction fut aussi funeste à la France que l'active témérité de Lally. Il est vrai que le défaut d'argent entra pour sa large part dans les désastres de celui-ci, qui s'était également mis au plus mal avec les chefs du Conseil de Pondichéry. Pour se venger du général, chose absurde, et dont ils devaient être eux-mêmes les victimes, le Conseil lui refusait les sommes dont il avait besoin. Alors on vit Lally, séduit par les discours de gens ayant intérêt à le tromper, marcher contre Tanjaour et faire la guerre aux princes de l'Hindoustan uniquement pour tirer d'eux des roupies devant lui servir à battre les Anglais.

Les princes hindous résistèrent, le temps se consuma, l'argent ne vint pas, les Anglais se fortifièrent. Obligé de lever le siège de Tanjaour, Lally vint trop tard attaquer Madras. Il s'empara de la ville noire, qu'il laissa inhumainement saccager ; la ville blanche, ou fort Saint-Georges, défendue par le colonel Laurence, résista, et, au bout de six semaines, Lally, après avoir vu le tiers de ses troupes emporté par les maladies, se retira avec précipitation à la vue d'une escadre anglaise qui venait secourir la place. D'Estaing, dans cette occasion, fut fait prisonnier par les Anglais. La levée du siège de Madras fut suivie de la perte de Masulipatam. La conquête momentanée de la ville d'Arcate ne fut pas un dédommagement à beaucoup près suffisant pour Lally.

Les affaires des Français étaient dans un état déplorable quand d'Aché revint de l'Ile-de-France avec son escadre. Il ne put éviter les Anglais avant d'avoir débarqué à Pondichéry les secours qu'il apportait. Pressé par Pocock d'accepter le combat, le 10 septembre 1759, il vint à lui et l'attaqua si brusquement que deux des vaisseaux ennemis n'eurent pas le temps de se mettre en ligne. Quatre autres bâtiments de l'arrière-garde de Pocock furent bientôt hors d'état d'agir. D'Aché, malgré la retraite d'un des siens auquel le feu avait pris, était sur le point de remporter un avantage décisif quand un capitaine, au service de la Compagnie, quitta son poste sans y être contraint par aucun accident ; ni prières, ni menaces, pas même les coups de canon que lui tira le chevalier de Monteil ne purent ramener ce lâche à son devoir. L'exemple devint contagieux, et en un instant toute l'arrière-garde française s'éclipsa, moins le brave capitaine de Rhuis qui la commandait et qui, s'avançant seul sous le feu de la moitié de la ligne anglaise, serra sur le vaisseau de d'Aché. Réduite, par cette honteuse défection, à sept bâtiments contre neuf plus forts que les siens, l'escadre de France n'en continua pas moins à soutenir la lutte. D'Aché, canonné d'abord par le contre-amiral Stewens, attaqué ensuite par Pocock lui-même, fut blessé et son vaisseau dégréé. Dans ce moment, le capitaine de L'Éguille s'approcha pour le couvrir et protégea la retraite des Français, qui se rallièrent à une lieue des ennemis. Quoique ceux-ci eussent l'avantage du vent, ils ne furent pas en état de faire la poursuite, ni d'intercepter le secours destiné à Pondichéry. Cette place ravitaillée, et comme elle n'offrait aucun moyen de réparer l'escadre française, d'Aché, en dépit des protestations du Conseil, reprit la route de l'Ile-de-France.

Peu après, les Anglais, qui s'étaient emparés de Valdaour et de Vilnour, commencèrent le blocus de Pondichéry. L'amiral Cornish, successeur de Pocock, après avoir pris Karikal, vint seconder avec ses vaisseaux les opérations de l'armée de terre britannique, commandée par le colonel Cootes. Les troupes qui couvraient Pondichéry s'étaient révoltées ; on ne les payait qu'avec des brutalités et des injures. Leur désertion devenait effrayante. La guerre civile était dans la place : d'un côté, on voyait les troupes du roi ; de l'autre, celles de la Compagnie. Loin de chercher à concilier les esprits, Lally les excitait par ses violences, se montrant d'autant plus rebelle à tous les avis qu'il se voyait plus resserré dans les entraves qu'il s'était, au moins en partie, forgées lui-même. Bientôt on le vit, comme un taureau furieux, donner de la tête à tort et à travers, agir par bonds et par sauts, sans suite et sans plan, chasser de la ville ceux qui le gênaient, défendre au Conseil de se rassembler sans son ordre ; puis, quand il se vit acculé dans une impasse, s'adresser inutilement à ceux qu'il avait humiliés, insultés, maltraités ; enfin accomplir cent actes ne témoignant que trop du vertige ou de la folie dans lesquels son humeur exaspérée l'avait jeté.

Son unique et dernière espérance était dans le retour de d'Aché. Mais ce chef d'escadre, livré lui-même à mille incertitudes malheureuses, ne sachant pas jusqu'à quel point il pourrait compter désormais sur ses équipages, après être resté quinze mois à l'Ile-de-France et y avoir vu sa flotte ruinée sur ses ancres par un ouragan, retourna de sa personne en Europe, où plus d'une voix s'éleva pour accuser ses perpétuelles irrésolutions. Donc, au lieu des vaisseaux français qu'il s'était encore flatté de voir venir, Lally aperçut une nouvelle escadre anglaise. Cette fois, la situation était perdue.

Son désespoir fut au comble, et le nombre de ses ennemis s'accrut de son malheur même. Menacé sans cesse par des lettres anonymes, l'infortuné général se crut empoisonné, eut des convulsions et tomba en épilepsie. Dans cette situation, un jésuite, nommé Lavaur, se conduisit de la plus coupable manière, attisa le feu de la discorde, et fit tous ses efforts pour pousser la révolte à ses dernières conséquences. A son incitation, le Conseil de Pondichéry, en son nom propre et en celui de tous les ordres religieux et de tous les habitants, somma Lally de demander une suspension d'armes au commandant des troupes anglaises, rendant celui auquel il s'adressait d'une manière si hautaine responsable de tous les malheurs que des délais hors de saison pourraient occasionner. Lally assembla alors un conseil de guerre, composé de tous les principaux officiers qui faisaient encore le service. Ceux-ci conclurent à se rendre; mais ils différaient sur les conditions. Le général envoya une déclaration au colonel Cootes, dans laquelle la violence et l'amertume de son caractère débordaient en termes presque injurieux. Cootes n'y répondit pas. Le jésuite Lavaur, de son côté, ayant rédigé les articles d'une capitulation, la porta lui-même, de la part du Conseil de Pondichéry, au chef des Anglais. Cootes sentait bien, à toutes ces démarches, que Pondichéry lui appartenait; il refusa dédaigneusement de lire les articles du jésuite, mais il envoya aussitôt les siens. Les Français devaient se rendre prisonniers de guerre, pour être traités comme il plairait au vainqueur, et les Anglais être mis immédiatement en possession de la place. Cootes entra dans Pondichéry le 16 janvier 1761. Cette ville, malgré la révolte des troupes et tous les désordres auxquels on l'avait vue en proie, avait soutenu, y compris les opérations qui avaient précédé le blocus, un siège de près de dix mois, durant lequel Lally avait fait preuve d'autant de bravoure comme soldat que d'incapacité comme général en chef. A peine les Anglais furent-ils dans la ville que Lally vit s'attrouper autour de la demeure où il se tenait malade et désespéré une foule furieuse qui lui donnait les noms de traître, de scélérat, et l'accusait d'avoir vendu Pondichéry. Les sédi-

tieux vinrent l'insulter jusque dans son lit, et menaçaient de le
tuer. On eût cru voir des esclaves qui voulaient assommer de
leurs fers un de leurs compagnons. Lally se leva, s'avança au milieu
d'eux, tenant de ses mains affaiblies deux pistolets qui l'aidèrent à traverser cette foule devenue tout à coup silencieuse. Il
fut conduit d'abord à Madras, puis jeté sur un bâtiment qui le
transporta en Angleterre. N'ayant plus Lally pour s'acharner
contre sa personne, la sédition s'en prit à un vieil et brave
officier, nommé Dubois, qui était intendant de l'armée, et qui
fut lâchement assassiné. Les Anglais, pendant ce temps,
consommaient l'œuvre de destruction qu'ils avaient projetée;
la ville naguère si florissante et si belle de Pondichéry fut entièrement rasée, et il n'en resta pour ainsi dire pas pierre sur
pierre.

Le Conseil de Pondichéry avait porté plainte contre Lally. Cet
infortuné général, à qui son humeur intraitable avait fait chaque
jour plus d'ennemis, était passé d'Angleterre en France pour
demander des juges. L'exemple de La Bourdonnays aurait
pourtant dû le tenir en garde. Jeté à la Bastille, Lally y resta
dix-neuf mois sans être interrogé. On ne l'en fit sortir que pour le
traîner devant des juges décidés à le perdre, et qu'il indisposa encore par l'âpreté de ses réponses. A l'aspect de la sellette, l'accusé, découvrant sa tête et sa poitrine, montrant ses cheveux
blancs et ses cicatrices, s'écria : « Voilà donc la récompense de cinquante-cinq ans de services ! » et il récusa son rapporteur. Enfin
le 6 mai 1766, le général Lally, emprisonné depuis quatre ans,
fut condamné à être décapité comme coupable de trahison envers les intérêts du roi et de la Compagnie des Indes, d'abus
d'autorité, de vexations et exactions. Louis XV, dont on a trop
longtemps vanté la bonté, qui n'était que faiblesse, lâcheté
même, malgré les touchantes sollicitations dont il se vit entouré,
confirma la sentence; le bourreau mit, par ordre, un infâme
bâillon dans la bouche du général pour le forcer à se taire, et,
après l'avoir ainsi conduit au lieu du supplice, il l'exécuta le
9 mai. La France n'avait plus rien à envier à l'Angleterre; le
meurtre juridique de Bing avait son pendant. Dès lors, on ou-

blia les fautes de Lally-Tollendal, et ceux-là mêmes qui se
seraient montrés les plus sévères pour la violence de son caractère ne se souvinrent plus que des nombreuses et honorables
blessures qu'il avait reçues au service de la France.

XII

D'ESTAING.

Le comte Charles-Hector d'Estaing, né en 1729 au château
de Ruvel, en Auvergne, servit jusqu'à trente ans comme brigadier dans les armées de terre. Tombé, ainsi que nous l'avons
dit, entre les mains des Anglais au siège de Madras, il commit
la faute, étant prisonnier sur parole, d'oublier l'engagement
d'honneur qu'il avait pris, c'est-à-dire de s'enfuir, puis d'armer
trois corsaires sur lesquels, marin improvisé, il ne tarda pas
à faire une rude guerre au commerce britannique. Seul, il soutint longtemps dans les mers des Indes le glorieux pavillon de
Suffren, et le bruit de ses exploits résonna bientôt jusqu'à la
cour de Louis XVI. Mais, pris une seconde fois et reconnu
malgré son déguisement, il fut envoyé en Angleterre, où l'attendait la plus dure captivité dans les cachots de Portsmouth.

Ce traitement rigoureux, et cependant mérité, l'exaspéra ; lorsqu'il revint en France en 1763, il ne respirait que haine et vengeance. La faveur de Louis XVI et de la reine Marie-Antoinette lui valut immédiatement le grade de lieutenant-général
dans la marine royale, où il était à peine connu. Cet avancement subit, froissant des droits acquis, de légitimes prétentions,
lui devint funeste. Vu de mauvais œil par ses collègues, qui
s'ingénièrent à le contrecarrer, en butte à la malveillance de
ses subordonnés, il ne fut jamais secondé comme il méritait
de l'être, et l'ennemi, qui lui arracha plus d'une victoire, était
souvent sur sa propre flotte. Cependant, ses courses dans les
mers des Indes avaient révélé en lui une bravoure chevaleresque

et montré qu'il possédait au plus haut degré cette énergie et cette soudaineté de décision qui, parfois, changent tout à coup un revers en succès. Il a laissé, néanmoins, un nom glorieux dans les fastes de la marine, et l'on a pu voir en lui le digne héritier des Jean Bart et des Duguay-Trouin, qu'il semblait prendre pour modèles.

Lorsqu'éclata la guerre d'Amérique, d'Estaing partit du port de Toulon, le 19 avril 1778, avec douze vaisseaux et le titre de vice-amiral. Son but était de surprendre la flotte anglaise et de l'enfermer dans la Delaware, où se trouvait l'amiral Howe, chargé de protéger la garnison britannique de Philadelphie. Mais, au bruit de l'arrivée des Français, la place s'était rendue, toute la province avait été évacuée, et Howe, dont la présence était devenue sans objet, se retirait de lui-même à Sandy-Hook. Le vice-amiral trouva donc la Delaware complètement libre, et y mouilla sans obstacle. Quelques jours après, il appareilla pour Sandy-Hook dans l'intention de livrer bataille à l'amiral Howe. Mais celui-ci, franchissant avec des vaisseaux plus légers que ceux des Français les bancs qui barraient le fond de la rade, mit d'Estaing dans l'impossibilité de rien entreprendre contre lui.

A cette époque, la conquête de Rhode-Island occupait une grande partie des forces américaines. Sullivan et le marquis de La Fayette demandèrent à d'Estaing de les seconder par mer. L'amiral y consentit, et prit ses dispositions en conséquence. Les vaisseaux, s'avançant deux par deux, se présentèrent résolument devant le passage conduisant à l'île et le forcèrent, malgré les feux croisés de plusieurs batteries établies sur la côte. D'Estaing se préparait déjà à opérer sa descente quand il aperçut, au milieu d'un brouillard épais qui venait de s'élever subitement, l'escadre de l'amiral Howe, renforcée de celle de Byron, manœuvrant pour le prendre entre deux feux. Forcé de renoncer à son premier projet, d'Estaing voulut au moins montrer aux Américains qu'ils pouvaient compter sur lui. Il força de nouveau le passage qu'il avait franchi la veille et laissa arriver en plein sur l'escadre britannique. En ce moment, une forte rafale s'abattit sur les deux flottes, se changeant bientôt en un épouvantable ouragan. Dès lors, chaque capitaine ne songea plus qu'au salut de son propre bâtiment. La tourmente dura quarante heures. Jamais la mer n'avait été plus profondément soulevée, jamais les vents ne soufflèrent avec plus de furie. Au bout de quelques heures, tous les vaisseaux étaient dispersés, la plupart ayant fui devant la tempête, quelques-uns, plus hardis, tenant encore la cape, mais tous, quelles que fussent leur solidité et l'habileté de leurs manœuvres, ayant vu leurs coques défoncées, leurs chaloupes enlevées, leurs mâtures voler en éclats. Le *Languedoc*, que montait d'Estaing, se trouva un des plus maltraités, parce que le vice-amiral voulut jusqu'au dernier moment tenir tête à l'ouragan et ne pas se laisser emporter au loin.

Enfin, le vent et la mer se calmèrent peu à peu. Le vaisseau-amiral français n'avait pas encore eu le temps de réparer ses graves avaries quand un vaisseau ennemi de trente canons, que le hasard avait épargné, se présenta. Libre d'attaquer le *Languedoc* du côté qu'il voudrait, il resta quelque temps à l'examiner et, enfin, manœuvra pour lui passer en poupe. Le vice-amiral, sur son bâtiment sans mâts et sans gouvernail, n'avait aucun moyen de changer de position et devait attendre que son adversaire voulût bien se placer lui-même devant son feu. L'Anglais, qui cherchait une victoire aisée, s'en garda bien ; mais, passant et repassant successivement sur l'arrière du *Languedoc*, qui, attaqué ainsi, ne pouvait lui opposer que six canons, il commença à lui envoyer par intervalles égaux, comme dans un salut, une série de boulets qui, bien dirigés, enfilaient ses batteries dans la longueur et y causaient d'affreux ravages. Mais d'Estaing utilisait avec une si merveilleuses habileté les six pièces dont il pouvait disposer que l'Anglais, au bout d'une demi-heure de combat, laissa subitement arriver et s'éloigna. Il est probable que son capitaine redoutait quelque surprise, car, en prolongeant l'action de même manière, il eût infailliblement coulé le *Languedoc*.

Délivré de cet autre ennemi, le vice-amiral se hâta de se

réparer le mieux possible, afin de se défendre avec quelques chances de salut s'il rencontrait un nouvel assaillant. La fin du jour et toute la nuit suivante furent employées à ces pénibles travaux, qu'il dirigeait lui-même, et où il fit preuve d'un esprit fécond en ressources et d'une connaissance approfondie de tous les secrets de son art. De grand matin, neuf voiles parurent à l'horizon. Aussi longtemps que la distance empêcha de les reconnaître, une anxiété mortelle régna à bord du *Languedoc*. Heureusement pour lui, elles étaient françaises et venaient à la recherche du vice-amiral.

D'Estaing, après quelques combats partiels, dans lesquels il prit aux Anglais une douzaine de navires, après avoir mis en fuite la flotte qui s'était présentée devant Boston, crut qu'il était temps de s'occuper un peu plus directement des intérêts de la France, et il fit voile pour les Antilles, gravement menacées par l'amiral Holham et par le général Graunt.

En arrivant dans ces mers, il trouva les Anglais maîtres de Sainte-Lucie et, pour couvrir leur conquête, huit vaisseaux de ligne embossés sous les batteries de la côte. Comme il ne fallait pas songer à forcer un tel poste, d'Estaing se dirigea sur Saint-Vincent, dont il s'empara, et de là cingla vers la Grenade. Cette île, autant protégée par sa position presque inexpugnable que par ses forts perdus dans les nuages, se croyait, plus que toute autre, à l'abri d'un coup de main. L'amiral français résolut de profiter de la confiante sécurité de son gouverneur.

Quoique sans artillerie, il n'hésite pas à descendre à terre avec les troupes de débarquement qu'il vient de recevoir de France et une partie de ses équipages. Une de ces montagnes escarpées, connues dans les colonies de l'Amérique insulaire sous le nom de « mornes », s'élevait à quelque distance du rivage, et son sommet, entouré d'une ceinture de fossés et de palissades, dominait tous les forts de l'île. Déloger les Anglais de là était une de ces conceptions hardies habituelles à d'Estaing. A la nuit, il divise sa petite troupe en trois colonnes qui, de trois côtés différents, commencent leur périlleuse ascension.

Lui-même, l'épée à la main, s'élance à la tête de la première colonne. Rien n'arrêta l'impétuosité française, ni les difficultés du terrain forçant les assaillants à se porter, à se pousser, à se soutenir, pour ainsi dire, les uns les autres, ni les boulets et les balles ; en un clin d'œil, tous les travaux qui couronnent le « morne » sont enlevés. Maître de ce point, d'Estaing fait tourner les canons, que les Anglais n'ont pas même eu le temps d'enclouer, contre le fort, occupé par le gouverneur en personne. Aux premières volées, dont les boulets plongent au milieu des Anglais et viennent les chercher derrière leurs parapets et leurs fossés, ils demandent à capituler ; en sorte que, à dix heures du matin, le drapeau de la France flotte sur l'île entière. Mais il était à peine arboré que l'amiral Byron, avec vingt et un vaisseaux de ligne, se présentait pour secourir la Grenade ou la reprendre. Le vice-amiral appareilla sur-le-champ, et, quoique une mauvaise manœuvre le privât du concours de cinq vaisseaux de la division du comte de Grasse, d'Estaing reçut Byron de manière à l'obliger de se retirer au bout de quelques heures avec son escadre tellement maltraitée que plusieurs de ses navires coulèrent en pleine mer et que d'autres allèrent échouer à la Jamaïque. Deux jours avaient suffi à l'amiral français pour enlever une île et battre une flotte supérieure à la sienne. Aussi fut-il reçu avec le plus vif enthousiasme quand, après le combat, il jeta l'ancre dans la rade de Saint-Georges. Cependant, cette double victoire ne réduisit que momentanément ses ennemis à l'inaction, et bientôt il fut de nouveau en butte à la malveillance de ses officiers, se manifestant par des tracasseries continuelles. Si d'Estaing eût trouvé dans ses égaux, dans ses subordonnés, des sentiments de confraternité, de confiance et de dévouement qui lui eussent permis d'entreprendre tout ce qu'il était capable d'exécuter, peut-être n'eût-il pas déshonoré la fin de sa vie par la plus noire ingratitude, par une de ces ingratitudes que tous les régimes, si démocratiques qu'ils soient, réprouvent et blâment ; mais, aigri par l'injustice, il se laissa entraîner peu à peu vers la haine et la vengeance.

Après une nouvelle campagne en Amérique, dans laquelle il

donna de nombreuses preuves de courage et de capacité, d'Estaing revint en France, où il fut diversement accueilli. De cette blessure morale il ne guérit point.

Pourtant, en 1783, il était à Cadix, à la tête des flottes combinées de l'Espagne et de la France, sur le point de partir pour une expédition que la paix fit abandonner. Ses rancunes, toutefois, ne s'étaient pas adoucies.

Aussi, de retour à Paris, où les orages précurseurs de la Révolution commençaient à gronder, d'Estaing parut dans l'Assemblée des Notables. C'est alors que, voyant, avec quelque raison, à coup sûr, dans le parti de la cour tous ses ennemis personnels, il céda à ses ressentiments, longuement prémédités.

Il se confondit soudain dans les rangs des plus ardents adversaires de la royauté, oubliant que cette même royauté lui avait jadis accordé ses faveurs par un passe-droit. C'est là la punition des monarchies, dont rien ne les guérit. Lancé sur cette route, d'Estaing ne devait plus s'arrêter; il fut un des plus violents accusateurs de Marie-Antoinette. Le peuple ne saurait honorer un pareil renégat. Toutefois, sa gloire militaire reste intacte.

Ce gentilhomme dévoyé paya, du reste, sa dette aux nécessités politiques du moment. Il mourut guillotiné, le 28 avril 1794, sans être plaint et ne pouvant l'être.

XIII

LA PÉROUSE.

Jean-François Galaup de La Pérouse, né à Albi en 1741, témoigna de fort bonne heure un goût très vif pour la navigation. Il n'était, toutefois, que lieutenant de vaisseau en 1778. Mais, depuis 1764, il avait parcouru toutes les mers du globe, se livrant avec une ardeur infatigable à l'étude d'observations géographiques et astronomiques du plus haut intérêt. Il se distingua sous les ordres de d'Estaing dans la guerre de l'Indépendance de l'Amérique, où il fit preuve du plus grand sang-froid, d'un courage à toute épreuve et de connaissances nautiques absolues. A son retour, Louis XVI, qui se piquait d'être géographe et que les succès du célèbre explorateur anglais Cook avaient fortement émotionné, lui confia le soin d'un nouveau voyage de découvertes. Le choix de La Pérouse était bon, et les événements seuls .purent, contre toute prévision, triompher de lui.

Le 1er août 1785, il partait de Brest avec les frégates la *Boussole*, montée par lui, et l'*Astrolabe*, confiée au capitaine de vaisseau De Langle, un second expérimenté. Les deux bâtiments, après avoir relâché à Madère, puis à l'île Sainte-Catherine, sur la côte de l'Amérique méridionale, à quelques degrés au nord de la Plata, doublèrent le cap Horn et, le 22 février 1786, mouillèrent dans la baie de la Conception, sur les côtes du Pacifique. On toucha ensuite à l'île de Pâques, aux îles Sandwich, où Cook avait trouvé une mort si cruelle, et l'on vint atterrir au Mont Saint-Elie, à la côte nord-ouest de l'Amérique, qui fut prolongée, en moins de trois mois, du nord au sud jusqu'au port de Monterey, dans l'étendue de cinq à six cents lieues. La Pérouse découvrit sur cette côte un port qui n'avait pas été reconnu par Cook, et il le nomma Port-des-Français. C'est là que l'expédition éprouva son premier revers. Deux canots, détachés pour sonder la profondeur de la baie, périrent dans les brisants avec vingt et un matelots, en plus le lieutenant d'Escures et les deux enseignes de Laborde ; La Pérouse en fut vivement affecté, sans rien perdre toutefois de sa constance. La mer a des exigences terribles, qu'il faut prévoir : ce sont les appoints de son jeu. Donc les frégates, ayant repris leurs explorations dans une autre direction, repassèrent à peu de distance des îles Sandwich et, le 5 novembre, découvrirent un îlot stérile auquel fut donné le nom de Necker. La nuit suivante, comme les deux bâtiments étaient très rapprochés l'un de l'autre, ils faillirent se perdre sur un récif que l'on aperçut subitement. La *Boussole* et l'*Astrolabe* coupèrent la file des îles Mariannes, relâchèrent en rade de Macao, puis séjournèrent aux îles Philippines, qu'elles quittèrent le 10 avril 1787 pour aller reconnaître les mers du Japon, les îles du même nom et les côtes de Tartarie, toutes choses dont on n'avait d'idée encore que par les rapports confus des missionnaires. La Pérouse leva le premier les incertitudes à cet égard. Il prit connaissance de l'île Quelpaërt, appartenant à la Corée, puis remonta dans le nord, en prolongeant alternativement d'un côté une partie du littoral de Tartarie, et de l'autre une partie des terres du Japon. Dans une des îles qui sont au nord de ces dernières, on découvrit un port qui reçut le nom de *Port-d'Estaing*. La Pérouse se trouvait alors dans un canal qui paraissait se rétrécir à mesure que l'on avançait vers le septentrion. La profondeur de l'eau diminua tout à coup, et le navigateur fut obligé de s'arrêter à peu de distance de l'embouchure du fleuve Amour et de l'île Ségalien, qui lui restait dans l'est. Après avoir évité de grands dangers dans ce canal hérissé d'écueils, le navigateur alla chercher un asile à la côte de Tartarie, où il découvrit une baie très belle et très sûre, qu'il nomma la *Baie de Castries*.

La Pérouse, en revenant au sud, ne s'écarta pas de la côte de l'île Ségalien ; il y découvrit, au midi, le cap qu'il appela *Crillon,* et un détroit qui a gardé son nom de *La Pérouse*. Cette découverte enseigna, ce qu'on ignorait encore, que toutes les terres au nord du Japon, confondues auparavant sous le nom de terres d'Iesso, forment deux îles, celle de Ségalien et celle de Chika. La Pérouse traversa les îles Kouriles et nomma, entre celle de la Compagnie et celle de Murikan, le détroit de *la Boussole*. Le 7 septembre 1787, il relâcha au havre de Saint-Pierre et de Saint-Paul, côte du Kamtschatka, où fut débarqué le vice-consul de Lesseps, chargé de porter en France des nouvelles de l'expédition.

Les îles des *Navigateurs* et des *Amis,* vers lesquelles les deux frégates avaient fait voile le 29 septembre, jetèrent un nouveau et sombre voile sur l'expédition de La Pérouse. Le capitaine De Langle, le naturaliste Lamanon, qui, la veille encore disait dans la naïveté de son cœur : « les sauvages valent

mieux que nous, » et nombre de braves matelots de l'*Astrolabe,*
qui s'étaient détachés dans des canots, furent impitoyablement
abattus à coups de pierres et de massue par les insulaires, qu'ils
auraient pu mettre en fuite avec leur mousqueterie, mais qu'ils
épargnèrent trop longtemps, par respect pour les instructions
de Louis XVI. Ces catastrophes successives semblaient être le
présage de celle qui attendait La Pérouse lui-même et le reste
de ses compagnons. L'intrépide et savant marin s'éloigna, l'âme
navrée, des îles perfides qui lui avaient enlevé de dignes et chers
compagnons de voyage et alla mouiller, le 16 janvier 1788, à
Botany-Bay, côte d'Australie ou Nouvelle-Hollande, où les Anglais commençaient leurs premiers établissements de la Nou-
velle-Galle du Sud. Au moment de partir de Botany-Bay, il écrivit au ministre de la marine une lettre, en date du 7 février 1788,
pour lui annoncer qu'il remonterait aux îles des Amis; qu'il
irait à la Nouvelle-Calédonie, à l'île Santa-Cruz de Mendaña, aux
terres Arsacides de Surville, à la Louisiade de Bougainville;
qu'il chercherait, entre la Nouvelle-Guinée et la Nouvelle-Hollande, un autre canal que celui de l'Endeavour; qu'il visiterait le
golfe de Carpentarie et toute la côte occidentale de la Nouvelle-
Hollande jusqu'à la terre de Van-Diemen; le tout de manière à
arriver à l'Ile-de-France au commencement de décembre 1788.
Mais, depuis cette lettre, on ne devait plus savoir ce qu'étaient
devenus La Pérouse et ses compagnons, jusqu'à des jours récents
où un autre navigateur normand célèbre, Dumont d'Urville, dont
la fin fut elle-même si déplorable, quoique d'un autre genre,
rapporta des preuves non douteuses du naufrage de la *Boussole*
sur les écueils dangereux de l'île anthropophagique de Vanikoro.

XIV

BRUNI D'ENTRECASTEAUX.

Le trépas tragique de La Pérouse eut un immense retentissement. Le roi ordonna qu'on courût à sa recherche. Son choix se porta sur un ancien et brillant combattant d'Amérique, le contre-amiral Joseph-Antoine Bruni d'Entrecasteaux, natif d'Aix, en Provence, presque un compatriote de l'infortuné explorateur. Il partit de Brest, le 28 septembre 1791, avec les deux frégates la *Recherche* et l'*Espérance,* pour aller à la découverte de son ancien compagnon de gloire; son capitaine de pavillon était le chevalier de Rossel, qui avait lui-même servi avec honneur dans les derniers événements maritimes, et qui, après avoir été le rédacteur de ce voyage, devait occuper un jour un rang distingué parmi les savants français. Les naturalistes Riche, Blavier, la Billardière Ventenat et Deschamps firent partie de l'expédition. Par un hasard qui pouvait être heureux et qui pourtant n'amena aucun résultat, d'Entrecasteaux eut connaissance, le 19 mai 1793, de l'île de Vanikoro, qu'il nomma *île de la Recherche;* mais ne supposant pas même que La Pérouse y eût mouillé, il resta volontairement à quinze lieues d'elle, et s'en éloigna aussitôt dans l'espérance de découvrir ailleurs ce qu'il avait si près de lui.

Le navigateur reconnut en entier la côte occidentale de l'île Bougainville, et la partie nord de l'archipel de la Louisiade, où il nomma les *îles Rossel, Saint-Aignan, d'Entrecasteaux* et *Trobriand,* il découvrit, au sud de l'île de Diémen, plusieurs rades, ports et canaux, et laissa son nom à l'un de ces derniers, le *canal d'Entrecasteaux,* ainsi qu'à l'*île de Bruni.* Après avoir encore reconnu trois cents lieues de côtes, au nord-ouest de la Nouvelle-Hollande, et constaté l'identité des îles Salomon de

Mendaña avec les terres vues par Surville, d'Entrecasteaux fut
attaqué du scorbut et mourut à l'île de Java, le 20 juillet 1793,
dans la cinquante-quatrième année de son âge. Tous ses compagnons, pleins d'attachement et d'estime pour son caractère,
son courage et ses rares talents, versèrent des larmes sincères
sur sa dépouille.

Deux autres officiers de l'expédition, Huon de Kermadec et
d'Auribeau, étant morts aussi, le commandement en chef échut
au chevalier de Rossel. Mais déjà divers bruits de ce qui se passait en France avaient amené une fermentation politique et, par
suite, une révolte ouverte sur les deux frégates expéditionnaires.
Le capitaine de Rossel fut obligé de se réfugier sur un bâtiment
hollandais, qui tomba au pouvoir des Anglais. Cet officier dis·
tingué fut retenu prisonnier à Londres jusqu'à l'époque de la
paix d'Amiens, en 1802. Quelques années plus tard, en 1809, il
paya un tribut à la mémoire de son ancien chef d'expédition, en
publiant le voyage de Bruni d'Entrecasteaux.

XV

BOUGAINVILLE.

Peu d'hommes parcoururent avec plus de bonheur et d'éclat
une longue et glorieuse carrière qu'il ne fut donné à Louis-An-
toine de Bougainville de le faire. Né à Paris le 11 novembre
1729, on le vit successivement avocat au Parlement de Paris,
mousquetaire noir, mathématicien, secrétaire d'ambassade, se
distinguant partout autant par la profondeur et la variété de ses
connaissances que par son humeur enjouée. A vingt-deux ans,
il publiait un ouvrage de calcul intégral, et cet ouvrage le classa
parmi les savants les plus recommandables de son temps.

Bientôt, il embrassa décidément la carrière des armes; en
1753, il entrait comme aide-major dans le bataillon provincial

de Picardie. L'année suivante, il devint aide de camp de Chevert,
qui commandait le camp de Sarre-Louis. Trois années plus
tard, il fut attaché avec le même grade au marquis de Montcalm,
chargé de la défense du Canada, et s'embarqua à Brest pour cette
destination. Arrivé en Amérique, il ne tarda pas à attirer sur
lui tous les regards ; du reste, une occasion s'était offerte
presque immédiatement pour mettre en relief son sang-froid,
son courage et les ressources fécondes de son esprit dans les
circonstances les plus critiques.

Une flottille anglaise, chargée d'armes et de munitions, s'était
réfugiée pendant l'hiver au fond du lac du Saint-Sacrement, où
un fort important la protégeait. Sans se laisser effrayer ni par
l'énorme distance qui séparait les bâtiments ennemis du corps
d'armée, ni par les forêts presque impénétrables qu'il fallait
traverser, ni par les rigueurs de l'hiver, Bougainville offre à
son général d'aller les attaquer, les prendre ou les brûler. Montcalm, quelle que fût l'audace du projet, se laissa persuader,
et Bougainville, avec un détachement de troupes d'élite, s'avança
à marches forcées vers son but. La chute d'une grande quantité
de neige fut le premier obstacle qu'il rencontra ; mais un second
obstacle, qui aurait peut-être arrêté tout autre que lui, ne tarda
pas à se présenter : la rivière de Richelieu, qu'il fallait nécessairement traverser, au lieu d'être prise, comme il s'y attendait,
charriait des glaçons énormes. Bougainville propose alors à ses
compagnons de s'en servir comme de radeaux, et toute sa petite
troupe, encouragée et soutenue par son exemple, descendit ainsi
une partie du fleuve et débarqua, si l'on peut employer ici ce
mot, à peu de distance du lieu où se trouvaient les Anglais.
Leur flottille fut brûlée sous les canons des forts, et Bougainville
ramena heureusement son détachement, qui, grâce à ses sages
dispositions, n'avait éprouvé qu'une perte insignifiante.

A quelque temps de là, un corps de cinq mille hommes se
trouva coupé du gros de l'armée et sur le point d'être enveloppé
par vingt-quatre mille Anglais. On ne savait quel parti prendre,
lorsque Bougainville ouvrit l'avis courageux de se retrancher à
la hâte et de tenir ferme. Son conseil prévalut ; quelques fossés

creusés précipitamment et une enceinte palissadée suffirent aux Français pour arrêter les ennemis, lesquels, après douze heures de combat, se retirèrent en laissant six mille hommes sur le terrain. Bougainville, qui s'était cru dans l'obligation de payer plus que tout autre de sa personne, reçut une blessure à la tête en se portant successivement aux postes les plus périlleux; mais il avait sauvé l'armée. Le grade de colonel et la croix de Saint-Louis furent sa récompense.

Quand la mort de Montcalm décida du sort de la colonie, notre héros revint en France. Il fit une courte campagne en Allemagne, où néanmoins il se distingua tellement que le roi, voulant le remercier d'une manière particulière, lui fit présent de deux petits canons, que Bougainville plaça à l'entrée d'un château qu'il possédait en Normandie, où ils sont devenus un témoignage de gloire héréditaire.

En 1763, toutes les nations étaient en paix. Bougainville, dont l'activité, l'ardeur et la soif insatiable de périls et d'émotions ne pouvaient s'accommoder d'une vie de garnison, se décida à entrer dans la marine. Ses voyages en Amérique, qui l'avaient familiarisé avec les choses de la mer, ses études mathématiques et, plus encore, cette facilité avec laquelle son esprit s'appropriait les connaissances de tous ceux dont il avait la fréquentation lui en facilitèrent les moyens. Il sollicita donc et obtint le grade de capitaine de vaisseau. Confier un pareil emploi à une homme faisant son apprentissage maritime constituait de la part du gouvernement français une bien coupable imprudence si cet homme n'eût pas été Bougainville. Mais le nouveau capitaine, trop réellement supérieur pour se laisser éblouir par un fol amour-propre et ne pas s'avouer que, quel que fût son mérite, il avait beaucoup à voir et à apprendre avant d'être à la hauteur de son titre eut le bon esprit de s'entourer d'officiers expérimentés qu'il interrogait sans cesse et dont il suivait les conseils, s'appliquant en outre sans relâche à étudier tout ce qui se rattachait à sa récente profession. Il n'en est pas moins vrai que le régime de la faveur est un singulier régime! Les contribuables en sont ruinés ou en meurent: tel est son plus clair résultat.

Le premier voyage de Bougainville fut aux îles Malouines, dont il avait, de concert avec quelques armateurs de Saint-Malo, entrepris la colonisation. Il y arriva sans accident en 1764, y déposa les nouveaux colons avec un matériel considérable, puis revint en France. Sur ces entrefaites, l'Espagne, jalouse de voir un établissement français se former si près du continent américain, revendiqua les Malouines. Quoique les droits sur lesquels elle s'appuyait fussent très problématiques, on crut devoir à Paris, par des considérations de haute politique, souscrire à sa demande, à la condition toutefois qu'elle dédommagerait les nouveaux colons et leurs entrepreneurs des dépenses que l'expédition avait exigées. Le roi chargea Bougainville d'aller exécuter lui-même la remise de la colonie ; c'est alors que, pour utiliser cet armement dispendieux, il proposa de le consacrer à un voyage d'exploration et de se rendre aux Indes Orientales, en traversant la mer du Sud entre les deux tropiques.

Il partit de Brest le 5 décembre 1766 sur la frégate la *Boudeuse*, de vingt-six canons ; une flûte, l'*Étoile,* l'accompagnait. Après avoir remis les Malouines aux Espagnols, il entra dans le Rio de La Plata et relâcha à Montevideo, où des circonstances impérieuses le forcèrent de séjourner jusqu'au 14 novembre 1767. Toujours avide de voir et de s'instruire, il profita de cet arrêt forcé pour visiter les établissements remarquables formés par les Jésuites dans le Paraguay et que ces missionnaires allaient être contraints d'abandonner quelques mois plus tard. Il appareilla ensuite pour le détroit de Magellan ; des périls sans nombre l'assaillirent dans ce passage dangereux, où il eut à lutter tantôt contre une mer furieuse, tantôt contre de perfides courants qui l'entraînaient vers des écueils à peine encore indiqués à cette époque. Il donna son nom à l'un des ports de la Terre de Feu et à la baie auprès de laquelle il était placé. En quittant ce détroit, il s'avança dans l'Océan Pacifique et découvrit, à mille lieues environ des côtes occidentales de l'Amérique, un amas d'îles, de terres noyées et inabordables, qu'il nomma l'archipel Dangereux. Enfin, après avoir reconnu et indiqué un grand nombre d'autres points, vérifié leurs positions et redressé les cartes fautives

que la marine possédait alors, il arriva aux îles de la Société
et s'arrêta quelque temps dans la plus riante du groupe, à Taïti.
Ravi de son aspect enchanteur, de l'hospitalité de ses habitants,
de la beauté de son climat, Bougainville lui donna l'aimable
appellation de Nouvelle-Cythère. Puis, s'enfonçant de nouveau
dans l'ouest, il reconnut l'Archipel des Navigateurs et celui des
Nouvelles-Hébrides. Les côtes de la Nouvelle-Hollande étaient
en grande partie inconnues, et il espérait quitter l'Océan Pacifique en suivant le parallèle de 15° ou 16° de latitude sud ; mais
un récif à fleur d'eau, qu'il rencontra loin de toutes terres et
contre lequel il se serait infailliblement perdu s'il l'eût heurté de
nuit, l'engagea à remonter vers le nord. Cette détermination
fut une véritable inspiration, car il est très probable que, s'il eût
continué sa route vers l'ouest, il se serait engagé dans une mer
tellement semée d'écueils que sa perte eût été presque certaine.
Il contourna donc la côte septentrionale de la Nouvelle-Guinée ;
des terres ignorées lui barrèrent bientôt cette nouvelle route :
il les nomma Archipel de la Louisiade. Tirant toujours au nord,
Bougainville les dépassa et découvrit une grande île boisée à
laquelle on attacha son nom, ainsi qu'au détroit qui sépare cette
île des îles Salomon. La Nouvelle-Irlande lui offrit un point de
relâche, qu'il appela Port-Praslin. De là il se dirigea parallèlement
à la côte nord de la Nouvelle-Guinée et découvrit encore beaucoup
d'îles. Après s'être une seconde fois arrêté au port de Cajéli de
l'île Bourou, il vint mouiller à Batavia, d'où il fit voile pour
Saint-Malo. Il débarqua en France le 15 mars 1769, après avoir
accompli le tour du monde en deux ans et quatre mois.

Cette campagne place Bougainville au rang des premiers navigateurs ; elle prouva combien il lui avait fallu peu de temps pour
devenir un excellent marin, elle fit ressortir sa force d'âme et son
humanité. Jamais capitaine avant lui ne songea plus au bien-être de
son équipage, ne sut lui faire supporter plus gaiement les fatigues
et les privations sans nombre inséparables d'un si long voyage.
Toujours calme, souriant au milieu des plus affreux périls, il
faisait passer dans l'âme de ses officiers et de ses matelots la confiance dont il semblait animé. Du reste, les soins de toute sorte

qu'il prodiguait à ses subordonnés reçurent leur juste récompense :
il ne perdit que sept hommes dans sa traversée. Des voyages
plus récents ont prouvé que les cartes dressées par Bougainville contenaient des erreurs ; mais, pour quelques erreurs,
combien de découvertes nouvelles ! combien d'écueils signalés
pour la première fois ! Ces résultats sont même d'autant plus
surprenants que l'usage des observations de distances et des
montres marines n'avait pas encore été introduit dans la navigation lorsqu'il partit de Brest et que, par conséquent, il ne possédait aucun des moyens nouveaux d'observer la longitude en
mer.

Il est encore à remarquer que, chaque fois que Bougainville
fut en relation avec les peuples sauvages, il vécut partout en
bonne intelligence avec eux. Son aménité, sa bienveillance gagnaient tellement les cœurs que les Français de l'expédition de
d'Entrecasteaux virent dans l'île Bourou, vingt-cinq ans après
son départ, deux vieux insulaires verser des larmes d'atten-
drissement en entendant prononcer son nom.

Quand éclata la guerre maritime d'Amérique, Bougainville,
devenu chef d'escadre, prit une large part au malheureux combat livré le 12 avril 1782 par le comte de Grasse, entre la Dominique et les Saintes. Le vaisseau de soixante-quatorze canons
le *Northumberland* avait perdu son commandant, son capitaine
en second et tous ses officiers, à l'exception d'un enseigne ; il
allait être forcé de se rendre quand Bougainville, qui montait
l'*Auguste,* vint le couvrir de son feu et le dégager.

Bougainville se retira du service pendant la Révolution. Il dut
aux nombreux amis qu'il s'était faits de n'être pas sérieusement
inquiété. Plus tard, élu membre de l'Institut, dans la section de
géographie, et du Bureau des longitudes, il ne cessa pas de parti-
ciper aux travaux de ces deux savantes Sociétés jusqu'à sa mort,
arrivée le 31 août 1811.

Bougainville clôt la série des grands noms de notre ancienne Marine ; il sert de transition à ceux de notre Marine moderne. Par ce qui précède on a pu voir quels illustres aïeux, de tout rang et de toute caste, ont frayé la route et donné l'exemple à nós marins d'aujourd'hui. La France n'a jamais changé quant à la vaillance et au mérite de ses fils. Les pages qui vont suivre achèveront de le démontrer.

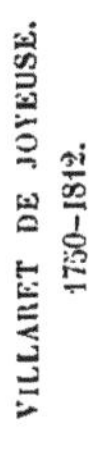

VILLARET DE JOYEUSE.
1750—1812.

BOUGAINVILLE.
1729—1811.

9

TROISIÈME PARTIE

COUP-D'ŒIL GÉNÉRAL SUR LES CONDITIONS DE LA MARINE FRANÇAISE DEPUIS LE XIVᵉ SIÈCLE JUSQU'A LA RÉVOLUTION

TROISIÈME PARTIE

COUP-D'ŒIL GÉNÉRAL SUR LES CONDITIONS DE LA MARINE FRANÇAISE DEPUIS LE XIVᵉ SIÈCLE JUSQU'A LA RÉVOLUTION

PREMIÈRE SECTION

LE MATÉRIEL

I

LES NEFS.

Jusqu'au xvɪᵉ siècle, les *nefs* ou *naves,* vaisseaux ronds dont l'origine remontait jusqu'aux Normands, constituent la majorité des navires destinés à des expéditions lointaines ou à des entreprises à main armée. Elles changent de nom suivant les pays, tantôt appelées *caravelles* et tantôt *caraques,* toujours armées simultanément pour un commerce possible ou pour un combat probable, n'obéissant qu'à leur chef propre et aptes à tout. Ce sont surtout des bâtiments d'aventure et de flibuste, pour lesquels le négoce n'est qu'un prétexte. A qui donc leurs capitaines rendraient-ils des comptes? Le roi de France n'a pas de flotte, moins encore de matelots à lui. Le navire est à qui l'équipe, et ce que son possesseur découvre et prend lui appartient légitimement. Ainsi s'expliquent les périlleuses entreprises d'un Barthélemy Diaz et d'un Christophe Colomb. Ainsi se comprennent notre Jean de Béthencourt et ses premiers imitateurs. Monter une nef, c'est peut-être conquérir à bref délai l'indépendance, la gloire et la fortune!

Les nefs ne constituaient point, cependant, de commodes bâtiments, étant relativement petites et comptant un équipage proportionnellement nombreux.

Généralement, elles mesuraient cent vingt pieds de longueur totale. La hauteur de la coque était de vingt-six pieds au milieu, tandis que l'avant et l'arrière, de formes arrondies, étaient relevés de treize pieds en sus, sans compter les « castels » dont elles étaient chargées. En outre, elles avaient deux ponts, dont le premier ouvert pour loger la chaloupe. Deux mâts, longs à peu près comme le bâtiment, suffisaient à la manœuvre. Toutefois, il y en avait de plus considérables, ayant jusqu'à trois ponts et munies de trois ou même quatre mâts verticaux, le plus grand à l'avant, les autres de plus en plus petits.

Lors de l'invention de la poudre, les nefs avaient armé le dessus de leurs « châteaux » de *coulevrines,* de *bombardes,* de *sacres,* de *canons,* les uns battant à l'extérieur dans toutes les directions, les autres plongeant dans l'intérieur du navire pour chasser l'ennemi qui s'en serait emparé.

Quant aux « castels » ou « châteaux » élevés sur l'avant et l'arrière du bâtiment, ils étaient de diverses sortes. A l'arrière, l'espace libre au-dessus du pont supportait la « chambre de parade », ou « paradis »; parfois, il y avait deux paradis juxtaposés. Ils étaient éclairés par de petites fenêtres percées dans la poupe du vaisseau. Ils comportaient souvent encore, comme construction accessoire, une série de poteaux supportant un plancher surmonté lui-même d'une toiture en forme de pigeonnier : c'était la « banne » et la « sur-banne ». A la hauteur de la banne, un balcon de quatre pieds, ou « boulevard », entourait la poupe. A l'avant, un autre paradis logeait les passagers; on y adjoignait parfois un « super-pont », construction élancée en dehors du bâtiment, sur la saillie duquel on manœuvrait le bout de l'antenne.

Ces massives constructions tenaient bien la mer, mais leur assiette laissait fort à désirer.

II

GALÈRES ET GALÉASSES.

Avec le xvie siècle commence à se prononcer une différence de plus en plus marquée entre les bâtiments de guerre et ceux du commerce. A partir de cette période, la *galère* est, pour ainsi dire, le seul vaisseau de combat.

Nous empruntons la description de ces ingénieux navires au P. Daniel, auteur d'une *Histoire de la milice française* jadis fort estimée.

« Les galères, dit-il, sont des vaisseaux de bas bord, armés de canons, qui vont à voiles et à rames. C'est par là qu'elles sont principalement distinguées des autres vaisseaux de guerre, qu'on appelle de haut bord, parce que leur bord est fort élevé au-dessus de la mer.

« Les galères, dans les premiers temps, étaient appelées *naves longæ,* longs navires, parce qu'en effet c'étaient alors les plus longs vaisseaux dont on se servît sur mer.

« Comme elles sont de fort bas bords, elles n'ont point de sabords ni de canons dans leurs flancs, comme les vaisseaux. Leur canon est autrement disposé et placé, comme je le dirai bientôt.

« On distingue deux parties dans la construction du corps d'une galère: l'une s'appelle *œuvre vive,* et l'autre *œuvre morte.* L'œuvre vive comprend tout ce qui est au-dessous de la couverte, et compose avec elle ce qu'on doit regarder proprement comme le corps de la galère. L'œuvre morte est, pour ainsi dire, entée sur l'œuvre vive. Elle comprend presque tout ce qui est au-dessus de la couverte. Cette couverte est comme le pont sur lequel sont placés les bancs des rameurs et sous lequel sont les magasins de la galère.

« Entre les bancs des rameurs, qui sont placés aux deux côtés de la galère, il y a un chemin et comme une espèce de pont que l'on appelle *coursie* ou *coursive,* et qui va de proue à poupe dans la longueur de la galère.

« Les galères ont deux mâts. L'un s'appelle *arbre de meistre* ou grand mât, parce qu'il est plus grand que l'autre ; l'autre a le nom *d'arbre de trinquet* ou mât d'avant, parce qu'il est placé sur l'avant de la galère vers la prouc. Ils ont chacun leurs antennes pour leurs voiles.

« On coupe les voiles des galères en triangle, au lieu que, dans les vaisseaux, elles sont carrées. Ces voiles triangulaires se nomment *voiles latines.*

« La plus grande voile de l'arbre de meistre s'appelle *maraboutin* : la seconde *vetette* ou *misaine,* et, dans l'usage des matelots, *mejane ;* la troisième est appelée *bouffette ;* la quatrième et la plus petite *polacron.*

« On donne le nom de *grand trinquet* à la plus grande du mât d'avant, celui de *petit trinquet* à la seconde voile, celui de *trinquetin* à la troisième, qui est plus petite. On ne porte jamais que deux voiles à la fois. Quand le vent est trop fort, ou lorsqu'on est forcé de courir en poupe, on se sert d'une voile carrée appelée *tréon* ou voile de *fortune.*

« Le gouvernail de la galère est appelé *timon ;* il est à la poupe, comme dans les autres vaisseaux.

« Entre les bancs des rameurs et les bords de la galère il y a un espace appelé *le couroir ;* c'est la place des soldats.

« La poupe est l'espace qui paraît le plus libre de la galère, mais ce n'est qu'un petit réduit servant cependant à plusieurs usages. C'est le logement des officiers et où couchent plus de quinze personnes.

« Il y a, pour l'ordinaire, au moins cinq rameurs à chaque rame. Celui qui tient la queue de la rame s'appelle *vogue-avant.* C'est lui qui détermine le mouvement, et que les autres rameurs doivent suivre, et ce doit être un homme expert dans le métier. Les galères ont vingt-six, vingt-huit, trente-deux rames, et par conséquent autant de bancs pour les rameurs de chaque côté, selon la différence des galères ordinaires et extraordinaires.

« La construction des galères est moins massive, mais aussi moins solide que celle des vaisseaux, et les pièces en sont moins fortes de bois ; cependant, quoique les membres d'une galère soient fort petits en comparaison des autres plus grands bâtiments, que sa figure soit longue et étroite, le tout y est si bien lié et si bien proportionné qu'il compose un corps capable de résister aux plus grosses tempêtes, soit à la mer, soit à l'ancre.

« On peut diviser les galères de France en deux espèces, savoir : les ordinaires, qu'on nomme ordinairement *sensiles,* et les extraordinaires, ou grosses galères. Elles ne diffèrent pour le corps que par la grandeur. Les ordinaires n'ont que vingt-six rames et vingt-six bancs de chaque côté ; les extraordinaires en ont vingt-huit, trente et trente-deux : telles sont la *Reale,* la *Patronne,* et quelques autres portant pavillon de chef d'escadre.

« Les galères sont montées par des soldats pour combattre, par des matelots pour les manœuvrer, par la chiourme, composée de forçats et d'esclaves turcs, pour ramer. Les soldats sont commandés par les officiers, les matelots par ceux qui président à la manœuvre ; *le comite* est chargé de faire voguer *la chiourme.*

« L'artillerie d'une galère consiste en cinq canons placés à l'avant, et en douze pierriers. Le plus gros de ces canons se nomme *le coursier* ou *canon de coursie,* parce qu'il est placé dans la coursie.

« Pour les pierriers, on les place sur les flancs de la galère, attachés de manière qu'ils n'ont point de recul. Étant braqués, ils ne font point un angle droit avec le flanc de la galère, comme les canons des vaisseaux dans leurs sabords, mais un angle très aigu, ayant la bouche tournée vers la proue, qu'ils rasent en tirant sur la proue de la galère ennemie.

« On est surpris, lorsqu'on entre dans une galère armée, d'y voir près de cinq cents hommes ; mais on le serait encore bien plus si l'on assemblait à terre les hommes, les agrès, les apparaux, les cordages, les vivres, les munitions de guerre et généralement tout ce qu'on embarque dans une galère pour une navigation de deux mois. Il paraîtrait impossible que tout cela pût tenir dans un si petit espace. »

Au milieu du xvie siècle, l'ingénieur vénitien Francesco Bressano imagina les *galéasses,* dont l'usage fut bientôt adopté en France. C'étaient des bâtiments à rames approchant davantage de la forme des vaisseaux à voiles, susceptibles comme eux de porter beaucoup d'artillerie : elles n'armaient qu'un rang d'avirons, mais d'une longueur de plus de cinquante pieds. Six ou sept forçats étaient employés à mouvoir chacun d'eux. Les galéasses, plus longues, plus larges et plus hautes surtout que les galères, avaient des châteaux à la proue et à la poupe : dans celui d'avant, elles portaient douze canons en trois étages de batterie ; dans celui d'arrière, huit en deux étages. De plus, entre chacun des trente-deux bancs de rames était un canon pierrier sur pivot. Ce formidable armement comportait de mille à douze cents hommes d'équipage.

La galéasse avait trois mâts et des voiles latines ; cependant elle était parfois à *trait* carré en tout ou en partie.

Au-dessus des canons pierriers et des rames était établi un plancher défendu par un parapet crénelé, sur lequel les soldats et les *mousquetaires* se trouvaient avantageusement placés pour combattre.

Pour certaines navigations, on les installait en vaisseau à voiles, dont elles devaient dépasser la vitesse à raison de leur forme allongée.

III

VAISSEAUX DE LIGNE.

Le xviie siècle ouvre une nouvelle période de transformation dans l'architecture navale, comme dans l'armement et la tactique. Le *vaisseau de ligne* surgit !

On lui donne d'abord deux, puis trois rangées de canons, à trois batteries couvertes, sans compter les étages de son château d'arrière et de son château de proue. Et quelle magnificence dans les sculptures du détail! C'est une œuvre d'art autant qu'un engin de guerre. Chaque puissance met son amour-propre à rivaliser de luxe et de décors. On s'imagine difficilement aujourd'hui quelles énormes quantités de bois exigeait la construction d'une pareille masse. Dans la seconde partie du xvii° siècle, le vaisseau français la *Couronne* fut considéré comme le chef-d'œuvre naval de l'époque. On raconte qu'à l'aspect de ce vaisseau, dont la grandeur et l'ornementation dépassaient tout ce qu'on avait vu jusqu'à ce jour, la duchesse de Rohan s'étonna seulement qu'on eût employé toute une forêt du duc son époux à la confection d'une si petite « bâtisse ». Les imbéciles sont les mêmes dans tous les temps. Malgré le dédain de la noble dame, quand nous jetons les yeux sur les dessins et les plans de ces splendides navires qui furent pour notre pays l'objet d'un légitime orgueil, nous sommes encore contraints d'admirer l'œuvre de nos devanciers. Ces bâtiments étaient moins bons à la mer, sans doute; mais quelle richesse et quel aspect grandiose offraient ces navires à côté de la monotone simplicité de ceux de nos jours!

Pendant deux siècles, la marine à voiles va régner et triompher sans conteste. Aussi, en même temps que les ingénieurs ramènent l'architecture navale à un système moins compliqué, la mâture est l'objet de réformes successives et profondément étudiées; on a compris que la rapidité de l'évolution décidera, le plus souvent, le résultat des luttes engagées et que le vent doit être tenu pour un auxiliaire précieux. Ainsi se forme une longue série d'habiles manœuvriers, dont la tradition ne se perdra qu'à partir de la Révolution.

On simplifie, du reste, le plus possible, et avec raison. Les noms baroques et naïfs du moyen âge sont remplacés par la nomenclature toute simple des calibres; le nombre de ceux-ci est réduit, et chaque batterie est armée de pièces de la même espèce. La fonte de fer, plus durable, moins couteuse que le bronze, lui fut préférée.

La poupe des vaisseaux étant entièrement plate, leur sillage était très large, de telle sorte que le gouvernail, au milieu du tourbillon des ondes engouffrées dans le vide laissé par la masse du navire, avait besoin d'être très grand pour produire quelque effet. Un règlement de 1673 ordonna qu'à l'avenir les *façons* de l'arrière seraient continuées en courbe suivie jusqu'à la hauteur du pont de la première batterie; pendant la marche du navire, les filets d'eau, glissant sur ces contours adoucis, frappèrent beaucoup plus directement la surface du gouvernail, dont on put ainsi réduire les dimensions.

La meilleure preuve de la solidité singulière de ces bâtiments était leur durée. Réparés, rajustés, transformés, quelques-uns d'entre eux ont pu même sembler véritablement immortels. C'est ainsi que l'*Océan*, offert à Louis XV par les États de Bourgogne, après un premier radoub lors de la guerre d'Amérique, subit une réinstallation sous la République; il devint alors la *Montagne*, et fut monté par Villaret de Joyeuse au combat du 13 prairial. Après une terrible lutte, il rentra à Brest emportant dans sa membrure cinq cents boulets ennemis, sans compter les marques nombreuses de ceux qui l'avaient traversée. Ce ne fut pourtant pas son arrêt de mort; grâce à une habile et savante refonte, il portait encore, en 1844, le pavillon de l'amiral commandant l'escadre de la Méditerranée.

DEUXIÈME SECTION

L'ADMINISTRATION

—　————

I

RICHELIEU ORGANISE LA MARINE MILITAIRE.

Les nécessités du siège de la Rochelle, et aussi celle de soustraire l'île de Ré à l'intrusion des Anglais qui y avaient pris
pied, inspirèrent au cardinal de Richelieu l'idée de réunir à ses
attributions, déjà pourtant si multiples, la charge de grand amiral,
vacante depuis 1626 par suite de la démission du duc de Montmorency. Richelieu apporta dans l'exercice de ses nouvelles
fonctions son esprit habituel de réglementation. Tout, du reste,
était à créer. Jusque-là, la Marine militaire n'avait reçu aucune
organisation, et il n'avait été rendu que des ordonnances impar-
faites concernant la Marine marchande.

Il ne faut pas croire, cependant, qu'il n'y eut précédemment
aucune administration chargée de l'armement des navires de
guerre et de la comptabilité : il est à présumer, au contraire,
que, dès la création de la charge d'amiral, qui date du XIVe siècle, il y eut des agents dont les fonctions consistèrent à surveiller,
au nom de l'amiral, toutes les opérations maritimes. En effet,
d'après le règlement du 31 juillet 1553, l'amiral de France
avait l'administration de la Marine dans ses attributions. Nous
remarquerons aussi que, dans tous les règlements sur la marine
antérieurs à 1600, les agents de l'amirauté sont qualifiés *commis
de l'amiral,* et que de cette dénomination vient peut-être le
nom de *commissaires* qui a été donné plus tard aux premiers
fonctionnaires du corps administratif de la Marine.

Quoi qu'il en soit, dans la double nécessité où se trouvait Louis XIII de mater la révolte et de résister aux entreprises des Anglais, le cardinal, avec la rapidité ordinaire de son coup d'œil, comprit que le moment était venu de créer définitivement une Marine royale et de donner à son administration une marche régulière.

Il commença par établir un conseil de marine, où toutes les affaires de sa compétence viendraient ressortir (6 janvier 1624).

L'ordonnance de 1629 suivit, l'une des meilleures qui aient été promulguées sur la matière. Ses principales dispositions traitaient de l'escorte des bâtiments du commerce qui se livraient à des expéditions lointaines, et déterminaient les fonctions des *écrivains* sur les navires de guerre, mesure déjà établie en principe par l'édit de 1584; — concernaient l'établissement, jusqu'alors inconnu, d'écoles d'hydrographie; — créaient des écoles de canonniers pour la marine et les côtes; — établissaient des charpentiers visiteurs de navires; — interdisaient aux marins d'aller prendre du service en pays étranger, et rappelaient ceux qui en auraient accepté précédemment; — prescrivaient enfin les états à dresser annuellement des individus employés à la navigation, ce qui du reste avait déjà lieu, ainsi que l'attestent de plus anciens documents. Cette dernière disposition de l'ordonnance donna, sans doute, plus tard l'idée d'établir les *classes*.

En 1631, nouvelle ordonnance, qui eut le tort de départir toute l'autorité dans les arsenaux aux agents de l'administration ; mais, comme la marine n'en était encore qu'à ses débuts, les effets de ce vice fondamental ne se firent pas sentir immédiatement. Trois commissaires-généraux furent chargés de pourvoir à la conservation et à l'entretien des vaisseaux dans chacun des ports de Brouage, Brest et le Havre. Un commissaire-général et un chef d'escadre ayant sous ses ordres plusieurs officiers de marine devaient surveiller l'armement et le désarmement des navires. L'ordonnance mit ainsi en opposition, dans le même arsenal, des agents de l'administration ou, comme on les appela dans la suite, des *officiers de plume* avec des *officiers d'épée.* Le règlement de 1674 et l'ordonnance de 1689 ne changèrent rien à ces dispositions, qui devaient perpétuer dans notre marine des rivalités de corps au grand détriment du service.

La marine militaire prenant tous les jours un plus grand développement, le cardinal de Richelieu, en 1636, envoya en Provence M. d'Infréville pour y choisir un port où l'on pût bâtir, radouber et conserver des vaisseaux autres que des galères, et y établir des magasins comme on le pratiquait sur la mer du Ponant. On donna la préférence au port de Marseille.

Le cardinal recueillit bientôt les fruits de sa prévoyance. Dès 1637, il put rassembler en rade de Belle-Ile une flotte composée de cinquante bâtiments armés de quatre cents pièces de canon et montés par plus de sept mille hommes. En 1640, l'armée du Levant, commandée par l'archevêque de Bordeaux, comptait soixante-seize voiles, dont cinquante-six grands navires.

Enfin, en 1641, le commissaire-général Arnoûx créait le port, les magasins et l'arsenal de Toulon.

Malgré les défauts de son œuvre, Richelieu laissait, au moment de sa mort, une situation des plus prospères, facile à continuer et à amender.

II

LA SITUATION SE MAINTIENT SOUS LOUIS XIV.

La régence d'Anne d'Autriche sembla, néanmoins, avoir porté un coup fatal à notre nouvelle marine militaire. Quand mourut Mazarin, en 1661, il ne restait plus dans nos ports, de toutes les forces navales qui avaient été mises en mer sous le règne précédent, que dix-huit bâtiments de guerre, dont le plus fort ne dépassait pas 1,300 tonneaux.

Ce fut Colbert qui entreprit de relever la marine royale du degré d'abaissement où elle était descendue. Il fit construire en

Hollande douze vaisseaux de ligne, y fit acheter trente-deux autres bâtiments et des munitions navales ; mais la possession de quelques navires de guerre ne pouvait, à ses yeux, constituer une marine. Aussi chercha-t-il à faire prospérer le commerce, sans lequel un pays ne peut avoir de forces navales effectives. Il créa des Compagnies de négociants, encouragea l'établissement de manufactures et fit tous ses efforts pour engager les Français à entreprendre des expéditions lointaines. Toutefois, on doit s'étonner qu'il n'ait pas songé à publier, à l'exemple de Cromwell, un acte de navigation, qui seul pouvait donner à la marine marchande une prospérité réelle.

En 1665, Colbert fit procéder au dénombrement de tous les matelots du Poitou, de la Saintonge et de l'Aunis, attendu que le roi voulait mettre en mer un nombre considérable de vaisseaux au commencement de l'année suivante. Tous les ports de ces provinces furent donc fermés, et il n'en put sortir aucun navire que le recensement ne fût terminé. Cette mesure ayant paru donner des résultats satisfaisants, on décida, en 1668, que l'enrôlement des marins s'étendrait à toutes les côtes de France, qu'ils seraient répartis en trois classes, et qu'ils serviraient alternativement sur les vaisseaux du roi et sur les bâtiments du commerce ; soixante mille hommes furent inscrits sur les matricules du département de la marine.

Cependant ces dispositions n'eurent pas, en Bretagne, en Normandie et en Provence, le même succès que dans les autres provinces. Il fallut y revenir par plusieurs ordonnances et édits. Pour faire paraître moins lourd aux gens de mer le joug d'un régime aussi exorbitant, on leur accorda quelques privilèges. On établit la caisse des invalides de la marine, on les exempta du logement des gens de guerre, du guet et de la garde des portes des villes et des châteaux, de toute tutelle ou curatelle, de la collecte des tailles, etc.

En même temps, on cherchait à augmenter le nombre des matelots par toutes sortes de moyens. Ainsi, tout maître de barque était exempt du service des classes pourvu qu'il prît à bord un jeune homme de quinze à vingt-deux ans. On contraignit, dans la même vue, tout armateur ou capitaine de navire d'embarquer un mousse par dix hommes.

Colbert tenait surtout à ce que la France possédât une marine exercée, capable de lutter avec les puissances maritimes de premier ordre. Il adopta à cet effet des mesures pleines de sagesse.

Il exigea que les capitaines s'habituassent à tenir la mer en hiver comme en été, et il fit croiser Du Quesne pendant tout un hiver entre les caps Ouessant, Finistère et Saint-Vincent. De même il ordonna au comte d'Estrées de rester à son bord pendant douze mois de suite pour protéger le commerce. Par contre, il s'opposa aux relâches prolongées et aux longs sé- jours dans les ports étrangers. Enfin, pour exercer les officiers, il fit armer à Brest, en 1681, une escadre d'évolution dont il confia le commandement à Tourville.

Ces croisières continuelles formèrent d'excellents marins. Le règlement pour l'école des canonniers, dont la date est de 1676, contribua aussi au succès de nos armes en dotant la flotte de canonniers-matelots exercés.

Ces dispositions préparèrent les succès maritimes du règne de Louis XIV. Lorsque Colbert mourut, en 1683, il laissait la marine française dans un état de prospérité absolue. La flotte royale était alors composée de 179 bâtiments de guerre et de 30 galères.

Par malheur, les successeurs de Colbert n'ayant point hérité de son génie, cette prospérité ne resta bientôt plus qu'appa- rente. Les qualités sérieuses de son œuvre disparurent, ses défauts seuls subsistèrent et s'accrurent. Il fallut toute l'autorité, tout le prestige de Louis XIV pour maintenir jusqu'à la fin de son règne une institution qui, pour ainsi dire à peine née, cher- chait d'elle-même à s'écrouler.

D'ailleurs, la mauvaise organisation du corps des officiers militaires constituait une cause de décadence permanente.

Dans le but de donner de bons officiers à la flotte, Colbert avait institué les *gardes de la marine ;* mais, dominé par les idées de l'époque, il avait décidé que les jeunes nobles y seraient seuls admis. Toutefois, comme il n'ignorait pas qu'il peut se former de bons marins dans la marine marchande, il voulut qu'une porte leur fût ouverte pour entrer dans la marine militaire, et il déclara susceptibles d'y être admis tous ceux qui s'étaient distingués en temps de guerre par des actions d'éclat. Ces dispositions, adoptées pour le bien du service, eurent un résultat peu satisfaisant. Les nobles, remplis d'une morgue insupportable, regardèrent comme intrus dans le corps leurs camarades qui n'avaient point été gardes de la marine, et ils les accablèrent de leur mépris.

A partir de ce moment, on distingue deux états dans la marine : l'un appelé le *grand état,* l'autre le *petit état.* Tous les officiers nobles ayant été gardes de la marine faisaient partie du *grand état;* tous les autres étaient du *petit état.* Les officiers du *petit état* étaient, à grade égal, commandés par ceux du grand. Duguay-Trouin et Cassard entrèrent dans la marine comme officiers du *petit état.* On conçoit combien un pareil ordre de choses contenait fatalement des germes de rivalités incessantes, d'animosités irréconciliables, par suite d'une prochaine dissolution.

Une autre source d'inextricables embarras fut le mauvais état des finances. Dès le ministère de Seignelay, fils et successeur de Colbert, il arriva que le service fut souvent à la veille de manquer de fonds dans les ports, et que des vaisseaux ne purent prendre la mer faute d'argent pour en payer les équipages. Cependant, on continuait à entretenir une flotte considérable. En 1690, Tourville eut jusqu'à 84 vaisseaux et 15 galères sous son commandement. Deux ans plus tard, nos forces navales atteignirent le chiffre énorme de 110 vaisseaux de ligne et de 690 autres bâtiments de guerre, sur lesquels on comptait 14,670 pièces de canon, 2,500 officiers et 97,500 hommes d'équipage. Un développement de forces aussi considérable achevait de ruiner le pays.

Ce qui advint est facile à deviner : la misère s'accroissant, il fallut entrer forcément dans la voie des économies. La marine en souffrit la première. Sous le ministère du second Pontchartrain, elle avait cessé de prospérer. Dès 1704, on ne vit plus de flotte en France. Duguay-Trouin nous apprend dans ses *Mémoires* que, faute de fonds, il éprouva toutes sortes de contrariétés dans les préparatifs de son expédition de Rio-Janeiro.

Mais ce qui porta le coup le plus fatal à la marine fut la vénalité des emplois créés par les édits de mars 1702 et d'avril 1704. Dans le but de se procurer des ressources, Pontchartrain imagina de créer cent charges de commissaires de la marine à 3,000 et 4,000 livres d'appointements ; le prix de ces charges était de 10,000 écus, et elles étaient sujettes au droit annuel dit la *paulette* ; on les vendait de préférence aux employés de la marine.

Du reste, on faisait argent de tout ; mais cette manière de s'en procurer était, certainement, une des plus désastreuses que l'on pût adopter. Les arsenaux furent littéralement mis au pillage ; bien loin de s'occuper de constructions et d'armements, on vendit les approvisionnements pour solder les officiers, les soldats et les ouvriers, toujours prêts à se mutiner.

Ainsi notre marine, si florissante de 1680 à 1690, était presque anéantie. L'état dressé au mois de janvier 1713 ne comptait plus que 57,888 hommes de mer. Cependant, quand Louis XIV mourut en 1715, il restait encore dans nos ports 80 vaisseaux de ligne. Jusqu'à la fin, le monarque put conserver les apparences de la force et maintenir, coûte que coûte, la France au rang des puissances avec lesquelles il fallait compter. Son triste successeur ne devait pas s'inspirer de ce grandiose exemple.

III

DÉCADENCE DE LA MARINE SOUS LOUIS XV.

En 1723, le comte de Maurepas prenait la direction supérieure de la marine, et il restait en charge jusqu'en 1749. Pendant la longue administration de ce soi-disant homme d'État, le corps de la marine tomba dans la déconsidération la plus complète. Les places furent données à la faveur et à l'intrigue. La discorde se mit dans toutes les branches du service, où régnaient déjà le désordre et les dilapidations. Une noblesse orgueilleuse et ignorante s'empara des premiers emplois, en chassa les gens de mérite et ne craignit pas d'y dévoiler sa suffisance et sa nullité. Le patriotisme, l'instruction, la capacité ne furent plus récompensés ; ils devinrent même des titres d'exclusion.

En 1755, on comptait 914 officiers militaires, sur lesquels environ 700 étaient à terre, sans autre occupation que celle de monter dans l'année huit ou dix gardes de vingt-quatre heures.

Quant au *corps de la plume,* il était composé de quelques gentilshommes, de bourgeois et de fils d'artisans. En 1752, il comprenait 563 membres. On peut dire qu'il faisait tout dans la marine, hors la guerre.

Les militaires s'abstenaient de fréquenter les arsenaux depuis que l'administration y régnait sans partage.

Les officiers-généraux qui commandaient dans les ports n'avaient plus que le nom de commandants, et il suffisait même qu'ils ordonnassent quelque chose pour que *la plume* prît à tâche de faire le contraire. Par suite de ces dissensions intestines, le désordre atteignait à son comble dans les moindres services. Les armements n'étaient plus faits avec la célérité ordinaire, et ils étaient même imparfaits par la mauvaise qualité des matières ou par leur défaut

On eut, cependant, une heure d'espoir! Lorsque le duc de Choiseul prit le portefeuille de la marine, en 1761, on put croire à une réforme complète. Frappé des défaites multipliées que la France avait essuyées sur les mers, le nouveau ministre voulut donner à la marine militaire une constitution différente.

Il essaya de régénérer le *corps de l'épée*. Il commença par en exclure les officiers les moins capables et ne conserva que les plus jeunes, les meilleurs, ou ceux qui donnaient le plus d'espérance. Il augmenta leurs appointements, afin qu'ils pussent soutenir convenablement leur rang et ne se livrassent point à des opérations mercantiles, comme ils en avaient pris depuis trop longtemps l'habitude.

Il s'occupa ensuite du *corps de la plume,* dont il réduisit les émoluments. L'économie que Choiseul réalisa de ce côté servit à augmenter la solde des militaires. Il voulait même pousser plus loin les réformes. Croyant la constitution de la marine radicalement vicieuse, il songea à supprimer entièrement le corps de l'épée pour le réorganiser sur un pied différent. Déjà on parlait de confier les vaisseaux de l'État, non aux officiers de la plus haute naissance, mais à ceux de la plus haute capacité, lorsque la noblesse alarmée mit tout en œuvre pour faire échouer des projets dont elle craignait l'application. Le duc de Choiseul, abreuvé de dégoûts, abandonna le ministère.

La Harpe assure que Louis XV tint alors à son ministre le propos suivant :

« Mon cher Choiseul, vous êtes aussi fou que vos prédéces- « seurs : ils m'ont tous dit qu'ils voulaient une marine ; il n'y « aura jamais en France d'autre marine que celle du peintre « Vernet. »

Nous nous bornerons maintenant, en ce qui concerne ce règne, à signaler la suppression des galères et de leur personnel en 1748. Les chiourmes furent enfermées dans les bagnes.

IV

ESSAIS DE RÉORGANISATION SOUS LOUIS XVI.

On eût pu croire que sous Louis XVI, qui avait un goût prononcé pour la géographie et pour tout ce qui était relatif à la navigation, la puissance navale de la France reprendrait un sérieux développement. Ses intentions furent bonnes, mais ses ministres et lui-même manquèrent de suite dans leurs décisions, de telle sorte que ses essais de réorganisation n'aboutirent à rien.

La réforme tentée fut toute de réaction. Trouvant avec raison que le corps de l'administration était devenu trop nombreux et qu'il exerçait, dans les arsenaux, une autorité qui ne devait pas lui appartenir exclusivement, le ministre Sartines imagina de créer un régime tout militaire. A cette occasion fut promulguée l'ordonnance de 1776, complétée par celle de 1779. Les officiers d'épée reprirent la direction générale de tous les travaux et ouvrages; les agents civils durent se borner au soin d'approvisionner et de compter.

On n'aurait pu qu'approuver ces dispositions si elles n'avaient pas encore laissé subsister dans les arsenaux deux autorités rivales, celle du commandant et celle de l'intendant. Sous un pouvoir unique, celui du commandant, auraient disparu toutes les velléités d'autorité du corps de l'administration. Cependant l'ordonnance, telle qu'elle était, ne laissa pas que de produire de bons effets. Les militaires qui avaient été placés à la tête des différentes directions des arsenaux imprimèrent aux constructions navales une activité extraordinaire, que l'on n'avait point encore vue jusque-là. En trois ans, de 1778 à 1781, les chantiers de Brest, de Toulon et de Rochefort mirent à la mer vingt vaisseaux de ligne. Le corps de l'administration se vengea de la perte de son pouvoir en accusant ses rivaux de dépenser les fonds sans établir de comptabilité ; mais cette accusation tomba, ne reposant sur rien. Néanmoins, l'ordonnance de 1776 ne put tenir contre les attaques incessantes dont elle était l'objet de la part des gens de plume. Les officiers d'épée ne surent pas défendre une cause excellente et laissèrent le champ libre à leurs détracteurs.

La conséquence de cette disproportion dans la lutte fut l'ordonnance de 1784, qui confia de nouveau aux officiers d'administration la direction des approvisionnements, de la comptabilité, de tous les détails de l'administration des armées navales. En 1786, une dernière ordonnance rétablit les choses sur l'ancien pied.

Les comptables devaient remporter une plus décisive victoire. L'Assemblée Constituante avait peu de sympathie pour les gens d'épée nobles ; ils en profitèrent pour liquider la situation à leur profit. Le 21 septembre 1791, ils faisaient décréter que « l'administration des ports serait civile, qu'elle serait incompatible avec toutes fonctions militaires », que la direction générale des travaux et approvisionnements, de la comptabilité, de la police générale et des classes serait confiée, dans chaque grand port, à un administrateur unique, sous le titre d'*ordonnateur ;* que l'administration serait divisée en six détails principaux, etc.

Les officiers nobles d'épée ne firent entendre aucune protestation ; dès qu'ils s'étaient aperçu que le règne des privilèges venait de cesser, ils s'étaient empressés d'émigrer.

Un certain nombre, il est vrai, restèrent patriotiquement à leurs postes ; mais la Révolution, défiante à leur égard, leur rendit la situation difficile. Sur cela, du reste, nous allons revenir ailleurs.

Les deux premières parties de notre étude ont été consacrées aux plus remarquables personnalités de la Marine française d'autrefois; elles constituent donc la légitime glorification, presque sans ombres, d'une vaillante et glorieuse institution qui, malgré ses défauts et ses erreurs, porta haut et loin le renom de notre pays. Dans cette troisième partie, nous nous sommes proposé d'examiner brièvement le mode de fonctionnement de ce grand corps, et nous avons dû, cette fois, ne plus nous occuper des hommes, mais apprécier simplement les actes et les faits; certaines critiques avaient donc lieu de se produire, et elles se sont produites. Le lecteur aura ainsi sous les yeux toutes les faces, toutes les controverses de la question, exposées chacune à sa place différente et d'autant plus nettes qu'elles ont été isolées. Il nous semble que c'était le meilleur procédé pour se rendre un compte exact des choses; dans tous les cas, c'est le plus clair.

L'histoire de la Marine d'autrefois, ainsi exposée et approfondie, servira d'intéressant point de comparaison à l'histoire de la Marine d'aujourd'hui.

QUATRIÈME PARTIE

LA MARINE FRANÇAISE SOUS LA RÉVOLUTION ET L'EMPIRE

VILLARET DE JOYEUSE. — RENAUDIN. — MARTIN. — MORARD DE GALLES. — BOUVET. — LACROSSE. — BRUEYS. — DÉCRÈS. — ÉMÉRIAU. — DU CHAYLA. — DU PETIT-THOUARS. — GANTEAUME. — DE VILLENEUVE. — BRUIX. — LINOIS. — DE LA TOUCHE-TRÉVILLE. — MAGON. — LUCAS. — COSMAO-KERJULIEN. — INFERNET. — DUMANOIR-LEPELLEY. — ALLEMAND. — DUPERRÉ. — MISSIESSY. — SURCOUF.

QUATRIÈME PARTIE

LA MARINE FRANÇAISE SOUS LA RÉVOLUTION ET L'EMPIRE

PREMIÈRE SECTION

LA RÉPUBLIQUE

I

CAUSES DE L'INFÉRIORITÉ DE NOTRE MARINE PENDANT LA RÉVOLUTION.

Lorsque la Révolution éclata, la Marine se trouva, comme les
autres institutions, profondément atteinte. Des désordres eurent
lieu dans les ports et sur les bâtiments. L'état-major, brave et expérimenté, qui avait fait la guerre de l'Indépendance Américaine
disparut. On écrit encore, de nos jours, que les officiers de l'ancienne marine, en abandonnant leurs vaisseaux, amenèrent les
désastres que subirent nos escadres : les historiens qui soutiennent cette thèse commettent une grave erreur. Au début de la
Révolution, les officiers, très attachés à leur carrière, ne voulaient pas s'éloigner; on les y obligea. L'Assemblée Constituante,
en présence des troubles signalés à chaque instant dans nos
ports, affecta le calme, l'indifférence, n'osant pas affronter le
mouvement. Pourtant, si la crise que traversait la France avait,
sans nul doute, affaibli les ressorts du gouvernement, l'As-

semblée possédait, du moins à ce moment, la force nécessaire pour imposer sa volonté. Les troupes eussent fait leur devoir si elles eussent reçu une impulsion énergique; les documents contemporains en font foi.

Dans le courant de 1790, après de nombreux actes d'indiscipline commis par les équipages surexcités, les officiers de marine, découragés, se sentant impuissants, envoyèrent au ministre une adresse dans laquelle leur situation était exposée en termes très dignes. Ils demandaient, non dans leur intérêt, mais au nom de l'honneur et de la sécurité de la France, que le gouvernement prît les mesures nécessaires pour rétablir l'ordre sur nos flottes; ils étaient prêts, ajoutaient-ils, s'ils ne possédaient pas la confiance des équipages, à remettre en d'autres mains « les moyens d'honneur et de gloire auxquels l'espoir de se rendre utiles à la patrie les tenait fortement attachés ». Mais la Constituante ne fit aucun effort pour rétablir la discipline. Dans cette situation, et alors qu'on ne répondait aux ordres qu'ils donnaient que par des injures et des menaces, que devaient faire les chefs d'escadre, les capitaines et les officiers? Il ne suffit pas de dire que l'ancien état-major déserta son poste; il faut mettre, en regard de cette accusation, la position dans laquelle se trouvèrent tous ceux qui prirent ce parti. Bougainville lui-même refusa alors le grade de vice-amiral, qu'on lui offrait; cependant, il n'est encore venu à l'esprit de personne d'attaquer le patriotisme de Bougainville. On ne voulut pas trouver les raisons de ces abstentions; les tribunaux révolutionnaires seuls se chargèrent d'en donner. L'échafaud acheva l'œuvre de destruction.

L'inexplicable décret du 29 avril 1791 vint encore accroître la confusion. La Constituante supprima les écoles destinées à l'instruction des aspirants, donna le grade d'enseigne auxiliaire aux capitaines au long cours et les admit à concourir pour les places vacantes d'enseignes entretenus ; quant aux places d'enseignes titulaires, le dixième devait appartenir aux maîtres entretenus, moitié à l'ancienneté, moitié au choix, sans égard à l'âge, les autres places vacantes dans ce grade étant données au concours. Le 21 septembre suivant, l'administration des ports était rendue « civile » ; en même temps, le corps royal des canonniers-matelots était supprimé, et celui des canonniers gardes-côtes remplacé par les gardes nationales. De pareilles innovations ne pouvaient pas, assurément, porter de bons fruits. Dans la pénurie où se trouvait désormais l'État d'hommes réunissant les talents, l'expérience et le patriotisme nécessaires dans les circonstances survenues, il fallut bientôt admettre aux premiers emplois des officiers de grades subalternes, des capitaines de la marine marchande, héroïques souvent, mais ne possédant point les capacités requises.

Quant aux matelots et aux troupes de la marine, il y avait encore quelques bons canonniers, débris de la dernière guerre. Il s'en trouvait surtout dans les artilleurs de la marine, qui s'étaient recrutés, en grande partie, dans le corps des canonniers-matelots à l'époque du licenciement de ce corps ; mais ces hommes expérimentés, s'étant rendus suspects aux agents révolutionnaires, furent perdus pour la flotte. On les envoya dans la Vendée, et on les remplaça à Brest, où l'on craignait leur présence, par des paysans de réquisition.

Au contraire, les Anglais possédaient d'excellents officiers, des équipages bien exercés, et ils devaient nécessairement avoir l'avantage dans toutes les rencontres ; mais si les Français succombèrent dans la lutte, ce ne fut pas sans gloire, et l'on peut affirmer même qu'ils y déployèrent un plus grand courage que leurs adversaires. Il est, en effet, démontré, pour tous ceux qui ont la curiosité de faire le relevé des pertes éprouvées dans les guerres de la Révolution et de l'Empire par l'une et l'autre nation, que les Anglais se sont montrés moins persévérants que les Français dans la mauvaise fortune. Le si recommandable ouvrage spécial de M. l'amiral Jurien de la Gravière ne laisse subsister aucun doute sur ce point.

Plusieurs historiens ont décrit les combats de ce temps-là, notamment les manœuvres audacieuses de Nelson qui, en présence d'une flotte désorganisée, put s'affranchir impunément des règles de la tactique navale. Nous ne discuterons pas ici la partie

technique d'un pareil sujet. Bornons-nous à noter que, dès
1802, un ingénieur de la marine, M. Forfait, avait eu le courage
de dévoiler brutalement aux marins français la cause de leurs
défaites. « Il est réellement plaisant, écrivait-il, d'entendre dis-
« courir souvent et fort longuement pour assigner les causes de
« la supériorité des Anglais. Quatre mots la démontrent. Ils ont
« des vaisseaux bien installés, une artillerie bien servie, et ils
« manœuvrent bien. Quant à vous, c'est tout le contraire.
« Quand vous serez comme eux, vous leur tiendrez tête, et vous
« les battrez. » Plus loin, gourmandant nos officiers de marine,
il leur reprochait leur apathie en ces termes : « Avouons-le, à
« la honte de notre marine, presque tous les officiers sont tels :
« ils s'occupent de toute autre chose, à bord et dans les ports,
« que de leur profession ; l'ennui les dévore, le découragement
« les suit, leurs facultés s'émoussent ; l'abandon de leurs vais-
« seaux, de leurs équipages, de leurs troupes, de leurs armes
« et de tous les instruments de leur gloire les signale à tous
« les yeux tant soit peu observateurs comme des hommes qui,
« avides de gloire, s'en ferment eux-mêmes, par irréflexion et
« faute de s'aviser, tous les sentiers. » Cette double citation
résume en peu de mots, en dépit du style prudhommesque de
l'époque, les causes des malheurs de la Marine française pendant
cette malheureuse période.

Cette désorganisation générale avait été hâtée, il faut bien
l'avouer, par l'immixtion des représentants en mission dans
les choses de mer. Même les plus braves et les mieux intention-
nés, comme Legendre et Jean Bon-Saint-André, n'avaient pu
se défendre d'ingérences dangereuses. La patrie en danger ne
justifiait nullement leurs mesures maladroitement autoritaires :
ils accrurent, sans profit pour le pays, la liste des suspects, l'hé-
catombe des victimes. En 1794, le contre-amiral Truguet, dans
une lettre adressée par lui au Comité de Salut public, parlait,
avec la franchise d'un homme d'honneur, de la situation des
anciens officiers restés en France avec l'intention de servir la
patrie ; il ne craignit pas de dire qu'ils étaient persécutés, des-
titués despotiquement, traînés dans les cachots ; il ajoutait, ce

qui n'était pas sans quelque mérite en ce temps, que, si le patriotisme était la première de toutes les vertus, la justice était un devoir ; enfin, il invoquait l'intérêt de la nation pour décider le Comité à rappeler sur nos vaisseaux des officiers « qui n'avaient pas été remplacés et qui ne pouvaient pas l'être ». Cette loyale profession de foi demeura non avenue. En 1795, l'amiral Villaret, auquel le ministre de la marine se plaignait du peu de valeur de nos officiers, répondait à son tour par ce qui suit : « Ignorance, intrigues, prétentions, apathie pour le service, basse jalousie, ambition de grade, non pour avoir occasion de se distinguer, mais bien parce que l'emploi donne plus d'argent, voilà, malheureusement, le tableau trop fidèle des dix-neuf vingtièmes des officiers. » Il importait de tirer de pareils témoignages de l'oubli, lesquels expliquent seuls nos revers.

M. le capitaine de vaisseau E. Chevalier a, récemment, tracé un tableau saisissant et vrai des tristes aberrations administratives de cette époque :

« La population des côtes, écrit-il, laissée dans le dénuement
« par suite de la cessation du commerce maritime, ne pouvait
« vivre qu'en servant sur les navires de l'État ou sur les bâti-
« ments armés en course. Au début des hostilités, les gens de
« mer obéirent avec empressement à la loi qui les appelait au
« service ; mais on ne comprit pas, à Paris, la nécessité de s'oc-
« cuper de ce personnel. L'État s'appropria ce que possédait
« la Caisse des gens de mer, dont le fonctionnement ne tarda
« pas à cesser, puisque le gouvernement ne payait ni la solde
« des matelots ni les délégations consenties par eux en faveur
« de leurs familles. La Caisse des Invalides fut vidée, comme
« l'avait été celle des gens de mer ; il est inutile d'ajouter qu'elle
« ne se remplit pas. Le commerce maritime n'existant plus, il
« n'y avait pas de gages de marins passibles de la retenue régle-
« mentaire ; en conséquence, toutes les sources qui alimen-
« taient habituellement cette Caisse furent taries. La suppres-
« sion des pensions qu'elle payait, des secours qu'elle donnait
« à des vieillards, à des femmes et à des enfants livra à la mi-
« sère et au désespoir les habitants des côtes. Les parts de

« prise, provenant de la vente des navires de commerce en-
« levés à l'ennemi, auraient procuré quelque argent aux familles
« des marins ; mais ni les capteurs, ni la Caisse des Invalides
« ne recevaient ce qui leur était dû. Les matelots disparurent.
« Les uns naviguèrent en Allemagne, en Suède, en Dane-
« marck et sous les pavillons des villes Anséatiques ; d'autres
« restèrent en France, mais ils se cachèrent. On forma les équi-
« pages avec des conscrits. Les administrateurs remplacèrent
« les officiers dans le service des ports. Comme on ne voulait
« rien conserver du passé, l'ancienne organisation ne fonctionna
« plus ; tout fut réglé par les décrets de la Convention, les
« arrêtés des représentants, quelquefois par de simples lettres
« ministérielles. Il en résulta une confusion et un désordre
« inexprimables. La présence des représentants envoyés en
« mission dans nos ports ou sur nos escadres devint un nouvel
« élément de troubles et de difficultés. La plupart d'entre eux
« n'avaient que des notions très vagues sur le service qu'ils de-
« vaient diriger. Cependant, aucune résolution n'était prise
« sans leur assentiment. Ils tranchaient dictatorialement des
« questions absolument spéciales concernant la manœuvre, l'ar-
« tillerie ou la construction. Le Comité de Salut public, aussi
« bien que les représentants en mission sur nos flottes, vou-
« lait évidemment la victoire ; on doit même croire qu'ils étaient
« convaincus de l'excellence des moyens qu'ils employaient.
« Cependant, leur administration n'eut d'autre résultat que de
« consommer la ruine de l'ancien édifice maritime, encore
« debout au début de la guerre... Les projets étaient excel-
« lents, mais encore convenait-il de savoir si nous avions les
« moyens de les réaliser ; c'est ce dont on ne se préoccupait
« pas (1). »

Le Directoire, animé du très vif désir de réorganiser la marine,
tenta de mettre un peu d'ordre dans ce chaos. Malheureusement, il rencontra dans les Conseils, où était entrés d'anciens
conventionnels, une très vive opposition. Les institutions re-

______

(1) E. CHEVALIER, *Histoire de la Marine française sous le Consulat et l'Empire* (*ad finem*). Paris, 1886, Hachette.

NAVIRE DE GUERRE A VAPEUR (1840).

NAVIRE DE GUERRE A VAPEUR ET A VOILES (1840).

latives à la réparation de nos forces navales ne furent pas mo-
difiées. L'amiral Truguet apporta quelque amélioration dans la
composition des cadres de l'état-major de la flotte; mais le
nouveau gouvernement, ne tenant pas un compte suffisant de
notre situation, voulu trop entreprendre. Ce fut un autre excès,
aussi désastreux que les précédents. Au surplus, les inten-
dants du corps de la marine, devenus « civils », n'entendaient
rien à leur tâche. On a revu, depuis, cette incompétence aggravée.
Quoi qu'il soit, les lettres de l'amiral Brueys, en 1798, constatent
que les escadres partent n'ayant que très peu de vivres et complètement démunies d'approvisionnements. C'est à cette situation que nous avaient conduits ceux qui, depuis le commencement
de la Révolution, ne cessaient d'affirmer qu'il fallait mettre les
officiers hors de toutes les opérations des ports. S'il est légitime
de juger les institutions par les résultats, on se rend facilement
compte de ce que valaient les nôtres. On voit non moins clairement que, de 1793 à 1799, nous sommes vaincus par nous-
mêmes avant de l'être par l'ennemi. Dans de telles conditions,
pouvions-nous lutter contre la marine anglaise, dirigée, dans
les conseils comme sur les champs de bataille, par ses chefs
les plus illustres?

Nous n'avons voulu que constater, non faire œuvre de polémique. Mais l'impartialité nous a paru un devoir. Pour apprécier sainement et utilement les faits, il importe d'examiner leurs
causes; nous nous sommes borné à cet examen.

II

COMBATS DU 10 ET DU 13 PRAIRIAL AN II (1794). — L'AMIRAL VILLARET
DE JOYEUSE. — LE DÉSASTRE DU « VENGEUR ».

C'est en 1794 que la République livra à l'Angleterre sa première grande bataille navale. La disette menaçait, et le gouvernement avait fait acheter des grains en Amérique. Un convoi de blé et de farine, escorté par le contre-amiral Van Stabel

(né à Dunkerque en 1746, décédé en 1797), se dirigeait vers les côtes de France, après avoir quitté les États-Unis. L'amiral anglais Howe croisait dans l'Océan, pour arrêter et enlever le convoi, avec une flotte de vingt-sept vaisseaux, dont quatre à trois ponts, des frégates et des bâtiments légers. Le 1er prairial, une flotte française, composée de vingt-six vaisseaux et de quelques frégates, sortait de Brest pour assurer l'entrée du ravitaillement ; le contre-amiral Villaret de Joyeuse, qui la commandait, avait à bord de son vaisseau, la *Montagne*, le représentant du peuple Jean Bon-Saint-André.

Villaret de Joyeuse, né à Auch en 1750, n'était capitaine de vaisseau que depuis deux ans quand il fut élevé au grade de contre-amiral, le 16 décembre 1792. Il devait devenir vice-amiral bientôt après, le 27 septembre 1794. Ancien lieutenant de Suffren, intelligent et brave, il ne possédait pas, par malheur, une expérience suffisante du commandement supérieur, ni l'habitude des grandes manœuvres nécessaires à un officier général. Dans la circonstance, la collaboration imposée de Jean Bon-Saint-André devait accentuer son insuffisance.

Jean Bon-Saint-André, membre du Comité de Salut public, s'était, cependant, activement et loyalement occupé de réorganiser notre marine. Mais le dévouement et l'enthousiasme ne remplacent pas les études préparatoires. A la fin du mois de septembre 1793, il s'était rendu à Brest avec Prieur de la Marne, avait présidé à la construction et à l'armement des vaisseaux, avait fait venir des ouvriers de tous les points de la France, et bientôt nos ports s'étaient trouvés en état de défense. On doit tenir compte de son énergique activité ; mais sa place n'était pas à la mer, à bord d'une escadre, sous le feu de l'ennemi. Ses discours, imités de l'antiquité classique, pouvaient tout au plus inspirer l'action, non la guider.

La rencontre eut lieu en vue de l'île d'Ouessant. La journée du 9 se passa en évolutions ; le 10, la bataille s'engagea, et, le vaisseau français le *Révolutionnaire* lutta glorieusement, pendant neuf heures consécutives, contre cinq bâtiments ennemis. Les deux jours suivants, un brouillard épais enveloppa les deux flottes. Le 13, dès neuf heures du matin, elles se retrouvèrent aux prises.

Les Anglais, divisés en quatre colonnes d'attaque, obliquèrent sur la ligne française, parvinrent, non sans peine, à couper le centre, qui opposa une indomptable résistance, puis se portèrent en grand nombre sur la gauche, qu'ils écrasèrent, tandis que la droite, contrainte de demeurer à distance, ne pouvait prendre part à la lutte. Enfin, trop maltraités eux-mêmes pour poursuivre leur succès, ils s'éloignèrent à la tombée de la nuit, emmenant six vaisseaux tombés en leur pouvoir, en ayant coulé un autre.

L'attitude de Jean Bon-Saint-André eut des conséquences graves. Il eût fallu faire remorquer rapidement nos vaisseaux par nos frégates, afin de les empêcher de tomber aux mains des Anglais. Mais, pendant deux heures, sur l'ordre du commissaire de la Convention, l'amiral Villaret de Joyeuse, qui voulait continuer la bataille, resta en panne sans donner d'instructions, ce qui causa la perte de nos sept vaisseaux, lesquels, désemparés, mais non vaincus, formèrent longtemps un groupe héroïque dont les équipages agitaient des pavillons et tendaient les bras au reste de l'armée, comme pour supplier qu'on vînt à leur secours. Villaret se réfugia à Bertheaume, ayant ainsi perdu cinq mille hommes, et Jean Bon-Saint-André expédia un Rapport, aujourd'hui considéré comme un document sans valeur.

Néanmoins, le sanglant combat du 13 prairial eut un résultat heureux. Pendant cette lutte acharnée, le convoi de Van Stabel passait à vingt-cinq lieues au large, gagnait le port de Brest et ramenait l'abondance en France. La République se trouvait sauvée, ce jour-là, de la famine.

Au nombre des vaisseaux dont les chefs se distinguèrent, il faut placer au premier rang le *Vengeur,* dont l'acharnement demeure légendaire. Son commandant, Jean-François Renaudin, né à Saint-Laurent-du-Guâ le 13 juillet 1750, avait fait son apprentissage dans la marine marchande. Successivement lieutenant de frégate auxiliaire en 1779, sous-lieutenant de

vaisseau en 1785, lieutenant en 1792, il était promu capitaine
de vaisseau en 1793 et attaché à la flotte de Brest. Ayant déjà
commandé honorablement la flûte la *Dorade* et la frégate l'*An-
dromaque,* on n'hésita pas à lui confier le *Vengeur,*

A quatre-vingt-douze ans de distance, la légende, si héroïque
qu'elle se présente, fait place aux investigations de l'histoire.
Or, voici ce qui se passa. Le 13 prairial, le *Vengeur* soutint un
combat sans merci contre le *Brunswick,* qui l'avait accroché
avec son ancre. « Ils étaient si rapprochés, rapporte M. Moulin,
« que les canonniers français ne pouvaient, faute d'espace, faire
« usage de leurs écouvillons en bois, tandis que les Anglais,
« qui en avaient en corde, pouvaient facilement se servir des
« leurs. L'Anglais avait donc la disposition de toutes ses pièces,
« tandis que le Français était réduit à celles de son avant et de
« son arrière. Malgré ce désavantage, elles furent si bien servies
« et si bien appuyées par la mousqueterie que, bientôt, le capi-
« taine du *Brunswick,* mortellement blessé, fut emporté et
« remplacé sur son banc; qu'un grand nombre de ses officiers,
« soldats et matelots furent tués ou hors de combat; que son
« pont désert n'offrait plus qu'une faible résistance, et qu'un
« double incendie éclatait à bord. » Déjà plusieurs hommes du
Vengeur étaient passés sur le navire ennemi, et Renaudin allait
l'enlever, lorsqu'il fut assailli par deux nouveaux bâtiments anglais. La lutte reprit, aussi acharnée que la précédente; finalement, les deux bâtiments ennemis lâchèrent pied, abandonnant
honteusement la partie. Mais le *Vengeur* avait terriblement
souffert dans ce second combat de deux heures; il avait perdu
ses mâts, l'eau pénétrait dans ses soutes, l'équipage s'épuisait
vainement aux pompes; rasé comme un ponton, troué comme
une cible, il allait sombrer! Renaudin fit amener son pavillon.

L'humanité l'ordonnait ainsi. Les Anglais envoyèrent des
canots et, selon le Rapport même de Renaudin, « reçurent tous
ceux qui, les premiers, purent s'y jeter ». Le commandant du
Vengeur y prit place en compagnie de son fils et de deux cent
soixante-sept hommes de son équipage. Mais les malades et les
blessés, au nombre de deux cent six, restèrent à bord. Le na-

vire, avec un bruit sinistre, les engloutit dans les flots! Quelques-uns, néanmoins, échappèrent au désastre, sauvés encore par une chaloupe et par les canots anglais. On se demande toutefois, aujourd'hui, quand l'heure de l'enthousiasme a disparu, si le commandant d'un vaisseau a le droit d'abandonner son épave avant que ses matelots hors de combat soient mis hors de péril, en un mot s'il n'a pas le devoir strict de demeurer à bord le dernier. En 1794, on n'en jugea pas ainsi, et le sort pitoyable du *Vengeur* souleva les applaudissements de la France entière. Il est vrai que la catastrophe eût été évitée si l'amiral Villaret de Joyeuse eût envoyé une remorque au *Vengeur*, comme l'amiral Howe l'avait fait pour le *Brunswick*.

Prisonnier en Angleterre, Renaudin reçut à son retour le grade de contre-amiral et le titre d'inspecteur-général des ports militaires de l'Océan. Retraité en 1800, il se retira au Guâ, sa ville natale, fut nommé chevalier de la Légion d'honneur à la création de l'Ordre, et mourut paisiblement en 1809. Ses concitoyens lui ont élevé une statue en 1882.

III

LES AMIRAUX MARTIN ET VILLARET DE JOYEUSE DANS LA MÉDITERRANÉE ET L'OCÉAN (1795).

Le 3 mars 1795, la flotte de Toulon, forte de quinze vaisseaux de ligne, appareillait subitement sous les ordres du contre-amiral Martin. L'amiral anglais Hotham était alors à Livourne; ses éclaireurs lui ayant annoncé la sortie de l'escadre française, qui avait pour mission de jeter en Corse un corps de six mille hommes, il se porta immédiatement au-devant d'elle avec quatorze vaisseaux et la rencontra, le 12 mars, à l'entrée du golfe de Gênes. Aussitôt, Martin laissa résolument arriver sur la ligne de bataille, bien décidé à en venir immédiatement aux mains; mais la vue de quatre trois-ponts rangés sous le pavillon de son adversaire ébranla sa résolution, et, encore incertain s'il se retirerait ou s'il prendrait l'offensive, il passa la nuit du 12 au 13 à une petite distance de la ligne ennemie.

Le 13, au point du jour, Hotham signala à un vaisseau de chasser en avant et d'augmenter de voiles. A huit heures, le *Ça-ira*, ayant perdu ses deux mâts de hune, se trouvait dans une position dangereuse, et déjà une des frégates anglaises commençait à le canonner, quand la *Vestale* courut rapidement à son secours et le prit à la remorque, malgré l'approche de l'*Aga-memnon* qui s'avançait sous toutes voiles. Alors plusieurs vaisseaux français virèrent de bord, menaçant de couper l'*Agamem-non* de la flotte anglaise, et Hotham rappela prudemment son avant-garde, afin de ne pas la compromettre dans un engagement partiel avec des forces supérieures. A deux heures de l'après-midi, le feu cessa de part et d'autre. Le *Censeur* remplaça la *Vestale,* qui, jusque-là, avait remorqué le *Ça-ira;* les deux escadres reformèrent leur ligne de bataille et passèrent encore cette nuit en vue l'une de l'autre.

Au lever du soleil, il faisait presque calme. Le *Censeur* et le *Ça-ira* étaient sous le vent à une distance considérable des autres navires; mais il s'éleva une petite brise du nord, et les Anglais en profitèrent pour se porter sur ces deux bâtiments ainsi isolés. Le *Captain* et le *Bedfort,* arrivés les premiers, commencèrent vivement l'attaque, et les quatre vaisseaux échangèrent de nombreuses bordées en présence des deux flottes rendues immobiles par le calme plat qui succédait tout à coup à la brise. Au bout d'une heure, le *Captain* s'éloigna en faisant à l'amiral Hotham le signe de détresse; le *Bedfort,* quoique moins maltraité, fut également obligé de se faire remorquer par ses canots hors de la portée des redoutables Français. Alors quatre nouveaux vaisseaux, aidés par un souffle de vent, s'avancèrent pour remplacer ceux que le *Censeur* et le *Ça-ira* avaient désemparés. De son côté, l'amiral Martin, profitant de la brise qui venait de s'élever du nord-ouest, fit signal à son escadre de virer vent arrière et de suivre, par un mouvement successif, en se repliant vers la queue de la ligne, le *Duquesne,* chef de file

auquel était confié le soin de conduire nos vaisseaux entre la
flotte anglaise et les deux bâtiments qu'elle s'apprêtait à accabler.
Les ordres de l'amiral ne furent pas exécutés. — Le *Duquesne*
vint au vent, et, gouvernant parallèlement à la flotte ennemie,
la canonna du côté opposé à celui où se trouvaient les navires
engagés. Placée pendant quelque temps entre deux feux,
l'avant-garde anglaise eut beaucoup à souffrir ; mais la nôtre ne
poursuivit pas ses avantages. Entraînant par son exemple le
le reste de l'armée, elle s'éloigna, abandonnant sur le champ de
bataille le *Censeur* et le *Ça-ira,* qui ne se laissèrent amariner
qu'après avoir perdu quatre cents hommes et la plus grande
partie de leur mâture, qu'après avoir désemparé auparavant
quatre bâtiments ennemis. Comme le constate l'amiral Jurien
de La Gravière : « Les Anglais ont bien peu d'actions de guerre
« dont on puisse comparer l'héroïsme à la noble résistance
« de ces deux vaisseaux. »

Le gouvernement français ne renonça point pour si peu à
envoyer des renforts dans la Méditerranée. Parti de Brest avec
six vaisseaux et trois frégates, le contre-amiral Renaudin se
rendit à Toulon. De son côté, Hotham fut rejoint, à la hauteur
de Minorque, par une escadre de neuf vaisseaux et revint
mouiller à Saint-Florent. L'amiral Martin manœuvrait déjà, de
nouveau, à l'entrée du golfe de Gênes avec dix-sept vaisseaux.
Ayant rencontré l'*Agamemnon,* il le poursuivit jusque vers la
baie de Saint-Florent.

Persuadé que la flotte française rallierait les côtes de Provence, Hotham appareilla et se dirigea vers les îles d'Hyères.
Le 12 juillet, il apprit que notre armée, peu éloignée, faisait
voile pour gagner la terre. Pendant la nuit, un coup de vent du
nord-ouest occasionna de nombreuses avaries à ses vaisseaux ;
six d'entre eux déchirèrent leur grand hunier. Le lendemain, la
flotte française fut aperçue à quelques lieues sous le vent ; mais
Hotham, avant de l'attaquer, voulut laisser à ses navires le temps
de remplacer les voiles qu'ils avaient perdues et manqua ainsi
l'occasion d'engager, avec vingt-trois bâtiments de haut bord
contre dix-sept, un combat pouvant se terminer par la destruc-

tion de notre escadre. L'amiral Martin, profitant habilement de cette faute, s'empressa de réunir ses forces et de les diriger vers le golfe Jouan ; mais le vent mollissait à mesure qu'il se rapprochait de la côte, tandis que l'avant-garde ennemie s'avançait rapidement à la faveur de la brise régnant au large. Trois vaisseaux ennemis se portèrent sur l'*Alcide*, qui, bientôt dégréé, se trouva séparé du reste de la ligne. Enfin, la frégate l'*Alceste* vint se jeter au plus fort de la canonnade, tentant d'héroïques efforts pour lui donner la remorque ; elle dut s'éloigner, car un effroyable incendie venait de se déclarer à bord de ce malheureux navire. Sept vaisseaux anglais étaient alors engagés avec notre arrière-garde. Soudain, la brise passa du nord-ouest à l'est. Ce brusque changement donnait à l'amiral Martin l'avantage du vent, mais ne lui permettait plus d'atteindre le golfe Jouan. Il se dirigeait donc vers Fréjus quand, tout à coup, les vaisseaux qui le poursuivaient cessèrent le feu et s'efforcèrent de rallier l'amiral Hotham, lequel, avec le reste de son escadre, se trouvait à huit ou neuf milles en arrière. Le seul avantage que les Anglais retirèrent de cette rencontre fut la destruction de l'*Alcide,* qui brûla complètement et sauta.

Pierre Martin, peu connu aujourd'hui, était un véritable fils de ses œuvres. Né au Canada en 1752, maître pilote en 1778, capitaine de vaisseau en 1792, contre-amiral en 1793, vice-amiral en 1796, il mourut en 1820.

Pendant ce temps, l'amiral Villaret de Joyeuse, après avoir perdu sans combat cinq vaisseaux par suite d'un funeste coup de vent, croisait en vue de l'île de Groix avec douze bâtiments de ligne et quelques frégates. Le 16 juin, il donnait la chasse à l'escadre du vice-amiral Cornwallis : il eût pu la capturer ; la désobéissance et l'incapacité de ses capitaines permirent, malheureusement, aux Anglais de s'échapper. Le 23 juin suivant, il se trouvait aux prises avec la flotte de lord Bridport, forte de dix-sept vaisseaux, de cinq frégates et de divers autres navires de moindre importance. L'engagement eut lieu également sous l'île de Groix. Malgré tous les efforts des Français pour résister à des forces supérieures, on perdit encore trois

vaisseaux ; ce qui porta au nombre de trente-trois le chiffre des
bâtiments de guerre capturés ou détruits depuis le commencement des hostilités. « De ces trente-trois vaisseaux, écrit l'ami-
« ral Jurien de la Gravière, nos discordes civiles en avaient
« livré treize à l'ennemi ; la triste nécessité d'expéditions hâ-
« tives et mal conçues en avait livré sept aux rigueurs de l'hiver ;
« l'Angleterre avait conquis le reste sur le champ de bataille. »

Dans son Rapport au ministre, Villaret de Joyeuse se plai-
gnit vivement de l'insubordination de plusieurs capitaines, de
l'ignorance extrême de certains autres, de l'inexécution de ses
ordres, du manque de canonniers ; il finissait par demander son
remplacement. Mais il n'y avait plus d'autre remède au mal que
dans un changement radical du système qui gouvernait la
France. La période des défaites allait suivre plus tristement
encore son cours.

IV

L'EXPÉDITION D'IRLANDE (1796-1797).

Les succès de Bonaparte en Italie et le soulèvement de la
Corse contre les Anglais avaient encouragé l'amiral Truguet,
ministre de la marine, à tenter une descente sur les côtes d'Irlande pour opérer une diversion.

Dix-sept vaisseaux, quatorze frégates et vingt transports, portant dix-huit mille hommes sous les ordres du général Hoche,
appareillèrent de Brest le 15 décembre 1796. Le vice-amiral
Morard de Galles commandait, ayant comme seconds le contre-
amiral Bouvet et le capitaine de vaisseau de Lacrosse.

Justin-Bonaventure Morard de Galles, né en 1741 à Goncelin
(Isère), mourut en 1809, à peu près oublié. Cet officier-général
méritait mieux ; en d'autres temps, il eût rendu efficacement
service à son pays. — François-Joseph Bouvet, né à Lorient
en 1753, contre-amiral en 1793, se distingua aux combats du

29 mai et du 1ᵉʳ juin 1794 ; il fut cassé à la suite de l'expédition d'Irlande. Réintégré dans son grade sous le Consulat, il devint vice-amiral en 1816 et mourut en 1832. — Jean-Baptiste-Raymond de Lacrosse, né à Meilhan (Gironde), capitaine de vaisseau en 1792, contre-amiral en 1797, vice-amiral en 1813, se vit rayer des cadres de la marine par la Restauration et mourut en 1829.

L'expédition devait, tout à la fois, mal débuter et mal finir. A la hauteur de l'île d'Ouessant, une tempête dispersa toute la flotte, dont une partie manqua pour le débarquement, notamment la frégate qui portait les deux chefs de l'expédition, Morard de Galles et Hoche. En leur absence, la plupart des bâtiments parvinrent cependant, sous les ordres de Bouvet, à gagner la baie de Bantry, le 24 décembre ; mais une nouvelle tempête les dispersa, et les croiseurs anglais capturèrent plusieurs de ceux qui échappèrent au naufrage. L'amiral Bouvet, ne voulant plus rien prendre sur lui et bravant les injonctions du général de Grouchy, qui commandait en second, s'obstina à remettre le cap sur la France ; il rentra, tout désemparé, à Brest le 1ᵉʳ janvier 1797. Ce jour-là même, Hoche et l'amiral de Galles parvenaient, après avoir couru les plus grands dangers, à gagner à leur tour la baie de Bantry ; s'y voyant seuls, il leur fallut, malgré l'affreux désespoir qui les saisit, renoncer au plan projeté, et revenir, eux aussi, sur leurs pas. L'opération échouait ainsi misérablement.

Le commandant de Lacrosse eut, néanmoins, l'occasion de se couvrir de gloire. Son vaisseau *les Droits de l'Homme*, portant le général Humbert avec six cents hommes de débarquement et sept cent cinquante hommes d'équipage, fut attaqué à la hauteur de Bantry par sir Edward Pellew, escorté par le vaisseau *l'Indefatigable* et la frégate *l'Amazone*. Après un premier engagement de sept heures et demie, gravement avarié et ayant perdu deux mâts, empêché par la grosse mer d'ouvrir sa batterie basse, Lacrosse n'hésita point à courir de nouveau sus à l'ennemi. Cette seconde lutte se prolongea pendant treize heures, jusqu'en vue de la côte bretonne. Les *Droits de l'Homme* avaient tiré dix-sept cents coups de canon ; les munitions étaient épuisées, trois officiers avaient été tués, sept blessés ainsi que le commandant, deux cent cinquante hommes de l'équipage mis hors de combat ; le vaisseau faisait eau de toutes parts. Néanmoins, l'*Indefatigable* lâcha pied, et l'*Amazone,* perdue sur les roches de Pen-March, fut capturée. Le 15 janvier, le navire de Lacrosse, qui ne tenait plus le flot, s'échoua, victorieux, sur un banc de sable.

Le ministre félicita officiellement le brave Lacrosse. De son côté, Hoche lui écrivit peu après : « Enfin, mon brave camarade, j'apprends que vous vivez et que le gouvernement peut encore compter sur un homme dont il apprécie les talents et la bravoure. Votre combat vous a couvert de gloire ; il a montré aux Anglais ce qu'ils doivent attendre des marins français bien commandés. J'espère que vous recevrez sous peu des marques non équivoques de l'estime du Directoire et de la reconnaissance nationale. » Nous venons de constater que le gouvernement s'empressa d'accorder à Lacrosse la récompense qui lui était due.

<h3 style="text-align:center">V</h3>

BATAILLE D'ABOUKIR (1798).

L'année 1798 réservait à notre marine le plus grand désastre qu'elle eût subi depuis le commencement de la Révolution. Le Directoire venait de confier à Bonaparte le commandement d'une expédition dirigée contre l'Égypte dans le but d'atteindre, en Orient, l'Angleterre, qui seule n'avait point pris part à la paix générale acceptée par le récent traité de Campo-Formio.

La flotte française, commandée par Brueys et composée de quatorze vaisseaux ainsi que d'un grand nombre de transports, partit de Toulon, le 19 mai, emmenant une armée de trente-six mille hommes, traversa lentement la Méditerranée, prit en passant Malte, puis débarqua les troupes sans obstacle, le 1ᵉʳ juillet, dans l'anse du Marabout, près d'Alexandrie, qui fut enlevée d'assaut. Si nous n'avions pas rencontré l'ennemi pendant une traversée aussi longue, c'est que lord Nelson, battu et blessé devant Santa-Cruz de Ténériffe, à peine remis des suites d'une amputation du bras droit, n'avait pas encore eu le temps de réclamer sa revanche.

Il était nécessaire, avant tout, d'assurer le salut de notre flotte. « Bonaparte, raconte M. Thiers, avait fortement recommandé « à Brueys de la mettre à l'abri des Anglais, soit en la faisant « entrer dans le port d'Alexandrie, soit en la dirigeant sur « Corfou ; mais surtout de ne pas rester dans la rade d'Alexan- « drie car il valait mieux rencontrer l'ennemi à la voile que de « le recevoir à l'ancre. » Par malheur, Brueys exerçait un com- mandement en chef pour la première fois ; il manquait d'expé- rience et, trop confiant en lui-même, ne prenait pas volontiers conseil des autres. Il alla s'embosser dans la rade d'Aboukir, à quelques lieues d'Alexandrie. Le choix de ce mouillage fut la première des fautes qu'il ne devait pas tarder à payer de sa vie.

François-Paul Brueys d'Aigalliers, né à Uzès en 1753, entré dans la marine à l'âge de treize ans comme volontaire, avait été nommé contre-amiral en 1796 et promu vice-amiral en 1798.

Dans le conseil de guerre tenu sur l'opportunité de la situa- tion, l'amiral Du Chayla et le commandant Du Petit-Thouars se prononcèrent énergiquement contre les mesures prises. Hési- tant, Brueys ne sut pas prendre un parti sur l'heure, et il ajourna sa décision. Somme toute, dans sa conduite se succédèrent les oublis et les fautes. Il ne songea ni à défendre les passes d'Alexandrie, ni à envoyer croiser au large pour explorer l'hori- zon ; surtout, malgré les injonctions reçues, il se laissa attaquer à l'ancre, oubliant, comme l'a si bien constaté depuis M. Bouët- Willaumez, que « le rôle défensif, principalement à forces « égales, est le pire des rôles pour une flotte française, dont il « abat ainsi la confiance ».

Mal embossé près d'Aboukir, Brueys se laissa surprendre le 1er août, vers six heures du soir, par Nelson, toujours acharné à la recherche de notre flotte depuis son départ de Toulon. La manœuvre de l'amiral anglais fut aussi audacieuse que rapide. Il prescrivit à sept de ses bâtiments d'aller mouiller entre la terre et la première moitié des vaisseaux français; avec les six autres restants, il vint se placer au large de ces mêmes navires, qu'il mit ainsi entre deux feux. Il s'engagea bientôt un combat terrible, dans lequel se signala l'héroïsme de Du Petit-Thouars, de Du Chayla, de Casabianca, de Decrès, d'Emériau, de Ganteaume, de Brueys lui-même, dont le vaisseau sauta. L'issue de cette lutte ne pouvait être douteuse que si l'arrière-garde, sous les ordres de l'amiral de Villeneuve, avait mis ou pu mettre sous voiles (car ce point historique n'a jamais été bien éclairci) pour mouiller au large et par le travers des six vaisseaux de Nelson, qu'elle eût peut-être écrasés à son tour. Mais Villeneuve resta immobile et appareilla le lendemain matin, à onze heures, avec l'arrière-garde, pour la dérober à l'ennemi. Onze vaisseaux et deux frégates, capturés ou détruits, furent pour les Anglais le prix de ce combat. Du moins, Brueys eut la bonne fortune de succomber pendant la lutte et de ne pas être témoin de la défaite que son obstinée médiocrité avait préparée.

La postérité a, toutefois, rendu cette justice à la flotte française d'Aboukir qu'elle eût mérité de vaincre si la victoire appartenait au plus intrépide. Elle comptait dans ses rangs les officiers les plus renommés de notre marine, qui tous, dans cette mémorable journée, se montrèrent dignes de leur réputation. Citons, entre autres, quelques noms.

C'est Denis Dècrès, né à Château-Vilain (Champagne) en 1765, capitaine de vaisseau en 1793, contre-amiral en 1798; il se distingue à Aboukir et, après la bataille, en revenant à Malte, il soutient contre les Anglais un long et glorieux combat à bord de son vaisseau le *Guillaume-Tell,* qui dut cependant amener son pavillon. Decrès devint vice-amiral, ministre de la marine, et mourut en 1820.

C'est Thévenard, le vaillant commandant de l'*Aquilon,* qui meurt à son banc de quart et dont la République reconnais-

sante associe le nom héroïque à ceux de Brueys et de Du Petit-
Thouars.

C'est Maurice-Julien Emériau, né en 1762 à Carhaix (Finistère), d'une vieille famille d'origine écossaise. Marin à quinze
ans, il avait fait la guerre d'Amérique et mérité, à dix-huit ans,
l'ordre de Cincinnatus. Remarqué à La Grenade et à Savan-
nah, chef de division en 1797, il était entré le premier à Malte
sous le feu de l'ennemi. Monté sur le *Spartiate,* il fut à Aboukir l'adversaire choisi par Nelson ; après avoir désemparé le
Theseus et balayé à trois reprises l'amiral anglais *Vuagaurd,*
entouré de nouveau par le *Minautaur* et l'*Audacious,* criblé de
boulets, faisant eau, ayant perdu la moitié de ses officiers et les
deux tiers de son équipage, Emériau, grièvement blessé, dut
amener son pavillon. Nelson, blessé lui-même, refusa de recevoir son épée. « Il s'en est trop bien servi, dit-il ; rendez-la à
un officier si digne de la porter ». Emériau devint contre-amiral en 1802 et vice-amiral en 1811.

C'est Armand-Simon-Marie Blanquet Du Chayla, né à Marve-
jols en 1759. Garde-marine à seize ans, il avait pris part avec
d'Estaing et de Grasse à toutes les guerres d'Amérique. Lieutenant de vaisseau en 1783, emprisonné comme suspect et délivré après la mort de Robespierre par arrêté du 5 prairial
an III, il fut nommé peu après contre-amiral. A Aboukir, il montait le *Franklin ;* frappé à la tête et renversé par un paquet de
mitraille après un long abordage de trois vaisseaux ennemis,
démonté par un feu de plusieurs heures, les deux tiers de son
équipage étant hors de combat, il eut la douleur de voir, en reprenant connaissance, le commandant Martinet, son second,
amener son pavillon. Bonaparte fut, comme il devait l'être depuis envers tant d'autres, odieusement ingrat à l'égard de ce
vaillant, qu'il osa flétrir par un injuste ordre du jour. Quelque
temps après cependant, Du Chayla obtint, non sans peine, un
légitime correctif à cette inique appréciation. Mais, dégoûté
promptement des événements et des hommes, il prit sa retraite
en 1803. « Une injustice reconnue et non réparée, constate
« M. Moulin, priva la marine des services d'un excellent offi-

« cier. » Napoléon devait plus tard, à Sainte-Hélène, rendre pleine justice à l'ancien commandant du *Franklin*. Comme compensation, la Restauration lui accorda le grade de vice-amiral et, en même temps, donna son nom à l'un des vaisseaux de la flotte.

C'est Aristide Aubert Du Petit-Thouars, né près de Saumur en 1760. Garde-marine en 1778, lieutenant de vaisseau en 1788, suspect comme Du Chayla, puis aussi remis en liberté, il reçoit, en 1798, le commandement du *Tonnant*. Attaqué simultanément par le *Majestic,* le *Bellérophon,* l'*Alexander* et le *Swiftsure,* il força le premier à s'éloigner, le second à amener, ensuite infligea aux deux autres des pertes sensibles et de graves avaries. Néanmoins, l'*Alexander* et le *Swiftsure* tenaient bon, crachant sans interruption de nouvelles bordées. Mais Du Petit-Thouars, dans ce cratère de feu, avait perdu un bras, puis le second, sans quitter son poste et en encourageant son équipage. « Il avait voulu, dit encore M. Moulin, con-« server son commandement ; un boulet vint lui enlever une « jambe. Héroïque jusqu'au bout, il se fit mettre dans une bar-« rique pleine de son, près de son banc de quart, d'où il pou-« vait encore suivre les péripéties de l'action ».

C'est Louis Casabianca, ancien membre de la Convention et du Conseil des Cinq-Cents, qui avait accepté de Brueys le commandement du vaisseau amiral l'*Orient* en qualité de capitaine de pavillon. Il se fait sauter avec son jeune fils, âgé de dix ans, dont il n'avait pas voulu se séparer.

C'est, enfin, Honoré Ganteaume, ancien compagnon de d'Estaing et de Suffren. Chef de division en 1795, puis chef d'état-major de l'escadre de Brueys, après avoir accompli des prodiges de valeur il sauta avec le vaisseau l'*Orient ;* mais on le retira sain et sauf des flots, presque sans blessures. Vice-amiral en 1802, comte de l'Empire et pair de France sous Louis XVIII, il mourut en 1818.

Quant à Pierre-Sylvestre de Villeneuve, né en 1763 à Valensoles (Basses-Alpes), capitaine de vaisseau en 1793, contre-amiral en 1796, nous le retrouverons plus loin.

VI

CAMPAGNE NAVALE DE BRUIX (1799). — COMBAT D'ALGÉSIRAS (1801).
— LA FLOTTILLE DE BOULOGNE.

Pour contrebalancer l'effet moral de la triste journée d'Aboukir et rétablir les communications avec l'armée d'Égypte, le ministre de la marine Bruix voulut diriger en personne une série d'opérations dans la Méditerranée. « Sa campagne de 1799, « déclare l'amiral Jurien de la Gravière, fut à la fois un chef- « d'œuvre d'activité, d'audace et de prudence. » Malheureusement, elle demeura sans résultat.

Eustache Bruix, né à Saint-Domingue en 1759, s'était embarqué à l'âge de quinze ans comme volontaire sur un bâtiment marchand. Il devint enseigne pendant la guerre d'Amérique. Lieutenant de vaisseau et membre de l'Académie de marine en 1786, il commanda, en 1792, la frégate la *Sémillante,* puis le vaisseau l'*Indomptable.* Avant de devenir ministre, il avait été successivement major-général de l'escadre de Villaret de Joyeuse, major-général de la marine à Brest et directeur du port.

Bruix se rendit à Brest, y arma vingt-cinq vaisseaux et onze frégates, prit 16,000 hommes de débarquement et parvint à gagner le large en trompant la flotte anglaise commandée par lord Bridport, dont l'avant-garde avait pénétré jusque dans l'Iroise. Arrivé à la hauteur du cap Spartel, il aperçut une seconde flotte de quinze vaisseaux sous les ordres de lord Keith, la contraignit à s'éloigner, franchit le détroit de Gibraltar, alla mouiller à Toulon, parcourut ensuite les côtes d'Italie, ravitailla Gênes, où Masséna était assiégé, et rejoignit à Carthagène quinze bâtiments espagnols que commandait Mazzaredo ; mais le roi d'Espagne Charles IV n'ayant pas voulu risquer ses vaisseaux contre les Anglais, devenus trop supérieurs en nombre, il revint à Brest, après trois mois d'une course peut-être sans exemple dans les fastes maritimes, mais sans avoir pu atteindre l'Égypte.

Cette inutile promenade navale ne faisait point l'affaire du premier Consul Bonaparte, justement préoccupé du sort de ses anciens compagnons d'armes. En 1800, il fit partir de Brest sept vaisseaux, portant cinq mille hommes ; Ganteaume, chef de cette expédition, passa six mois à courir la Méditerranée, faillit se faire prendre et finalement ne put, lui aussi, réussir à débarquer ses troupes en Égypte.

Un second renfort de quatre bâtiments sortit de Toulon, le 13 juin 1801, sous les ordres du contre-amiral de Linois, pour rallier six vaisseaux espagnols à Cadix. Charles-Alexandre-Léon Durand, comte de Linois, entré dans la marine comme volontaire à l'âge de quinze ans, avait fait la guerre de l'Indépendance et était arrivé, en 1794, au grade de lieutenant de vaisseau. Au retour d'une longue campagne dans l'Inde, Villaret de Joyeuse lui confia le commandement de l'*Atalante,* qu'il perdit glorieusement. Pendant dix mois prisonnier des Anglais, Linois fut, une fois rendu à la liberté, nommé officier-général. Il avait la réputation d'un homme heureux, et sa carrière démontra qu'il était également ment capable et brave.

Arrivé à l'entrée du détroit de Gibraltar, il apprit que l'escadre de sir James Saumarez bloquait Cadix. Suivi lui-même par une autre escadre anglaise, celle de Warren, il se jeta dans la baie d'Algésiras et s'y embossa. Le 6 juillet, Saumarez l'attaquait avec huit navires. L'amiral de Linois déploya autant d'habileté que de vaillance. Protégé par deux méchantes batteries de terre, appuyé par sept chaloupes canonnières espagnoles, il repoussa la flotte ennemie après six heures de feu ; les Anglais abandonnèrent même un de leurs bâtiments, l'*Annibal,* et se retirèrent à Gibraltar. Mais les vaisseaux de Linois, fort avariés également, ne purent faire route vers l'Afrique, et le général Menou, privé de secours, se vit bientôt contraint d'abandonner l'Égypte.

Bonaparte revint, alors, aux anciens projets de descente en Angleterre. Les rivages de la Manche se couvrirent de soldats, qu'une flottille, réunie à Boulogne sous le commandement de La Touche-Tréville, menaçait de porter en quelques heures sur la côte opposée.

Louis-Réné-Madeleine Le Vassor, comte de La Touche-Tréville, était né à Rochefort en 1745. Lui aussi, sous les ordres de M. de Conflans, avait fait la guerre d'Amérique. Capitaine de vaisseau en 1780, tour à tour victorieux sous les murs de Naples et de Cagliari, il était devenu contre-amiral en 1792. L'Angleterre confia le soin de le combattre au vainqueur d'Aboukir, à Nelson, qui essaya vainement d'incendier Boulogne et de forcer la ligne d'embossage formée devant le port par l'amiral français. Une seconde tentative ne réussit pas mieux ; cette flottille, dont on s'était moqué d'abord, parut dès lors formidable.

Le cabinet de Saint-James eut recours aux négociations, et le traité d'Amiens (25 mars 1802) mit fin aux hostilités. L'Angleterre reconnut toutes les conquêtes de la France, ainsi que les Républiques fondées par ses armes ; elle rendit Malte aux Chevaliers de l'Ordre, le Cap aux Hollandais, et ne garda que l'île espagnole de La Trinité et Ceylan.

Linois et La Touche-Tréville avaient, enfin, réussi à relever sur mer l'ancien honneur de notre pavillon.

DEUXIÈME SECTION

L'EMPIRE

VII

CAUSES DE L'INFÉRIORITÉ DE NOTRE MARINE PENDANT L'EMPIRE.

Les causes multiples qui rendirent la Marine française si inférieure à la Marine anglaise pendant la Révolution devaient encore persister sous l'Empire, qui, fatalement, en hérita. Quelques belles actions de détail demeurèrent inutiles. Napoléon put créer des arsenaux maritimes, construire des vaisseaux ; mais il lui fut impossible de former de nouveaux matelots : la guerre continentale ne lui en laissa point le temps.

L'amiral Decrès, pendant sa longue carrière ministérielle, s'occupa de l'administration avec une extrême sollicitude. Il fit de consciencieux efforts pour introduire l'ordre et l'économie dans les services de son département ; mais il négligea la partie la plus importante de sa charge, l'organisation maritime et militaire de la flotte. Nos navires, quoiqu'ils fussent en général bien construits, parvenaient rarement à se dérober à la poursuite de l'ennemi. Les mâtures mal assujetties, le peu de solidité des gréements, la médiocrité des installations relatives à la manœuvre, faisaient disparaître les avantages que pouvaient donner la forme des carènes. Il arrivait fréquemment que des navires prenant la mer démâtaient de leurs mâts de hune. L'escadre de Toulon, d'après les rapports de l'amiral Emériau, sortait rarement pour évoluer au large sans faire des avaries.

L'instruction des états-majors restait très faible, celle des équipages au-dessous du médiocre; on s'occupait un peu de la manœuvre, mais le service de l'artillerie était complètement négligé. A la date du 23 mai 1806, Napoléon écrivait au vice-amiral Decrès : « Les canonniers de la marine ne sont pas exercés. L'opinion de tout le monde est qu'ils devraient être exercés à tirer en rade sur une vieille coque de bâtiment. C'est un exercice que je ne cesse de recommander, et qu'on n'exécute pas. La marine ne sait que se plaindre de ce que l'expérience manque à ses marins sans se donner la peine de les exercer. » Hélas! on n'improvise pas des flottes comme on improvise des armées, et Napoléon, malgré sa toute-puissance, dut y renoncer.

Nos corsaires ne nous servirent guère plus réellement, car on a pu constater que ce furent eux qui fournirent le plus de prisonniers aux abominables pontons de l'Angleterre. A la longue, les croiseurs ennemis parvinrent à détruire presque tous nos armements privés. Cependant, les débuts de la course avaient été favorables aux Français; dans le seul mois de mai 1793, nos corsaires s'étaient emparés de quatre-vingt-dix-neuf bâtiments britanniques, tandis que les Anglais n'avaient pu capturer qu'un seul navire français. Mais, la poursuite des ennemis étant devenue tous les jours plus difficile, les corsaires français n'hésitèrent point à courir sus aux neutres. Cette détermination entraîna des complications internationales telles qu'on dut réduire la course, laquelle finit par disparaître à peu près sur toutes les mers.

« En résumé, constate M. le capitaine de vaisseau E. Cheva-
« lier, de 1793 à 1815, la marine n'est pas propre à faire la
« guerre ; une qualité essentielle lui manque, elle n'est pas
« militaire. Les états-majors sont braves, les équipages
« déploient une énergie et un courage dignes des plus grands
« éloges, mais ni les uns ni les autres ne savent se battre. Des
« exceptions existent, mais elles ne peuvent infirmer la règle.
« Dans les combats, nos pertes sont considérables, celle de l'en-
« nemi presque nulles. Si, par notre opiniâtreté, par un grand
« sacrifice d'hommes, nous sauvons l'honneur du pavillon,

« nous ne faisons pas de mal à l'ennemi. Ce n'est pas là la
« guerre.

« La préparation des flottes et l'organisation du personnel,
« officiers et équipages, sont l'œuvre du temps. Quand vient le
« moment de combattre, il est trop tard pour toucher aux insti-
« tutions. C'est pourquoi il faut s'appliquer, sans relâche, à les
« perfectionner pendant la paix. »

VIiI

CAMPAGNE DE 1805. — COMBAT DU CAP FINISTÈRE. — BATAILLE
DE TRAFALGAR. — COMBAT DU CAP ORTÉGAL.

Dès les débuts de l'Empire, la marine française subissait deux
pertes irréparables. L'amiral de La Touche-Tréville mourait,
le 20 août 1804, des suites de fièvres contractées à Saint-Domingue : c'était le plus habile et le plus heureux officier-général
de notre flotte. A son tour, l'amiral Bruix décédait le 18 mars
1805. Decrès le remplaça comme ministre; rempli de bonnes
intentions, il tenta ce qu'il put, mais ne put surmonter les événements. Par malheur, à La Touche-Tréville succéda Villeneuve, le plus faible et le plus irrésolu de nos amiraux.

Après la rupture de la paix d'Amiens, en 1803, les immenses
préparatifs pour une descente en Angleterre avaient été conti-
nués; mais la flottille réunie sur nos côtes ne pouvait livrer
bataille aux nombreux bâtiments de haut bord que possédait
notre redoutable ennemie. L'Angleterre en effet, par suite d'efforts prodigieux, avait réussi à porter son matériel naval à
cent quatre-vingt-neuf vaisseaux de ligne, tandis que nous n'en
possédions que quarante-sept; elle en comptait cent-vingt-six à
flot, tandis que nos ports en renfermaient trente-six à peine!
Notre marine se trouvait donc dans un état voisin de la ruine
complète. Le seul moyen de combattre la Grande-Bretagne
avec quelques chances de succès était de l'obliger à dissémi-

ner ses forces. Dans ce but, Napoléon rassembla trois flottes ;
il leur donna l'ordre de se rendre aux Antilles et d'y attendre
des instructions pour se réunir et revenir en Europe. La première, armée à Toulon sous les ordres de Villeneuve, de
onze vaisseaux et huit frégates, portait huit mille hommes ; la
seconde, armée à Rochefort sous les ordres de l'amiral comte
Burgues de Missiessy [né à Quiez (Var) en 1754 ; décédé en 1832],
de six vaisseaux et quatre frégates, portait six mille hommes ;
la troisième, armée à Brest sous les ordres de Ganteaume, de
vingt vaisseaux et quinze bâtiments inférieurs, portait vingt-
deux mille hommes.

Malheureusement, les amiraux français ne purent se con-
certer. Parti le premier à la faveur d'un coup de vent, Missiessy débarqua des renforts à La Martinique, ravagea Névis,
Saint-Christophe, Montserrat, et, ne recevant aucune nouvelle
de ses deux collègues, revint à Rochefort au mois de mai. Ganteaume, qui ne prit la mer qu'au commencement de mars,
rencontra la flotte de Cornwallis et se vit contraint de regagner
la rade de Brest. Quant à Villeneuve, plus favorisé, il trompa
la vigilance de Nelson, alla rallier sept vaisseaux espagnols à
Cadix et, après bien des lenteurs, arriva aux Antilles, où il
apprit que Missiessy était reparti et que Ganteaume ne pouvait
le rejoindre. Alors l'empereur lui envoya ses instructions dé-
finitives. Il devait grossir ses forces des vaisseaux qui se
trouvaient sur la côte d'Espagne, s'unir à Missiessy pour
débloquer Ganteaume, entrer ensuite dans la Manche avec
soixante navires de haut-bord, puis appuyer la descente.

Pour accomplir ce plan, il eût fallu plus d'audace et d'activité que n'en possédait Villeneuve. Il se dirigea lentement
vers les côtes de la Galice, où il rencontra, le 22 juillet, près
du cap Finistère, une escadre anglaise commandée par l'amiral Calder. Les vaisseaux français se montrèrent pleins d'ardeur dans cette journée, se battant avec un enthousiasme qui
rappelait les plus glorieux temps de notre vieille marine. « Le
« brave capitaine de Péronne, rapporte l'amiral Jurien de La
« Gravière, fut tué sur l'*Intrépide* au moment où il couvrait

« de son vaisseau l'intervalle par lequel le *Windsor-Castle*
« allait se jeter dans la ligne. Le capitaine Rolland fut blessé
« sur son banc de quart en conduisant l'*Atlas* au plus épais du
« feu. L'héroïque commandant du *Pluton,* le capitaine Cosmao-
« Kerjulien, dégagea deux fois, au milieu de l'action, les vais-
« seaux espagnols que l'ennemi avait entourés. » Deux vaisseaux espagnols, le *Firme* et le *San-Rafaël*, furent perdus.
Mais Calder, se contentant de ce médiocre avantage, laissa
notre armée libre de sa manœuvre ; il n'empêcha point Villeneuve de gagner le Ferrol et d'y rallier plusieurs vaisseaux
français et espagnols. En laissant là les plus mauvais mar-
cheurs, Villeneuve avait encore sous la main vingt-neuf vaisseaux de ligne à conduire à Brest ; de plus, il pouvait rallier
une autre division de cinq vaisseaux français qui n'était pas
loin. Pendant ce temps Napoléon, dans une anxiété crois-
sante à Boulogne, interrogeait l'horizon, où la flotte n'apparais-
sait pas. Mais Villeneuve, abattu, découragé, perdant de vue
l'ensemble des opérations pour ne songer qu'au salut de sa
propre escadre, tourna, non sur Brest, mais sur Cadix. Renon-
çant aussitôt à son grand projet de descente, Napoléon leva
le camp de Boulogne le 27 août. Dans un premier mouvement
de colère, l'empereur voulut traduire Villeneuve devant un
conseil de guerre pour crime de trahison : on eut grand'peine
à l'en dissuader.

Les inexplicables hésitations de Villeneuve avaient, jusque-là,
empêché le succès de la campagne maritime entreprise ; la
détermination qu'il prit ensuite de combattre à tout prix, pour
dissiper l'injuste soupçon qui ternissait son honneur, causa un
irréparable désastre. Malgré lui, cet homme de mer, quoi qu'il
tentât, était fatal à notre fortune.

Tout en étant très irrité contre Villeneuve, Napoléon ne lui
avait pas enlevé son commandement. De nouveau, il lui enjoi-
gnit de sortir de Cadix, de rallier ce qui restait de vaisseaux
espagnols à Carthagène, d'aller porter un renfort à Gouvion-Saint-
Cyr dans le royaume de Naples, puis de revenir de là sur Toulon ; il lui ordonnait, en même temps, d'attaquer les Anglais

partout où il les rencontrerait en nombre inférieur. Toutefois, prévoyant, non sans raison, que Villeneuve pourrait hésiter encore sur la mise à exécution de l'opération, l'empereur faisait partir le vice-amiral Rosilly pour le remplacer.

Informé de l'envoi de Rosilly, l'amiral de Villeneuve se décida à sortir de Cadix le 20 octobre. Il voulait montrer qu'il n'était point un lâche, mais il avait perdu toute illusion et marchait au combat sans confiance. Dans cette flotte si vaillante, si dévouée, il sentait un germe latent de destruction. Il se plaignait « du défaut d'expérience de mer de nos officiers et matelots, du défaut d'expérience de la guerre de nos capitaines-commandants, du défaut d'ensemble dans le tout », surtout que notre artillerie fût inférieure à celle des Anglais. Il n'était pas le seul de son avis; dans le conseil de guerre qu'il assembla avant sa sortie, le sentiment de ses collègues fut unanime avec le sien. Mais le sort en était jeté! Dans de pareilles conditions, Villeneuve était vaincu à l'avance, avec la triste et terrible supériorité du nombre! Il comptait sous ses ordres trente-trois vaisseaux, dont quinze espagnols, cinq frégates et deux bricks; son adversaire Nelson n'en avait que vingt-sept, plus quatre frégates et une goélette.

Le 21 octobre, les deux flottes rivales se rencontrèrent à la hauteur du cap Trafalgar. L'armée anglaise était partagée en deux escadres : le *Victory,* monté par Nelson, conduisait la première, composée de douze vaisseaux; le *Royal-Sovereing,* commandé par Collingwood, marchait en tête de la seconde, formée de quinze vaisseaux. Quant à la flotte combinée de France et d'Espagne, l'amiral de Villeneuve montait le *Bucentaure* et le lieutenant-général Gravina le *Prince-des-Asturies.* Les dispositions étaient moins bien prises de ce côté : Villeneuve avait développé sa ligne de bataille sur une étendue de cinq à six milles; mais cette ligne laissait un vide, à peu près à son milieu, parce que plusieurs navires tombés sous le vent n'avaient pu arriver à leur poste. Au surplus, Villeneuve avait partagé ses bâtiments en trois escadres, comprenant vingt et un vaisseaux, la première sous ses ordres directs, la seconde sous le commandement du vice-amiral espagnol Alava, la troisième sous la direction du vice-amiral Dumanoir-Lepelley ; une escadre de réserve, de douze vaisseaux, avait été confiée particulièrement à Gravina et au contre-amiral Magon. L'amiral de Villeneuve eut le tort, assure-t-on, d'autoriser l'escadre de réserve à manœuvrer d'une façon indépendante ; c'est, du moins, ce que Gravina prétendit depuis pour justifier son étrange conduite pendant cette journée ; dans tous les cas, on ne trouve aucun éclaircissement suffisant sur ce point dans les pièces et correspondances officielles du temps.

L'action s'engagea vers midi. Nelson porta droit à l'ennemi avec ses deux colonnes, par ordre de vitesse, et coupa bientôt le centre ainsi que la gauche des alliés. Dans ce magnifique combat, le *Pluton* résista seul à un peloton de vaisseaux acharnés à sa perte ; le *Neptune* se défendit avec énergie contre le *Spartiate* et le *Minotaur ;* l'*Intrépide,* entouré par cinq adversaires, ne se rendit qu'après les avoir longtemps tenus en échec ; l'*Achille* combattit audacieusement le *Belle-Isle,* le *Swiftsure* et le *Prince ;* le *Redoutable* soutint, contre le *Victory* et le *Téméraire,* une lutte héroïque, tandis que le *Bucentaure* et la *Santissima-Trinidad,* attaqués par toute une escadre, succombaient non moins glorieusement. Ce fut alors seulement que le contre-amiral Dumanoir-Lepelley, auquel déjà plusieurs fois Villeneuve avait fait signal de venir à son secours, arriva enfin sur le champ de bataille avec six vaisseaux ; mais il ne trouva plus que des pontons à secourir, et c'est à peine s'il échangea quelques coups de canon avant de faire route au large de ce théâtre sanglant.

L'effort surhumain de quelques capitaines français n'avait pu conjurer la mauvaise fortune ! Il n'est que strictement juste, cependant, de rendre ici un nouvel hommage à leur mémoire.

La colonne de douze vaisseaux commandée par Nelson se dirigeait, sous toutes voiles, vers le *Bucentaure.* Au moment où Villeneuve allait être écrasé par le feu du *Victory,* l'intrépide Lucas, commandant du *Redoutable,* se jette entre les combattants, détourne l'effort de l'ennemi et provoque un abordage.

Jean-Jacques-Étienne Lucas, né à Marennes en 1764, était un véritable officier de fortune. Embarqué comme mousse à quatorze ans, tour à tour pilotin, timonier, aide-pilote et pilote, il conquit le grade d'enseigne à force de courage, passa capitaine de frégate après une longue campagne dans la mer des Indes, puis celui de capitaine de vaisseau au combat d'Algésiras. La Touche-Tréville et Linois faisaient de lui le plus haut cas. La lutte fut, d'abord, favorable au commandant du *Redoutable;* en moins d'un quart d'heure, le *Victory* se trouva désemparé, avec les deux tiers de son équipage mis hors de combat, la plupart de ses officiers blessés et Nelson, enfin, frappé à mort. Le *Victory* allait être pris quand, voyant la détresse du vaisseau-amiral anglais, le *Téméraire,* le *Neptune* et le *Leviathan,* coupant la ligne à leur tour, volent au secours de leur chef. La lutte devient alors trop inégale; le commandant Lucas, forcé de se rendre, ne livre plus à l'ennemi qu'un vaisseau criblé de boulets et que les débris d'un équipage comptant, sur six cent quarante-cinq hommes, trois cents morts et deux cent vingt-deux blessés. Son glorieux bâtiment faisait tellement eau que les Anglais ne purent le traîner jusqu'à Gibraltar; il coula pendant la nuit, avec les blessés restés à bord. Quant à Villeneuve, le dévouement de Lucas ne le sauva point; après avoir perdu deux cent neuf hommes, il céda à la fatalité et se rendit au capitaine Fremantle, commandant du *Conqueror.* Le malheureux amiral avait, cependant, tenté l'impossible. Plus heureux, le contre-amiral Magon périt sur le pont de l'*Algésiras,* sans avoir vu sa défaite.

Le *Pluton* parvint à échapper à l'ennemi, après un long et périlleux corps-à-corps avec le *Mars* et le *Belle-Isle.* Il portait le guidon de l'intrépide commandant Cosmao, auquel ses matelots avaient, dans leur langage énergique, donné le significatif surnom de « Capitaine Va-de-bon-cœur ». Né à Châteaulin en 1771, Julien-Marie Cosmao-Kerjulien, entré tout jeune dans la marine comme volontaire, passa enseigne en 1786, capitaine en 1793, contre-amiral en 1805; il devait mourir, en 1825, pair de France et grand d'Espagne. Ce fut à lui également que l'amiral Gravina, blessé grièvement à la fin de la bataille, dut de se trouver inespérément dégagé. Cosmao-Kerjulien se montra encore, du reste, comme l'a écrit très justement M. Moulin, « moins l'homme du jour que l'homme du lendemain ». Ce froid Breton ne perdit pas la tête; les vaincus sauvés par lui en portèrent un légitime témoignage après le désastre.

Le commandant Infernet, de l'*Intrépide,* eut l'honneur de tirer le dernier coup de canon. Louis-Antoine-Cyprien Infernet, né à Nice en 1757, avait débuté par être mousse; après avoir fait la guerre d'Amérique sous les ordres du comte de Grasse, il était devenu enseigne en 1792 et capitaine de vaisseau en 1794. Son exaltation révolutionnaire et la fréquentation des clubs ne furent pas tout à fait étrangères, constate M. Moulin, à son rapide avancement. Dans tous les cas, c'était un vrai héros. Infernet faisait partie de l'avant-garde, aux ordres du contre-amiral Dumanoir. Ayant reçu le signal de la retraite, il n'en tint pas compte, se portant au secours du *Bucentaure* et de la *Santa-Trinidad,* entourés de vaisseaux anglais. A mesure que l'action s'avance, il est successivement enveloppé par six bâtiments ennemis qui le canonnent, le *Léviathan,* l'*Africa,* l'*Agamemnon,* l'*Ajax,* l'*Orion,* puis enfin le *Conqueror.* Il a avec lui son fils, jeune aspirant de vingt ans. Les bordées anglaises se multiplient à tel point que l'*Intrépide* va sombrer. Que faire en pareille circonstance ? L'humanité a des devoirs. Il y avait plus de vingt minutes que le feu avait cessé sur toute la ligne quand il cessa le sien. Le navire était ras comme un ponton, coulant bas; sur six cent soixante-dix hommes, trois cent six étaient hors de combat : sur ce nombre, on ne compta, le lendemain, que quatre-vingts blessés, les deux cent vingt-six autres s'étant fait tuer ou ayant succombé pendant la nuit à leurs blessures. L'état-major perdit son capitaine de frégate, les deux premiers lieutenants, son premier enseigne et plusieurs officiers de troupe. Toutefois, il fallut faire violence au commandant Infernet, qui ne voulait pas rendre son vaisseau et ne cessait de s'écrier, les larmes aux yeux : « Ah ! que dira l'empereur ! moi qui lui avais assuré que je pourrais encore soutenir dix combats ! » Infernet et Lucas, faits prisonniers par les Anglais, furent accueillis en Angleterre avec une courtoisie véritablement enthousiaste ; on les y associait à la gloire de l'illustre Nelson. Après six mois de captivité, ils rentrèrent en France, et Napoléon les nomma commandeurs de la Légion d'honneur. Depuis leur mort, notre marine militaire, voulant honorer et perpétuer le souvenir de leurs noms, les a constamment donnés à des bâtiments de la flotte.

Le retentissement de la fatale catastrophe de Trafalgar fut immense en France ; qu'on y songe : de trente-trois vaisseaux quatre seulement furent sauvés ! Napoléon, blessé dans son orgueil, se montra injuste, comme tous les despotes : il imposa silence à tous les journaux, qui eurent ordre de ne parler en termes vagues que d'un combat imprudent où nous avions plus souffert de la tempête que de l'ennemi.

Le malheureux Villeneuve, relâché sur parole par les Anglais, rentra en France au printemps de 1806 et tenta de présenter sa justification à l'empereur. Mais une lettre du ministre de la marine lui fit comprendre qu'il était condamné d'avance. Le 22 avril suivant, il se suicidait à Rennes. Cependant, en 1808, une pension fut accordée à sa veuve « en considération des services de son mari ». Mieux eût valu périr à Trafalgar, comme Nelson et Magon !

Le contre-amiral Dumanoir-Lepelley fut cité à rendre compte de sa conduite. Quelles causes attribuer à son inaction ? Il affirma n'avoir pas reçu d'ordres ; mais l'amiral de Villeneuve, la veille de la bataille, avait fait savoir officiellement à ses lieutenants « que tout capitaine qui ne serait pas au feu ne serait pas à son poste, et que le signal qui lui rappellerait son devoir serait une tache pour lui ». Dumanoir avait donc commis une faute grave. Disgracié à son retour en France, il demanda des juges, qu'on lui fit attendre jusqu'en 1809 ; le conseil d'enquête l'acquitta, mais avec quelque hésitation. La carrière de cet officier-général était, désormais, finie.

Quand à l'amiral espagnol Gravina, son attitude était plus difficile à expliquer. Le ministre Decrès, lorsque tous les Rapports sur la bataille lui furent parvenus, la qualifia en ces termes : « L'escadre d'observation commandée par l'amiral Gravina, au lieu de se porter où les événements la rendaient nécessaire, se plaça en arrière et ne rendit aucun des services de circonstance auxquels elle était particulièrement appelée. Elle ne fit aucun mouvement, se laissa battre et prit la fuite en détail. » Cette appréciation était dure, mais vraie. Du reste, Gravina mourut de ses blessures peu après son arrivée à Cadix.

La bataille de Trafalgar eut son épilogue, non moins douloureux. Le 4 novembre, le contre-amiral Dumanoir-Lepelley fut attaqué, dans les eaux du cap Ortégal, par une division anglaise de quatre vaisseaux et quatre frégates, aux ordres du commodore sir Richard Strachan. Il n'avait à opposer à ces forces supérieures que le *Formidable,* le *Scipion,* le *Mont-Blanc* et le *Duguay-Trouin,* derniers débris, fort avariés, de la flotte de Villeneuve. Après quelques heures d'un combat acharné, les Français furent obligés de se rendre.

L'Angleterre était, définitivement, l'unique maîtresse de l'Océan. Napoléon renonça aux batailles navales pour concentrer ses escadres dans les grands ports; il ne permit plus que des croisières divisées et lointaines.

IX

CAMPAGNES DE 1806, DE 1808 ET DE 1809.

L'empereur, livrant malgré lui sans partage le vaste domaine des mers aux Anglais, entreprit de les exclure, à titre de revanche, du continent européen. Ne voulant rien laisser à l'imprévu, il redoubla d'activité dans nos arsenaux ; il en créa même un de plus, celui d'Anvers, destiné à nous servir de boulevard dans le nord-est. En même temps, il pressait les armements à Flessingue, à Cherbourg, à Brest. La marine, dans son esprit, devait servir, à un moment donné, de réserve utile, d'appoint précieux à ses troupes de terre. En fait, de 1803 à 1815, les marins de la garde et les matelots de la maison militaire ne cessèrent de figurer dans les campagnes d'Autriche, de Prusse, de Pologne, de Poméranie, d'Espagne, de Russie et de France. C'est ainsi qu'on a vu, plus tard, nos vaillants équipages débarquer à terre en 1870 et prendre leur part active de la défense du pays.

De temps à autre, cependant, Anglais et Français se livrèrent des escarmouches dont les résultats furent plus ou moins divers.

Pendant les mois de septembre et d'octobre 1806, la flûte la *Salamandre,* de vingt-six canons, commandée par le capitaine Salomon, se voit pourchassée par la frégate anglaise *Constance,* de vingt-deux canons, et par deux bricks de guerre ; elle soutient une première fois leur feu, s'échoue près de Saint-Malo et échappe à la poursuite de l'ennemi. Une seconde fois atteinte dans la baie de Saint-Brieuc par la petite division britannique, renforcée d'un quatrième bâtiment, la *Salamandre* se rend après la défense la plus intrépide ; elle est brûlée par les Anglais, mais ceux-ci perdent en même temps la *Constance,* restée échouée après le combat.

Dans d'autres parages, l'amiral de Linois soutenait aussi vaillamment l'honneur de notre pavillon. Parti de Brest au commencement de 1803 avec le dessein de ruiner en Orient le commerce anglais, il avait atteint Pondichéry le 12 juillet et rallié l'Ile-de-France le 16 août. C'est là qu'il reçut, à la fin de septembre, la nouvelle de la reprise des hostilités. Le 8 octobre, il reprenait la mer, escorté du *Marengo,* de la *Belle-Poule,* de la *Sémillante* et du *Berceau,* se rendant à Batavia avec des troupes destinées à la défense des Indes Néerlandaises. Linois ne perdit pas son temps. De nombreux navires ennemis, richement chargés, tombèrent entre ses mains. Au mois de mai 1804, il regagnait l'Ile-de-France. Le 20 juin, départ pour une nouvelle croisière, qu'il établit tour à tour près des Comores, des Maldives et au sud de Ceylan ; en ces différents endroits, nos bâtiments firent également des prises ; mais Linois n'avait

VAISSEAU SOUS LOUIS XIV.

plus avec lui que trois navires, le *Marengo,* la *Sémillante* et
l'*Atalante.* Il entra néanmoins, en septembre, dans le golfe du
Bengale et parut, le 18, dans la rade de Visigapatnam, où il
attaqua le vaisseau anglais *Centurion,* de soixante canons, et
deux grands bâtiments de la Compagnie des Indes ; il s'empara
d'un de ces derniers, après avoir forcé le *Centurion* à s'échouer
sous les batteries de la place. Linois revint à l'Ile-de-France le
31 octobre, non sans avoir encore enlevé quelques prises. Le
22 mai 1805, il repartait avec le *Marengo* et la *Belle-Poule.*
Après avoir visité successivement les rades de Madagascar,
l'entrée de la mer Rouge et les Maldives, il capturait le 11 juillet, près de Ceylan, un navire de la Compagnie, le *Brunswick,*
du port de quinze cents tonneaux et armé de trente-six canons.
Puis, faisant route vers le cap de Bonne-Espérance, il attaquait le 6 août, malgré l'infériorité de ses forces, deux vaisseaux de ligne anglais escortant un convoi de dix gros bâtiments
marchands, dont plusieurs, étant armés, prirent part à la lutte ;
mais les combattants se séparèrent sans résultat. Linois prit
alors la route de Sainte-Hélène pour rentrer en France. Le
Cap venait de tomber entre les mains des Anglais. Le 17 février
1806, il passait la ligne pour la douzième fois depuis son
départ de Brest. Malheureusement, le 13 mars, il rencontra l'escadre de sir John Borlase Warren, composée de sept vaisseaux,
de deux frégates et d'une corvette, qu'il ne put éviter. Après
cinq heures de combat, le *Marengo* ayant perdu cent quarante-
cinq hommes et la *Belle-Poule* trente-six, enveloppé de toutes
parts, Linois fit amener ses couleurs. Les Anglais n'avaient
que quatorze tués et vingt-sept blessés. L'amiral français
demeura prisonnier en Angleterre jusqu'en 1814. Sa longue et
active campagne avait causé le plus grand préjudice au commerce anglais.

En même temps que l'amiral de Linois, le contre-amiral
Allemand, parti de Rochefort avec trois frégates et deux corvettes, croisait dans les mers de l'Inde ; brillante et fructueuse
course, pendant laquelle il détruisit ou captura divers bâtiments
de guerre anglais, sans compter un grand nombre de navires

marchands qu'il enleva. Par son habileté à dérober sa marche aux ennemis il fit donner à son escadre le surnom d' « Invisible ». Cette campagne dura pendant les années 1804 et 1805. Aux mêmes dates, et jusqu'en 1809, les commandants Bergeret, Bourayne, Motard et Hamelin ne cessèrent de harceler les Anglais dans les mêmes parages, leur infligeant des pertes cruelles. Ces expéditions isolées, la plupart du temps dans des conditions d'infériorité réelle, relevèrent un peu le prestige de nos marins.

Nos affaires allaient moins bien, toutefois, sur les côtes françaises, où nos infatigables adversaires nous serraient de près. Le 22 mars 1808, les frégates l'*Italienne* et la *Sirène,* commandées par Méquet et Duperré, furent poursuivies par une division anglaise près des Glénans, sur la côte méridionale de la Bretagne. L'*Italienne,* d'une marche supérieure, parvint à gagner Lorient. La *Sirène,* restée seule et jointe par un vaisseau et une frégate, reçut l'ordre d'amener. Duperré répondit par le feu de toutes ses batteries. Après une lutte de cinq quarts d'heure, la *Sirène* s'échoua sous l'île de Groix, continuant de présenter, mèche allumée, le travers à l'ennemi, qui s'éloigna. A la suite de ce brillant combat, Duperré fut promu capitaine de vaisseau.

Né à La Rochelle en 1775, Victor-Guy Duperré était enseigne en 1795 et capitaine de frégate en 1806. Contre-amiral en 1811, vice-amiral en 1826, il commanda la flotte de l'expédition d'Alger en 1830, fut ministre de la marine sous Louis-Philippe, et mourut en 1846. Il a laissé un juste renom dans l'histoire de notre marine contemporaine.

L'année 1809 fut signalée par le glorieux combat des Sables-d'Olonne, l'affaire malheureuse de l'île d'Aix, la défense d'Anvers par l'amiral de Missiessy et la croisière du contre-amiral Baudin.

Le 24 février, les trois frégates l'*Italienne,* la *Calypso* et la *Cybèle,* commandées par les capitaines de vaisseau Jurien de La Gravière, Jacob et Cacault, furent atteintes dans la rade des Sables-d'Olonne par l'escadre du contre-amiral anglais Stopford,

composée de trois vaisseaux, de deux frégates et d'une corvette.
Les navires français étaient sortis de Lorient pour rallier le
contre-amiral Willaumez, qui se rendait de Brest à Rochefort.
Ils contraignirent l'ennemi à se retirer après un combat de deux
heures et demie. Stopford, rejoint le lendemain par la division
du commodore Beresford, se contenta d'aller s'établir en croisière en dehors de Chassiron.

Malheureusement, à deux mois de là, ce succès fut suivi du
désastre de l'île d'Aix. L'escadre du vice-amiral Allemand, composée de onze vaisseaux et de quatre frégates, était mouillée
entre la rade de l'île et l'embouchure de la Charente. Les Anglais, qui avaient fait d'immenses préparatifs depuis le début de la
campagne, s'étaient puissamment préparés à détruire les grands
établissements maritimes entrepris par Napoléon, lesquels les
inquiétaient non pour le présent, mais pour l'avenir. Sous le
commandement de lord Gambier, ils s'attaquèrent d'abord à
Rochefort et vinrent bloquer l'escadre française avec des
forces supérieures : onze vaisseaux, six frégates, onze corvettes et seize brûlots. L'amiral Gambier avait ordre d'incendier à tout prix la flotte ennemie. L'escadre française, par
une estacade et une flottille d'embarcations, chercha à se
préserver contre les dangereux moyens employés à son détriment; elle ne put y réussir. L'attaque eut lieu dans la nuit du
11 au 12 avril. Profitant d'un vent très violent du large et du
mouvement irrésistible de la marée, les Anglais se laissèrent
dériver, brisèrent l'estacade, forcèrent l'entrée de la rade et attaquèrent notre ligne avec le fer et la flamme. Nos vaisseaux parvinrent, pourtant, à échapper à ce péril inouï, et cette masse
effroyable de machines incendiaires, qui fit de toute la rade comme
un immense volcan en éruption, éclata et se consuma sans nous
atteindre. Néanmoins, quatre de nos vaisseaux, en se dérobant
aux brûlots, s'étaient échoués sur des rochers : l'escadre anglaise
les assaillit et parvint à les détruire. Une partie des équipages
se sauva à la côte. L'un d'eux, le *Tonnerre*, commandant Clément La Roncière, eut du moins la gloire de s'abîmer sous les
couleurs nationales. Un des héros de Trafalgar, Lucas, capi-

taine du *Régulus,* s'échoua sur les vases du Fouras pour échapper aux brûlots ; mais, en dépit des efforts de l'ennemi, il parvint à relever son vaisseau, à le remettre à flot et à le rentrer dans la Charente après avoir soutenu, avec ses seuls canons de retraite, quatre engagements contre les Anglais. Les commandants Lafon, du *Calculta,* Proteau, de l'*Indienne,* et La Caille, du *Tourville,* se virent toutefois accusés d'avoir abandonné leurs bâtiments sans absolue nécessité. Nos pertes furent considérables ; celles des Anglais assez faibles.

L'affaire eut de tristes suites des deux côtés de la Manche ; l'amour-propre de chaque rival ne se reconnaissait point satisfait. On ne voit pas trop, dans tous les cas, ce que les Anglais pouvaient exiger de mieux. Sur la dénonciation de lord Cochrane, capitaine de l'*Impérieuse,* l'amiral Gambier fut traduit, le 26 juillet, devant le Conseil de l'Amirauté pour répondre de la mollesse de ses mesures, sans laquelle, prétendait-on, la flotte française eût été, à coup sûr, anéantie. Gambier fut acquitté, ainsi que le voulait le simple bon sens. Mais, en France, les choses prirent une importance plus grave. Au mois de septembre, les quatre commandants Lafon, Clément La Roncière, Proteau et La Caille furent déférés en conseil de guerre pour être jugés « sur leur conduite relativement à la perte des bâtiments qu'ils avaient l'honneur de commander ». La Roncière fut acquitté, Proteau condamné à trois mois d'arrêts, La Caille à deux années de détention et à la dégradation ; quant à Lafon, condamné à mort, on le fusilla le lendemain. Cependant, le ministre de la marine avait écrit à l'empereur : « Ce ne fut point un de ces événements de guerre auxquels l'habitude et la prévoyance ont préparé ; trente masses foudroyantes et embrasées les environnaient. Au milieu des flammes, de la fumée et des explosions de toute espèce, le raisonnement leur faillit un instant. Cependant, le capitaine La Caille retourna bientôt à son poste et sauva son vaisseau. Celui du capitaine Lafon était sans ressources lorsqu'il le quitta. » Coupables aux yeux stricts de la loi, les commandants Lafon et La Caille avaient, du moins, trouvé l'opinion indulgente à leur égard. Mais Napoléon n'aimait point l'amiral Allemand, et il profita de l'occasion pour le discréditer en sévissant contre des officiers placés sous ses ordres.

A la suite de ce malencontreux événement, le gouvernement français ordonna la concentration de nos vaisseaux à Toulon et à Anvers. Ce fut ce dernier arsenal que les Anglais résolurent, alors, d'attaquer. Leur expédition était formidable ; à la fin du mois de juillet 1809, sir John Strachan paraissait aux bouches de l'Escaut avec trente-neuf vaisseaux de ligne, vingt-cinq frégates, trente et une corvettes, cinq bombardes, vingt-trois canonnières, cinquante-neuf navires de rang inférieur et quatre-vingt-deux chaloupes canonnières, plus environ cinq cents bâtiments de transport portant quarante mille hommes. Lord Chatham, le frère aîné du célèbre ministre, commandait en chef les forces de terre et de mer. Une partie de la flotte ennemie entra dans le bras oriental de l'Escaut et jeta une quinzaine de mille hommes dans l'île de Walcheren. Nous n'avions là que trois mille hommes sous les ordres du général Monnet, qui fut obligé de se renfermer dans Flessingue. Cette place importante commandant la principale des bouches de l'Escaut, celle qu'on nomme l'Escaut Occidental, fut assiégée par terre et par mer. Une tentative simultanée des Anglais dans l'île de Cadzand, bordant cette dernière branche du fleuve du côté opposé à Walcheren, ne fut pas heureuse ; de faibles détachements français, qui occupaient l'île, repoussèrent les agresseurs. Anvers n'en était pas moins dans un péril extrême si les Anglais eussent agi avec célérité ; nous n'y étions nullement en défense ; mais nos adversaires voulaient avoir Flessingue avant de remonter l'Escaut.

Nous avions, par bonheur, à la tête de notre escadre l'habile et brave amiral de Missiessy. Ses forces étaient minimes : dix vaisseaux de soixante-quatorze, une frégate, deux corvettes et deux cent-quarante bâtiments de flotille ; mais il sut les mettre en sûreté dans l'Escaut Supérieur, au-dessus du point où ce fleuve se partage en deux grands bras. Il barra son cours par des estacades, pour se garantir des brûlots, et installa ses dix

vaisseaux en batterie entre les deux forts de Lillo et de Lief-
kenshoek, qui protégeaient l'une et l'autre rive. En même
temps, des troupes arrivaient de jour en jour à Anvers. Des
gardes nationales furent levées dans nos départements du Nord.
La belle défense du général Monnet, à Flessingue, assura toutes
facilités à Missiessy pour achever ses dispositions, comme
aussi au maréchal Bernadotte pour venir prendre le commandement des troupes rassemblées. Le général Monnet ne capitula que le 16 août, après dix-sept jours de résistance pendant
lesquels il avait subi le bombardement de cinquante-huit bouches à feu de gros calibre, appuyées par des divisions de bombardes et de canonnières; le 14, sept vaisseaux de soixante-
quatorze avaient encore renforcé le bombardement. Napoléon
eût dû récompenser Monnet; il le punit pour n'avoir pas fait
détruire inutilement la ville et les restes de la garnison.

Si les Anglais, abandonnant les îles, eussent marché immédiatement par terre, ils eussent eu des chances d'emporter
Anvers; mais ils perdirent, une fois de plus, dix jours à remonter par eau. Les navires portant leurs troupes n'arrivèrent
que le 26 août à la hauteur de Bath, à l'entrée de l'Escaut Supérieur. Mais les conditions de la lutte se trouvaient changées.
L'air insalubre des marais de Walcheren et des îles de la Zé-
lande ainsi que la mauvaise qualité de l'eau exerçaient de très
grands ravages dans l'armée anglaise; chaque jour, le nombre
des malades augmentait dans des proportions inquiétantes. Il
fallut aviser à une prompte et décourageante retraite; lord Chatham partit donc, laissant à Flessingue douze mille hommes,
que les fièvres décimèrent rapidement. Le gouvernement britannique prit la détermination d'abandonner cette place au moment
où nous nous disposions à la reprendre. Au mois de décembre,
les Anglais se retirèrent, après avoir fait sauter les ouvrages
maritimes et détruit de fond en comble l'arsenal. Ils avaient
perdu quatorze mille hommes et dépensé plus de vingt-cinq millions de livres sterling. Jamais aussi vaste expédition n'é-
choua d'une façon plus piteuse. C'était bien une revanche pour
nous.

Rappelons également la courte croisière de l'amiral Baudin dans la Méditerranée. Parti de Toulon, le 21 octobre, avec trois vaisseaux et deux frégates, pour conduire un convoi à Barcelone, il fut surpris, le 25, par des forces anglaises supérieures, à la hauteur de Cette. Deux de ses vaisseaux s'échouèrent et s'incendièrent plutôt que de se livrer à l'ennemi. Le troisième vaisseau et les deux frégates parvinrent, sous le feu des Anglais, à mouiller dans le port de Cette, où ils restèrent en sûreté. Cette fois encore, il y eut lieu de constater l'inexpérience de nos équipages, composés de conscrits ne sachant rien.

X

LES DERNIÈRES CROISIÈRES DE L'EMPIRE.

Louis XV avait fait perdre à la France ses plus importantes colonies ; sous l'Empire, nous devions nous voir arracher, par les Anglais, ce qui nous en restait. La perte de La Réunion et de l'Ile-de-France, qui advint en dernier lieu, causa dans toutes nos provinces une émotion profonde ; les Français étaient plus particulièrement attachés à ces deux belles îles, et avec raison.

Au commencement de 1809, l'escadre française de la mer des Indes se trouvait disséminée un peu partout. Tandis que la division du commandant Hamelin donnait la chasse aux Anglais depuis Madagascar jusqu'à Sumatra et capturait leurs bâtiments de commerce, la *Bellone* du capitaine Duperré s'en allait, à son tour, croiser dans le golfe du Bengale ; il ne restait plus à La Réunion que la *Caroline*, capitaine Billiard, mouillée sur la rade de Saint-Paul. Le commodore anglais Rowley l'y bloqua immédiatement ; puis, rallié le 21 septembre par un convoi parti de l'île Rodrigue avec des troupes, opéra un débarquement près de la ville. Repoussant le faible détachement qui occupait Saint-Paul, l'ennemi s'empara des batteries, dont il dirigea le feu sur la *Caroline ;* attaquée par terre et par mer, celle-ci amena son pavillon. Le gouverneur de La Réunion, le général Desbrulys, venu en toute hâte, se vit entouré par la population, le suppliant de ne pas exposer la ville à un bombardement. Cédant aux prières des habitants, le gouverneur ne permit pas qu'on attaquât les Anglais; puis, effrayé à la pensée des conséquences qu'une pareille détermination entraînait pour lui, il se suicida. Les Anglais se rembarquèrent le 7 octobre ; mais ils revinrent, le 7 juillet 1810, avec des forces considérables. Le colonel Sainte-Suzanne, successeur de Desbrulys, ne disposant que de quelques centaines de soldats, battit en retraite après deux ou trois engagements. Le 9 juillet, une capitulation faisait tomber la colonie au pouvoir des Anglais.

La prise de l'Ile-de-France coûta plus de peine à l'ennemi. Dans la nuit du 13 au 14 août 1810, le capitaine anglais Willougby, en croisière devant le Grand-Port, s'empara par surprise de l'Ile de la Passe, située à trois milles de terre ; le 17, un détachement débarqua sur la côte et enleva la batterie défendant la passe nord de la rade. Avant de se rembarquer, Willougby encloua les canons, brûla les affûts et fit sauter le magasin à poudre. Le 20, le commandant Duperré, escorté de deux frégates, d'une corvette et d'un navire de la Compagnie des Indes pris par lui, parut au large; mais, craignant que toute la partie nord de l'île fût déjà tombée aux mains des Anglais, il se contenta de serrer le vent et d'observer, ce qui permit à trois autres vaisseaux de ligne anglais de rallier celui de Willougby et de nous mettre en infériorité. Le 23, l'ennemi attaqua notre ligne. Mais, après sept heures d'un violent combat, un des vaisseaux anglais amenait son pavillon, deux autres s'incendiaient eux-mêmes et le quatrième gagnait en toute hâte la pleine mer, pour se laisser capturer trois jours après par la division Hamelin. Cette brillante affaire ne nous coûta que trente-sept tués et cent douze blessés ; les Anglais eurent deux cent soixante-quinze hommes mis hors de combat. L'île se trouvait ainsi dégagée, mais, par malheur, non pas pour longtemps. Le 29 novembre, en effet, une flotte nombreuse parut en vue de l'Ile-de-France, comprenant un vaisseau, douze frégates, des corvettes, des avisos, des transports, le tout formant un total de soixante-dix navires sur lesquels se trouvait un corps de débarquement d'environ dix mille hommes. Les troupes britanniques furent mises à terre, à douze milles dans le nord-est de Port-Louis. Les forces dont disposait le gouverneur français Decaen ne dépassaient pas quatre mille hommes, sur lesquels deux mille appartenant à la garde nationale; un bataillon de cinq cents marins fut formé avec les équipages des bâtiments désarmés. Après plusieurs engagements, dans lesquels tous firent bravement leur devoir, le général Decaen dut battre en retraite. Craignant d'être forcé dans Port-Napoléon et ne voulant pas, d'autre part, exposer les habitants aux conséquences d'une prise d'assaut, le gouverneur entra en pourparlers avec l'ennemi. Le 2 décembre, il signait la capitulation. La France perdait ainsi une colonie d'où étaient partis, pendant tant d'années, des navires de guerre et des corsaires qui avaient infligé au commerce anglais des dommages considérables. La perte est encore ressentie davantage par nous aujourd'hui.

Le reste ne vaut pas la peine d'être noté : une série de désavantages persistants. L'empereur, en matière de choses de mer, avait réellement perdu la tête, ou, plutôt, il n'y comprenait rien. Les despotes coûtent cher à leur pays. Napoléon, sa situation s'envenimant, prit une mesure extrême, qui ne fit qu'empirer les choses. Laissant ses corsaires, ou du moins ce qui en restait, se démêler à leur guise, il fit désarmer la flotte. Il pensait utiliser à terre le corps de nos matelots. En 1813, l'amiral Émériau reçut l'ordre de former quatre régiments de quinze cents hommes et de débarquer mille hommes pour armer les forts de la côte ; le reste des équipages était mis à la disposition du gouverneur de Toulon. A la même époque, l'amiral de Missiessy détachait une partie de ses marins à Berg-op-Zoom, Flessingue, Breskens et dans les forts protégeant le fleuve belge entre Lille et Anvers. Au commencement du mois de février 1814, cette dernière place fut investie par le corps d'armée du général Bulow et la division du général Graham. L'ennemi éleva des batteries dirigées contre la partie du rempart qui couvrait le bassin dans lequel se trouvaient réunis les vaisseaux et les bâtiments de flottille. L'enceinte, sur ce point, fut armée par les marins restant encore à bord des navires de Missiessy. Les ouvrages des assaillants ayant été plusieurs fois détruits par notre feu, le corps anglo-prussien convertit le siège en blocus. Mais, grâce aux habiles et vigoureuses dispositions prises par Missiessy, secondé par le commandant Halgan, l'ennemi fut finalement repoussé et l'immense matériel naval réuni à Anvers préservé de l'incendie.

L'histoire maritime de l'Empire finit ainsi. Comme celle de la Révolution, elle constitue un déclin fâcheux d'ensemble, dont l'héroïsme de quelques détails ne peut racheter les ombres.

XI

UN CORSAIRE : ROBERT SURCOUF.

La plus originale figure maritime, et peut-être vraiment la plus illustre de l'époque révolutionnaire et impériale, est celle d'un simple corsaire, Robert Surcouf, né à Saint-Malo le 12 décembre 1773. Par sa grand'mère maternelle, Guillaumette de Porcon, il descendait de cet intrépide Porcon de La Barbinais, grand-oncle de Duguay-Trouin, qui renouvela à Alger, sous le règne de Louis XIV, le sublime dévouement de Régulus. Bon sang ne peut mentir, dit le proverbe, et Surcouf justifia outre mesure ce dicton. Son existence entière ne fut qu'une longue série d'héroïsmes.

A treize ans, il prend la mer ; à quinze ans, il part pour l'Ile-de-France et pour les Indes. En 1792, il est lieutenant à bord du *Navigateur ;* en 1795, il accepte le commandement du corsaire *Modeste* et, l'année suivante, il capture le brick *Cartier,* sa première prise. Quel chemin il va parcourir à partir de cette date !

Quelques jours après, il enlève le grand trois-mâts *Diana,*
qui sort de Calcutta avec six mille balles de riz. Il fait route,
avec sa prise, vers les colonies françaises, quand il rencontre un
gros vaisseau de la Compagnie des Indes, le *Triton,* de quarante canons et de deux cents hommes d'équipage. Surcouf n'a
que dix-neuf combattants. Qu'importe! Il se met en travers et,
à la stupéfaction profonde des Anglais, ordonne l'abordage.
L'ennemi, surpris et n'y pouvant croire, abaisse son pavillon
après trois quarts d'heure d'engagement. C'était la première
fois qu'on apprenait qu'un navire anglais eût été capturé sur
les brasses du Bengale ; avant Surcouf, aucun de nos croiseurs
n'y était venu porter la guerre : les détroits, la mer Rouge et
le golfe Persique étaient les seuls points de stations fréquentés.
Le hardi corsaire jeta l'ancre à l'Ile-de-France le 10 mars 1796 ;
les colons accoururent en foule sur les quais pour contempler
l'homme extraordinaire qui, à vingt-deux ans, avaient osé une
si périlleuse conquête.

En 1798, Surcouf prend le commandement de la *Clarisse,*
avec laquelle il opère de nouveau, dans les mers de l'Inde, une
longue et fructueuse campagne. En 1800, il monte la *Confiance* ;
le 6 octobre, croisant au sud des bancs de l'embouchure du
Gange, il aperçoit le *Kent,* superbe vaisseau de douze cents
tonneaux appartenant à la Compagnie des Indes, portant vingt-
six canons de dix-huit en batterie et douze pièces de neuf sur
les gaillards, sans compter un nombreux personnel de défense.
Surcouf, fidèle à son système d'imprévu, ordonne encore l'abordage ; le *Kent,* à son tour, reste entre ses mains. Cette glorieuse
rencontre éleva définitivement le brave corsaire au rang de nos
premiers marins ; c'était celle dont il resta le plus fier.

Le Premier Consul se fit présenter Surcouf, lui donna la croix
de la Légion d'honneur et lui proposa d'entrer dans la
marine militaire ; mais Surcouf voulait garder son indépendance. Le 2 mars 1807, il reprenait la mer à Saint-Malo sur le
Revenant, avec cent quatre-vingt-douze hommes d'équipage. Il
commença par enlever un navire portugais ; il croisa ensuite
dans les mers de l'Inde jusqu'en 1808, et sauva la colonie fran-

çaise d'une disette imminente. Mais, fatigué avant l'âge, il dut revenir en France. Son activité, cependant, ne se démentit pas ; il arma en course contre les Anglais, qu'il ne cessait pas d'exécrer, et ses navires capturèrent un grand nombre de bâtiments de commerce ennemis sur tous les rivages de l'Europe.

En 1814 et 1815, Surcouf prit part à la défense du sol national comme colonel et chef de légion des gardes territoriales de l'arrondissement de Saint-Malo. Il mourut le 8 juillet 1827.

Son dernier descendant direct a obtenu, tout récemment, de joindre au nom de Surcouf celui de Duguay-Trouin : il eût été profondément regrettable que ces deux grands noms maritimes n'eussent point été relevés.

De tels hommes consolent de bien des désastres.

CINQUIÈME PARTIE

LA RESTAURATION ET LE GOUVERNEMENT DE JUILLET

DE FREYCINET. — DUMONT D'URVILLE. — DE RIGNY. — DUPERRÉ. — DE MACKAU. — DE HELL. — DU PETIT-THOUARS. — ROMAIN-DESFOSSÉS.

FRÉDÉRIC SAUVAGE (L'INVENTEUR DE L'HÉLICE).

CINQUIÈME PARTIE

LA RESTAURATION ET LE GOUVERNEMENT DE JUILLET

PREMIÈRE SECTION

LA RESTAURATION

La chute de Napoléon fut un soulagement pour la France, un apaisement pour l'Europe. Notre marine, spécialement, y gagna de pouvoir se relever; d'autre part, les puissances alliées nous restituèrent quelques débris de notre ancien empire colonial. Le traité de paix du 30 mai 1814, signé par le comte d'Artois, lieutenant général du royaume de France, au nom de son frère Louis XVIII, constitua véritablement, quoi qu'on en ait dit, le début d'une ère nouvelle de pacification générale dont notre pays devait bénéficier pendant cinquante-six ans.

I

CAMPAGNES SCIENTIFIQUES DE FREYCINET ET DE DUMONT D'URVILLE. — CAMPAGNE D'ESPAGNE.

Dès que la situation financière le permit, Louis XVIII s'efforça de reconstituer la flotte, qu'avaient considérablement réduite les traités de 1815. Il donna aussi une puissante impulsion aux expéditions scientifiques, depuis longtemps interrompues. C'est ainsi que, dès le début de son règne, il confia à

M. de Freycinet un voyage de circumnavigation. Freycinet partit de Toulon sur l'*Uranie*. Après d'intéressantes observations relatives au pendule et aux boussoles, faites à Rio, au Cap et à l'Ile-de-France, il atteignit la baie des Chiens-Marins. Il y trouva deux inscriptions attestant le précédent passage de deux capitaines hollandais, en 1816 et 1817. Après avoir accompli divers travaux d'hydrographie et de cartographie qui le retinrent assez longtemps, Freycinet se dirigea vers Timor, visita les terres voisines de la Papouasie, recueillant partout des renseignements de géographie, d'ethnographie et d'histoire, aussi bien que de physique et d'histoire naturelle. Il accomplit les mêmes travaux aux Mariannes et aux Sandwich (Hawaï). Entré le 7 septembre 1819 dans l'hémisphère sud, il détermina la position des îles du Danger, puis découvrit, à l'est des Samoa, un îlot qu'il appela *Rose,* du nom de sa femme, laquelle l'accompagnait dans son expédition. Le 18 novembre, Freycinet arriva à Sidney, où il fit d'importantes observations sur la pesanteur et le magnétisme. Un mois après, considérant sa mission comme accomplie, il fit voile pour retourner en France par le cap Horn. Arrivé dans le détroit de Lemaire, un coup de vent le poussa sur les Malouines. Il en prit connaissance dès le 12 février 1820 ; mais les cartes qu'il possédait étaient tellement inexactes qu'en cherchant la Baie Française pour y relâcher, son bâtiment, en dépit des sondes et des vigies, toucha violemment contre une roche sous-marine. La corvette prit une voie d'eau si considérable qu'on dut chercher un endroit pour faire côte et sauver du moins, avec l'équipage, les travaux de l'expédition. Ce fut l'enseigne Duperrey qui, avec un canot, dirigea le navire dans un endroit convenable où il échoua sans effort. M. de Freycinet revint avec les siens sur une corvette américaine achetée à cet effet. A son retour, il fut nommé capitaine de vaisseau.

En 1822, c'est un officier normand, Dumont d'Urville, qui part de Toulon sur la *Coquille* pour entreprendre un nouveau voyage d'aventures. Dans l'espace de trente-deux mois, il coupe sept fois l'équateur et parcourt vingt-cinq mille lieues sans perdre un seul homme, sans éprouver aucune avarie majeure. Entre temps, il découvre les îles Clermont-Tonnerre, Lostanges, Duperrey, d'Urville ; il compose également une riche collection d'insectes et de plantes, ainsi que plusieurs flores océaniennes, dont il ne nous est resté, malheureusement, que celles des Malouines. Le grade de capitaine de frégate récompensa d'Urville de cette première entreprise.

Le ministère lui confia bientôt une seconde mission, plus importante : celle d'explorer divers points de l'Océanie et, en même temps, de rechercher l'endroit précis où La Pérouse avait succombé. A cette occasion, le nom d'*Astrolabe* fut donné à la *Coquille*. Dans ce second voyage, d'Urville doubla le cap de Bonne-Espérance, passa entre les îles Amsterdam et Saint-Paul poussé par une tempête, traversa le détroit de Bass, releva avec soin les côtes de la Nouvelle-Zélande, gagna les archipels Tonga et Viti, où il détermina la position de quantité d'îles ; puis, reliant ses opérations avec celles de d'Entrecasteaux, il prit connaissance des îles les plus méridionales des Nouvelles-Hébrides, confirma l'existence du groupe Loyalty, que venaient de découvrir les Anglais, longea la partie sud de la Nouvelle-Bretagne, que Dampier n'avait vue que de très loin, reconnut les côtes septentrionales de la Nouvelle-Guinée depuis le détroit de Dampier jusqu'à la baie Geelwinck, relâcha à Amboine, se dirigea de là vers Van-Diémen et vint mouiller dans le canal d'Entrecasteaux, près d'Hobart-Town, où il apprit que le capitaine anglais Peter Dillon avait retrouvé les traces de La Pérouse à l'île Vanikoro. Dumont d'Urville s'empressa de s'y rendre et découvrit effectivement, sur des bancs de coraux, les carcasses de l'*Astrolabe* et de la *Boussole;* il fit élever dans l'île un modeste monument à la mémoire de l'infortuné navigateur et recueillit une foule de débris que, plus tard, il déposa au Musée naval de Paris. Le retour fut pénible, la majeure partie de l'état-major et de l'équipage ayant été atteinte des fièvres de l'archipel. Chemin faisant, il reconnut encore plusieurs des Carolines et quelques parages à peine soupçonnés des Célèbes. Enfin l'*Astrolabe* revint en

Europe par Batavia, l'Ile-de-France et le Cap pour jeter l'ancre dans le port de Marseille, rapportant soixante-cinq cartes et plans, ainsi que plusieurs milliers de planches anatomiques, de dessins et de productions des trois règnes.

La Restauration essayait ainsi de relever tout d'abord notre Marine par de simples et utiles expéditions scientifiques, en attendant que les événements lui permissent de la signaler autrement à l'attention des puissances. Ce fut seulement en 1823 que Louis XVIII crut pouvoir trouver, dans les troubles de l'Espagne, une occasion de replacer la France à son véritable rang militaire. Il résolut donc de délivrer Ferdinand VII, que ses sujets révoltés tenaient prisonnier; dans ce but, il fit envahir la péninsule par une armée de cent mille hommes sous le commandement nominal du duc d'Angoulême, que « guidaient » de leurs conseils expérimentés les généraux Guilleminot et Molitor.

Tandis que notre jeune et nouvelle armée déployait la plus grande bravoure aux combats de Tallaveyra, de Castel-Torsal, de Campillo-di-Arenas, comme à ceux de l'île de Léon, notre escadre de blocus, composée d'une soixantaine de bâtiments, dont trois vaisseaux et treize frégates, ne restait pas davantage inactive. C'est ainsi que la *Guerrière* et la *Galatée* canonnèrent et réduisirent les batteries de l'île Verte, clef d'Algésiras; peu après, le fort de Santi-Petri, ce boulevard de la rivière du même nom, tomba sous les coups de la division du contre-amiral Des Rotours. Cadix, de plus en plus resserrée, fut, trois jours après, bombardée, sous la direction de l'amiral Duperré, par la flottille de l'escadre, qui lança trois cents bombes ou obus dans la ville. Comme diversion, les troupes de terre emportaient le fort du Trocadéro. Enfin, cinq mille hommes embarqués sur les divers bâtiments de cette escadre étaient prêts à opérer un débarquement dans l'île de Léon lorsque la place se décida à capituler, le 1er octobre. La délivrance de Ferdinand VII mit fin à la guerre.

Au point de vue militaire, cette campagne maritime n'offre rien de particulièrement remarquable; mais il en est autre-

ment au point de vue politique : c'est la France qui a relevé
la tête, qui a opéré sa rentrée dans le concert des grandes puissances. Voilà le motif qui nous a fait la relater ici.

II

BATAILLE DE NAVARIN.

Depuis dix ans les Grecs faisaient d'héroïques efforts pour
se soustraire au joug humiliant des Turcs, et l'Europe, témoin
de cette lutte sanglante, n'y avait point pris sujet d'intervention. Enfin, en 1827, la France, l'Angleterre et la Russie,
mues par des motifs d'intérêt personnel, se décidèrent à entrer
en jeu. Le 6 juillet, un traité était signé à Londres entre les
trois puissances, qui s'engagèrent à présenter un ultimatum
au sultan; elles exigeaient un armistice d'un mois, au bout
duquel la Porte eût rappelé ses troupes. Le sultan Mahmoud II
repoussa tout à la fois l'armistice et la médiation; en même
temps, il prescrivit de nouvelles levées dans tout son empire et
pressa plus fortement la soumission de la Grèce insurgée. Noti-
fication du traité fut faite également à son allié, le pacha d'Égypte
Méhémet-Ali, avec injonction de susprendre tout envoi de
troupes; le pacha n'en tint compte, mais, au contraire, expédia
sur-le-champ d'Alexandrie une flotte de secours portant quatre
mille hommes, des chevaux, des vivres, des munitions et un million de piastres espagnoles.

La flotte égyptienne pénétra tranquillement dans la rade de
Navarin; peu de jours après, les trois puissances signataires
expédiaient dans les eaux grecques une avant-garde de douze
bâtiments de guerre, avec ordre aux trois amiraux de Rigny,
Edward Codrington et Heiden de soumettre les forts occupés
par la marine ottomane à un blocus rigoureux. Les flottes combinées accomplirent leur mission après avoir donné à l'amiral
égyptien, Ibrahim-Pacha, une nouvelle communication des dis-

positions du traité. Ibrahim répondit qu'il n'était pas dans l'intention de commencer les hostilités, qu'il attendrait les ordres du sultan, mais qu'il y obéirait, quels qu'ils pussent être. Le 25 septembre, les amiraux Français et Anglais eurent une entrevue avec le pacha, à qui ils demandèrent d'accéder à la suspension d'armes que le gouvernement grec s'était empressé d'accepter : Ibrahim consentit seulement à écrire à Constantinople et au Caire pour solliciter de nouveaux ordres et à demeurer dans l'inaction jusqu'à l'arrivée des réponses. Il se réservait de violer sa promesse au plus tôt. En effet, à peine Codrington et de Rigny s'étaient-ils retirés, l'un à Zante, l'autre à Milo, laissant simplement en observation devant Navarin le *Dartmouth* et l'*Armide,* que des vaisseaux égyptiens rompirent le blocus et durent être ramenés par force dans le port. Une seconde tentative pareille dut être réprimée de même. Sur ces entrefaites, le reste des deux flottes anglaise et française avait rallié la côte grecque, et le 18 octobre l'amiral russe opérait sa jonction. Les trois amiraux résolurent alors de prendre, à leur tour, position dans l'intérieur même de la rade de Navarin pour empêcher effectivement une violation nouvelle des conditions acceptées par Ibrahim. Auparavant, ils avaient adressé au fils de Méhémet-Ali une lettre, qui fut renvoyée sans réponse. En présence de cette attitude offensive, le mouvement combiné ne souffrait plus de retard, et son exécution fut opérée avec une précision et une audace remarquables.

La flotte turco-égyptienne, commandée par le vice-amiral Taher-Pacha, était rangée en fer à cheval, sur deux lignes, autour de la baie, derrière l'île de Sphagie; six brûlots étaient placés à l'entrée du port, sur les cornes du croissant. Cette flotte se composait de trois vaisseaux de ligne, d'un vaisseau rasé, de seize frégates, de vingt-sept grandes corvettes, de vingt-sept bricks, de plusieurs bâtiments de transport et des brûlots précités. Les escadres alliées, dont l'amiral anglais Codrington devait le commandement en chef à son âge, formaient un effectif de dix vaisseaux de ligne, dix frégates, une corvette et quelques bâtiments légers; l'escadre française confiée à M. de Rigny entrait dans ce total pour trois vaisseaux, deux frégates et deux navires plus légers.

Le 20 octobre à midi, sous un ciel pur qu'illuminait un soleil radieux et dans le plus grand silence, elles s'avancèrent en deux colonnes composées d'abord des escadres anglaise et française, puis de l'escadre russe, et se rangèrent dans un arc correspondant à celui des ennemis. Le vaisseau amiral anglais l'*Asia* alla mouiller dans les eaux du port même, en face du vaisseau amiral ottoman; la *Sirène,* portant le pavillon de M. de Rigny, prit position entre trois frégates égyptiennes; l'*Azof,* vaisseau amiral russe, fit face à cinq bâtiments turcs.

Il est certain, pourtant, que les alliés voulaient éviter tout conflit. La présomption brutale des Ottomans engagea irrévocablement la lutte. Le canot du *Dartmouth,* portant un parlementaire, avait été envoyé vers les brûlots turcs; un coup de feu partit d'un de ces brûlots et tua l'aspirant anglais qui commandait le canot. Aussitôt, les matelots de l'embarcation répondent à cette attaque par une vive fusillade; le *Dartmouth* survient à son tour pour défendre ses hommes et attaque prestement l'équipage du brûlot. L'amiral Codrington envoie alors un nouveau parlementaire au vaisseau amiral turc pour l'inviter à faire cesser le feu : le pilote de l'embarcation anglaise est tué d'un coup de fusil, tandis qu'un coup de canon est tiré par le bâtiment égyptien l'*Esmina* sur la *Sirène.* Celle-ci riposte. Le combat devient général. Le bruit et la fumée emplissent la baie de Navarin. La *Sirène,* le *Scipion,* l'*Armide,* l'*Asia,* l'*Albion,* le *Genoa,* l'*Azof* se signalent entre tous. Le soleil n'était pas encore couché que tous les gros vaisseaux ottomans étaient coulés ou brûlés. Les pertes des turco-égyptiens s'élèvent à six ou sept mille morts et à mille blessés; il faut y joindre, pour le matériel, trois vaisseaux de ligne, seize frégates, vingt-six corvettes, douze bricks et cinq brûlots. Les alliés ne comptèrent que cent quarante morts et trois cents blessés, et ils ne perdirent pas une chaloupe.

Dans son discours d'ouverture de la session des Chambres, prononcé le 5 février 1828, le vieux roi Charles X put dire avec raison :

« Le combat imprévu de Navarin a été, à la fois, une occasion
de gloire pour nos armes et le gage le plus éclatant de l'union
des trois pavillons. »

III

CONQUÊTE D'ALGER.

La prise d'Alger, à laquelle l'Europe ne s'attendait certes
pas, acheva de rendre tout son ancien prestige à notre pavillon. Ce fut un réveil subit, qui replaça d'un seul coup la
France au premier rang des grandes puissances militaires et
maritimes, en démontrant la reconstitution définitive de son
armée et de sa flotte.

Les griefs de la France contre la Régence dataient de l'avènement du dey Hussein, c'est-à-dire de 1818. Après une série
non interrompue d'agressions que rien n'excusait, le dey s'avisa
de souffleter publiquement de son chasse-mouches notre consul, M. Deval, pendant les fêtes du Ramadhan de 1827. Ce
prince refusant toute réparation de l'insulte, notre consul dut
s'embarquer le 11 juin. Aussitôt, Hussein déclara la guerre
à la France, fit mettre aux fers le peu de Français qui étaient
demeurés à Alger et confisqua toutes leurs propriétés. Le
roi Charles X crut qu'un blocus rigoureux du littoral de la
Régence amènerait le dey à composition. Mais pendant trois
ans ce blocus, mis en œuvre sous la direction du contre-amiral Collet, n'eut d'autre résultat que de nous coûter des
hommes, des navires et de l'argent. Il fallut songer à un
autre mode d'intimidation.

D'autant plus que le dey, devenu plus insolent, nous ména-
geait de moins en moins les provocations et les outrages.
Avant d'en venir aux dernières extrémités, le ministère
Martignac avait voulu encore une fois tenter la voie des
négociations. Au mois de juillet 1829, le capitaine de vais-

seau de La Bretonnière alla sur la *Provence* porter à Hussein des propositions d'accommodement honorables pour les deux parties. Le dey poussa l'insolence jusqu'à prétendre que c'était lui, et non point la France, qui avait droit à une réparation. L'envoyé français n'avait plus qu'à se retirer ; ce qu'il fit. C'est alors que la bonne foi du souverain barbaresque se manifesta avec tout le cynisme d'un musulman se croyant plus fort qu'un chrétien : à peine la *Provence,* sur laquelle flottait le drapeau parlementaire et qui portait la personne inviolable d'un ambassadeur, eut-elle levé l'ancre, que la Kasbah donna un signal et qu'à ce signal toutes les batteries du port d'Alger firent feu sur le vaisseau, tuèrent quelques hommes et poursuivirent le bâtiment de leurs boulets jusqu'à ce qu'il fût hors de portée. Cette odieuse violation du droit des gens s'accomplit le 3 août, à une heure de l'après-midi. Quand la nouvelle en arriva en France, peu de jours après l'avènement du ministère Polignac, l'indignation publique fut au comble et réclama une immédiate réparation.

Après bien des hésitations, l'envoi d'un corps expéditionnaire contre Alger fut décidé le 7 février 1830. Cette résolution prise, il est juste de constater que les préparatifs se firent sur une très vaste échelle et avec la plus grande célérité. La flotte fut portée à cent trois bâtiments de guerre, à trois cent soixante-dix-sept bâtiments de transport et à environ deux cent vingt-cinq bâteaux-radeaux ; les troupes de débarquement, au chiffre de trente-sept mille huit cent soixante-dix-sept hommes. Le vice-amiral Duperré reçut le commandement de la flotte ; le général de Bourmont, ministre de la guerre, prit en personne celui de l'armée de terre. La flotte fut divisée en escadre de bataille, escadre de débarquement, escadre de réserve.

La Sardaigne et l'Espagne, convoitant des établissements sur la côte africaine, offrirent leur concours, qu'on refusa. L'Angleterre fit des menaces : M. de Polignac répondit patriotiquement à l'ambassadeur britannique que, « dans une entreprise accomplie par le pays, le gouvernement français ne prendrait conseil

que de l'honneur et de l'intérêt du pays ». Enfin la Porte, prise
d'inquiétude sur le sort d'un État son vassal, crut, à son tour,
pouvoir arranger les choses par un coup de main. Taher-Pacha
fut envoyé de Constantinople avec ordre de se saisir de Hussein,
de le faire étrangler et d'offrir toute satisfaction à la France,
dont l'expédition n'aurait plus dorénavant de prétexte. Mais la
croisière française barra le chemin au vaisseau qui portait
Taher-Pacha, le captura, l'amena à Toulon et l'y retint jusqu'à
la fin de l'entreprise.

Ce fut le 26 mai que la flotte appareilla; le convoi la suivit
le lendemain. Elle relâcha huit jours à Palma pour attendre
celui-ci et l'escadre de croisière. Le 11 juin, par un temps favorable, elle reprenait la mer; le 12, elle était en vue de la côte
d'Afrique. Mais, comme le vent soufflait avec trop de force, elle
fut obligée tout d'abord de se tenir au large. Le calme étant
revenu, elle longea la côte depuis le cap Caxine, défila devant
Alger et gagna la pointe de Sidi-Ferruch, dont la baie lui offrit
un excellent mouillage. Les Arabes essayèrent de protester en
canonnant inutilement le *Nageur* et en envoyant sur le *Breslau*
quelques projectiles, qui n'y firent qu'une victime. Le débarquement put s'opérer le 14, dès trois heures du matin.

On sait avec quelle rapidité la campagne fut menée. La
flotte eut à rendre, toutefois, plus d'un service : le 19, au sanglant et décisif combat de Staouëli, l'escadre qui croisait sous les
ordres du contre-amiral Rosamel, composée de bâtiments ayant
terminé leur débarquement, contribua puissamment par son feu
à soutenir l'aile gauche de notre armée, qui se trouvait plus
faible. De même, la garde de notre campement de Sidi-Ferruch
fut confiée à deux mille marins débarqués, ce qui permit de
disposer de toute l'armée pour opérer en avant. Enfin, l'artillerie de la marine eut à jouer son rôle décisif dans le bombardement d'Alger, qui se rendit le 5 juillet.

Le premier soin des vainqueurs fut d'ouvrir les portes du
bagne, où gémissaient plusieurs de leurs compatriotes. Il s'y
trouvait quatre officiers de la marine française, MM. Bruat,
Bonnard, d'Alligny et Trond, faits prisonniers à la suite de

naufrages. Parmi les esclaves figurait encore un Français enfermé là depuis vingt-neuf ans.

C'est ainsi que fut fondée, sans qu'on s'en doutât, il est vrai, notre grande et riche colonie du nord de l'Afrique. Mais que d'efforts il a fallu accomplir depuis plus de cinquante ans pour l'amener au degré de puissance et de ressources qu'elle présente aujourd'hui !

DEUXIÈME SECTION

LE GOUVERNEMENT DE JUILLET

Le gouvernement du roi Louis-Philippe fut, certes, peu glorieux pour la France au point de vue militaire, car ce prince, qui ne vivait que dans la crainte des Anglais, évita soigneusement pendant tout son règne la moindre démonstration de nature à leur déplaire. Ce prudent respect de nos ennemis séculaires ne devait point, pourtant, le préserver d'une chute retentissante. Il y eut, cependant, çà et là des rivages plus ou moins lointains où nos flottes eurent à se montrer. Nous allons noter brièvement ces diverses interventions.

I

SECONDE EXPÉDITION SCIENTIFIQUE DE DUMONT D'URVILLE.

Les troubles qui agitèrent presque constamment les premières années du règne de Louis-Philippe forcèrent ce prince à concentrer toute son attention sur la politique intérieure. Le pays ayant repris un peu de calme sous le ministère Molé, le roi, qui n'avait pas perdu de vue les expéditions scientifiques si intelligemment favorisées par la Restauration, profita du répit qui lui était laissé pour en essayer l'utile continuation,

Par son ordre, Dumont d'Urville partait de nouveau de Toulon, avec l'*Astrolabe* et la *Zélée,* le 7 septembre 1837, parcourait le détroit de Magellan depuis le cap des Vierges jusqu'au port Gallaud, puis se dirigeait vers les régions australes. Le 15 janvier 1838, il se trouve en vue des premières montagnes de glace, par le 58e parallèle; sept jours plus tard, par 64° lat., 30° long. ouest, il fut arrêté par une banquise infranchissable. Les corvettes la prolongèrent sur une étendue de 240 milles et, ramenées du 64e parallèle au 61e, près des Orkney, furent bloquées par les glaces pendant cinq jours : un coup de vent du Sud les tira de cette position critique. Elles rangèrent encore la banquise sur une étendue de 300 milles de l'ouest à l'est sans trouver le moindre indice de passage. Le 15 février, par 62° de lat., Dumont d'Urville, voyant la barrière reprendre la direction du nord vers les Sandwich, revint à l'ouest, fit l'hydrographie des Orkney et de la partie est des îles Shetland, puis, piquant dans le sud entre le 63e et le 64e parallèles, sur un espace de 120 milles, reconnut plusieurs terres dont les deux principales reçurent les noms de *Louis-Philippe* et de *Joinville.* De graves avaries et le scorbut le forcèrent de songer au retour : il alla donc mouiller à Talcahuano, au Chili. Mais, après quelques semaines de repos, il reprit la route de l'Océanie où il visita, successivement Taïti, les archipels Samoa et Viti, Vanikoro, les îles Salomon, les Carolines, la Nouvelle-Guinée, l'Australie, les îles de la Sonde, Bornéo, dont il fit le tour, et relâcha à Hobart-Town. Dumont d'Urville retourna ensuite au pôle sud avec l'espoir d'y être plus heureux que dans l'hémisphère ouest. En effet, après vingt et un jours de navigation, il découvrit sous le cercle polaire, non loin du pôle magnétique, par 138° de long., une immense terre qu'il appela du nom de sa femme *Adélie,* puis, un peu plus au nord, une côte de glace qu'il nomma *Clarie,* en l'honneur de la femme du commandant Jacquinot, de la *Zélée.* De retour à Hobart-Town, il remit une dernière fois à la voile pour reconnaître les îles

Aukland et faire l'hydrographie des côtes orientales de la Nouvelle-Zélande ; puis il releva les innombrables dangers du détroit de Torrès, se dirigea enfin vers Timor et, de là, prit définitivement la route de France. Il débarqua à Toulon le 6 novembre 1840, ayant traversé sept fois la ligne et parcouru la moitié des mers du globe. Le grade de contre-amiral fut la juste récompense de ses services.

Dumont d'Urville périt deux ans après d'une mort affreuse, le 8 mai 1842, dans la catastrophe du chemin de fer de Versailles.

II

AFFAIRE DE SAINT-JEAN-D'ULLOA. — BLOCUS DES CÔTES ARGENTINES. — CESSION DE MAYOTTE ET DÉPENDANCES. — AFFAIRE DE TAÏTI.

Malgré sa volonté d'éviter tous conflits extérieurs, qu'il regardait comme dangereux pour l'avenir de sa dynastie, Louis-Philippe ne put se dispenser de certaines interventions armées, que notre honneur et nos intérêts lui imposèrent.

C'est ainsi que de nombreuses violences commises contre nos nationaux nécessitèrent l'envoi d'une expédition contre le Mexique. Avec trois frégates, une corvette montée par le prince de Joinville et deux bombardes, le contre-amiral Baudin ruina le fort de Saint-Jean-d'Ulloa et obligea la Vera-Cruz à capituler. Satisfaction nous fut accordée.

A la même date, les provocations et les dénis de justice du gouvernement Argentin contraignirent une autre escadre française au blocus de Buenos-Ayres. Mais ni la prise de l'île Martin-Garcia, ni le bombardement de Rosario, dans le Parana, ne purent vaincre l'obstination du dictateur Rosas. Ce fut seulement lorsque le vice-amiral de Mackau vint renforcer l'escadre, pour porter un coup décisif, qu'il offrit de négocier et d'accorder les réparations exigées.

C'est encore à la marine que nous devons, à cette époque, nos

plus solides installations sur la côte ouest de Madagascar. Les
menaces de guerre qui, en 1840, retentirent dans toute l'Europe
décidèrent M. Thiers à faire reprendre à la France une position
stratégique sur la route des Indes. Le ministre eut la bonne
fortune de se trouver admirablement secondé par le gouverneur
de La Réunion, l'amiral de Hell, qui mena rapidement les choses.
Le 14 juillet 1840, les chefs sakalaves et la reine Bouéni nous
cédaient les îles de Nossi-Bé et de Nossi-Cumba; de plus, ils
abandonnaient tous leurs droits de souveraineté sur la côte occidentale de Madagascar, depuis la baie de Passandava jusqu'au
cap Saint-Vincent. Au commencement du mois de février 1841,
le roi d'Ankara nous cédait encore l'île de Nossi-Mitsiou, les
autres îles entourant son royaume, ainsi que ses droits de souveraineté sur cette partie de Madagascar; en même temps, le chef
de Nossi-Fali nous transmettait la propriété de cette dernière.
Enfin, le 25 avril suivant, le sultan sakalave de l'île Mayotte
faisait don de ce nouveau territoire à la France. Mais Louis-
Philippe, que ses frayeurs dynastiques guidaient uniquement,
se contenta de déclarer terres françaises les îles susdites sans
vouloir ou oser prendre possession de la côte nord-ouest. Bien
mieux, il refusa la cession d'Anjouan, l'une des Comores. A ses
yeux, l'alliance anglaise devait être maintenue à tout prix, et
il n'avait d'autre politique que d'éviter même l'apparence d'un
froissement avec le cabinet de Saint-James, fût-ce à nos dépens.

L'affaire de Taïti en est l'absolue démonstration. Nous venions
de prendre possession des Marquises, pour nous créer une station stratégique dans le Pacifique. Comme cet archipel isolé paraissait d'une utilité médiocre, l'amiral Du Petit-Thouars résolut
de former des établissements à Taïti, et une convention conclue
avec la reine Pomaré plaça les îles de la Société sous notre protectorat. Mais les missionnaires protestants anglais, en possession depuis longtemps du négoce dans l'île, se voyant menacés
de perdre l'influence qu'ils exerçaient sur les indigènes, exci-
tèrent la reine contre nous, de telle sorte que, à la suite de quelques actes d'hostilité, Du Petit-Thouars se crut en droit de s'emparer de Taïti. Mais aussitôt les sociétés bibliques d'Angleterre,

obéissant à un commun mot d'ordre, poussèrent une clameur unanime en faveur de Pritchard, principal instigateur des troubles, qu'on avait, avec raison, expulsé par force. Louis-Philippe, dans la crainte de porter atteinte à l' « entente cordiale », eut la lâcheté (cette expression seule est juste) de céder aux injustes réclamations britanniques : il désavoua le brave amiral qui avait si énergiquement soutenu les intérêts de la France, fit payer une indemnité à Pritchard et s'en tint à l'exécution de la convention d'abord conclue avec Pomaré. Une pareille politique n'a pas besoin de commentaires.

III

BOMBARDEMENT DE TANGER ET DE MOGADOR. — INTERVENTION DANS LA PLATA. — FACHEUSE CAMPAGNE A MADAGASCAR. — BOMBARDEMENT DE TOURANE.

La conquête de l'Algérie se poursuivait activement, non sans mauvaise volonté de la part du roi qui l'eût, elle aussi, volontiers abandonnée pour faire taire les jalouses récriminations des Anglais. Mais, par bonheur, la volonté nationale s'imposa. La campagne, toutefois, était dure, et l'émir Abd-el-Kader nous causait de graves soucis. Après une série d'échecs, ne se sentant pas suffisamment protégé par le désert, le chef arabe se réfugia sur le territoire limitrophe du Maroc et demanda l'assistance du sultan Abd-el-Rhaman, lequel ne tarda pas à violer la neutralité à laquelle il s'était précédemment engagé. Un double châtiment punit bientôt cette audace. Tandis que le maréchal Bugeaud infligeait à l'armée marocaine une sanglante défaite sur les bords de l'Isly, le prince de Joinville, avec une escadre composée de trois vaisseaux, une frégate, quatre bricks et cinq bateaux à vapeur, foudroya d'abord les batteries de Tanger, puis réduisit l'île, la ville et l'arsenal de Mogador. Cette leçon méritée contraignit le sultan de renoncer à s'immiscer dans nos affaires algériennes.

En 1845, la République Argentine ayant voulu s'emparer de l'Uruguay, État reconnu par la France et l'Angleterre, une escadrille anglo-française, sous les ordres du capitaine de vaisseau Tréhouart, remonta le Parana, força une estacade établie à Punta d'Obligado et rétablit la libre navigation du fleuve, ce qui mit un terme aux hostilités.

Cette même année, les violences commises par la reine hova Ranavalo sur les résidants français et britanniques fixés à Madagascar déterminèrent la France et l'Angleterre à une action combinée pour tirer vengeance de la perfidie dont leurs nationaux étaient victimes. Deux flottilles, commandées par les amiraux Romain-Desfossés et William Kelly, se présentèrent donc simultanément dans les eaux de Tamatave et, le 15 juin, bombardèrent la place. Mais, faute de troupes suffisantes, les alliés durent abandonner leur prise, ce qui permit à Ranavalo et à ses soldats de se vanter fièrement d'avoir « vaincu ensemble les Français et les Anglais coalisés ». A peine remontés à leurs bords respectifs, les marins des deux nations purent voir les têtes de leurs infortunés camarades morts sur le rivage hova fixées, sanglantes, au bout des sagaies indigènes et plantées en vue le long des côtes : ces abominables trophées devaient y rester pendant dix ans.

A l'annonce de cet événement, une légitime exaspération éclata sur tous les points de la France. Le gouvernement prépara immédiatement une expédition nouvelle, dont la direction devait être confiée au général Duvivier. Malheureusement, ainsi que cela devait se répéter plus tard, la Chambre des députés, effrayée par les membres de l'opposition, refusa, dans sa séance du 5 février 1846, de ratifier et de voter les nouvelles mesures prises ; la politique étouffa la voix du patriotisme ! Tous les hommes de bon sens et d'honneur s'attristèrent de voir ainsi le drapeau national abaissé volontairement par le parlement français devant la sauvagerie vaniteuse des Hovas.

L'année 1847 clôt les expéditions maritimes ordonnées par le

AMIRAL PIERRE.

gouvernement de Juillet. La France avait inutilement réclamé de l'empereur d'Annam Tien-tri la mise en liberté d'un de ses missionnaires. Le commandant Lapierre fut chargé de rappeler ce despote à des sentiments plus humains. Avec une frégate et une corvette, il pénétra dans la baie de Tourane, incendia la place et détruisit les cinq bâtiments de guerre qui s'y trouvaient. Nos flottes devaient revoir cette plage.

MODIFICATIONS APPORTÉES A NOTRE SYSTÈME NAVAL
DEPUIS LA RÉVOLUTION.

Les guerres maritimes, dans la période que nous venons d'étudier depuis la Révolution, ont subi de grands changements de tactique par suite des modifications apportées dans la construction et l'armement des bâtiments.

Les immenses et majestueux *châteaux* d'avant et d'arrière ont disparu pour faire place à une ligne horizontale unique : les progrès de l'artillerie ont exigé cette transformation ; le pittoresque y perd, mais le navire y gagne en force et en sécurité.

Les vaisseaux de ligne se distingueront par le nombre de leurs *ponts* suivant leur *rang*.

Les vaisseaux de premier rang, ou à trois ponts, sont ceux dont les flancs sont armés de trois étages de canons, sans compter les caronades, *batterie barbette,* des gaillards, formant un total de cent vingt bouches à feu.

Les vaisseaux de second et de troisième rang n'ont que deux batteries couvertes.

Les frégates n'en ont qu'une seule.

Les autres bâtiments, corvettes, bricks, goélettes, cotres, n'ont pour armement que la batterie découverte des gaillards.

Il faut citer encore le lougre, embarcation favorite de nos corsaires pendant les guerres de la Révolution et de l'Empire. Fin coureur, il serre le vent de ses voiles obliques, et, comme le vautour fond sur sa proie, il s'élance en bondissant vers le riche *Country Ship,* chargé des produits de l'Inde. Faut-il fuir un ennemi supérieur? Il remplace la voile de son grand mât par une immense surface de toile qui le couvre de l'avant à l'arrière. Presque couchés sur les flots sous cette puissante voile, on a vu des lougres échapper ainsi à des frégates de première marche.

Bientôt, du reste, la navigation à voiles allait être condamnée.

L'application de la vapeur était destinée à révolutionner aussi radicalement la marine de guerre que l'industrie et le commerce.

Une nouvelle transformation extérieure et intérieure s'ensuivit. Mais que de lenteurs et que d'inconvénients au début!

L'appareil moteur est placé au dehors, exposé au tir de l'ennemi. Il réside dans deux roues à *aubes,* placées sur les flancs du bâtiment; à demi plongées dans l'eau, ces roues trouvent un point d'appui; la surface plate de leurs *palettes* éprouve une invincible résistance, et c'est le navire porteur de la machine qui est poussé en avant.

Pour trouver à bord l'emplacement de la chaudière et de la machine, il a fallu supprimer tous les ponts intermédiaires; le milieu du bâtiment est devenu une vaste chambre où se meuvent les pistons et les rouages, où flamboient les fourneaux, et que traverse *l'arbre* ou axe des roues. La forme extérieure de la coque a dû subir aussi quelques notables changements pour recevoir les roues dont les palettes, de deux à quatre mètres de longueur, élargissent considérablement le milieu du navire. La partie supérieure des roues est masquée par un tambour circulaire, garantissant le pont de l'eau que font jaillir les battements des palettes. Les *vapeurs,* de même que les anciennes galères, sont beaucoup plus allongés, à proportion, que les vaisseaux ordinaires, dont le flanc doit, par sa pression sur l'eau, résister à la force des voiles élevées qui tendent à l'incliner.

Nous venons de parler des inconvénients du système. Ils étaient assez importants. Le grand espace occupé par la machine, l'énorme quantité de charbon nécessaire pour alimenter la chau-

dière ne permettaient, à cette époque où les points de relâche
et d'approvisionnement faisaient défaut, aux bateaux à vapeur
d'opérer leur chargement que pour de courtes traversées; de
plus, leur mâture, obstacle à leur marche avec un vent contraire,
dut être considérablement réduite, malgré son effet économique
quand la brise était favorable.

En 1839, la marine française ne comptait encore que quarante-
huit vapeurs, n'excédant pas une force de 160 chevaux. Ceux
de cette dernière puissance furent armés de six bouches à feu,
dont un ou deux canons de 80.

On dut chercher mieux. Outre que les roues extérieures étaient
exposées au choc destructeur des lames et des boulets, dans les
simples gros temps ces gênants appendices, tantôt entièrement
hors de l'eau, tantôt entièrement immergés, tournaient sans effet
utile et tourmentaient la machine. Par bonheur, on trouva
l'*hélice,* dont l'admirable découverte appartient à notre compatriote Pierre-Louis-Frédéric Sauvage, de Boulogne-sur-Mer.

L'histoire de cet illustre inventeur est tristement instructive.

La manœuvre de la « godille » sur les petites embarcations
avait été le point de départ de ses observations et de ses recherches. L'hélice lui apparut, dès l'abord, l'appareil le plus capable
de réaliser le perfectionnement qu'il méditait. Il détermina pro-
gressivement, par des calculs mathématiques, la position la plus
favorable à assigner à cet appareil sous le navire, puis sa forme
et ses proportions : cette découverte décisive, que l'hélice doit
être réduite à la longueur d'une seule révolution pour produire
son maximum d'effet, lui appartient tout entière et suffirait à
elle seule pour établir ses droits au titre d'inventeur, qui lui fut
contesté. Il avait pris, en effet, son brevet en 1832 ; mais les
armateurs du Havre, avec une mauvaise foi intéressée, ne lui
permirent point de procéder à des expériences en grand, lesquelles eussent été décisives. Aussi, dès 1836, un simple fermier
anglais, nommé Francis-Pettit Smith, qui avait eu le temps de
se rendre compte de la découverte du mécanicien français,
prenait, à son tour, un autre brevet pour l'application d'un propulseur hélicoïdal à la navigation à vapeur, évidemment inspiré

de celui de Sauvage. Le gouvernement britannique comprit quelle révolution merveilleuse allait s'opérer : la construction du premier navire anglais à hélice était terminée en 1839, tandis que celle du premier navire français date seulement de 1853 ! Le contrefacteur fut comblé d'honneurs par le gouvernement de la reine Victoria, qui le créa baronnet, lui accorda une récompense de 500,000 francs, et le nomma curateur au Musée de South-Kensington, poste dans lequel il mourut en 1874. Pendant ce temps, Sauvage, bafoué, criblé de dettes, insolvable, était jeté en prison pour le compte de ses créanciers, et son brevet arriva ainsi à son terme sans que le malheureux inventeur eût pu en tirer le moindre avantage. La douleur qu'il ressentit fut telle qu'il en devint fou. Le 17 juillet 1857, il terminait dans la maison de santé de Picpus sa misérable existence. A cette date, la navigation à vapeur au moyen de l'hélice était en plein triomphe : lui seul était oublié.

La municipalité de Boulogne-sur-Mer, rendant un tardif hommage à ce génie méconnu, a érigé une remarquable statue à Sauvage, le 11 septembre 1881. C'est bien là le caractère français ! Nous bafouons et calomnions nos grands hommes de leur vivant, n'ayant pas même pour eux un morceau de pain ; on dirait que leur supériorité nous blesse : nous les coulons en bronze après leur mort.

L'application de l'hélice à la navigation à vapeur est restée, jusqu'à présent, le dernier mot de la science moderne.

SIXIÈME PARTIE

LE SECOND EMPIRE

FEBVRIER-DESPOINTES. — HAMELIN. — PARSEVAL-DESCHÊNES. — PENAUD. — BRUAT. — ROMAIN-DESFOSSÉS. — RIGAULT DE GENOUILLY. — CHARNER. — PAGE. — BONARD. — DE LA GRANDIÈRE. — JURIEN DE LA GRAVIÈRE. — BOUET-WILLAUMEZ.

SIXIÈME PARTIE

LE SECOND EMPIRE

Nous voici arrivés à la période contemporaine. On conçoit que la plus complète réserve nous soit imposée dorénavant sur les événements et sur les hommes; aucune polémique, si justifiée qu'elle soit, n'a de place et ne peut en avoir dans notre Étude. Plus que jamais, nous nous bornerons donc à raconter, à constater : nos lecteurs conclueront à leur guise.

Cela dit, nous devons reconnaître que le Second Empire constitue, pour notre Marine, une période de réel éclat.

I

EXPÉDITION EN NOUVELLE-CALÉDONIE.

Découverte par Cook, le 4 septembre 1774, explorée en 1792, lors de l'expédition de d'Entrecasteaux, la Nouvelle-Calédonie, l'une des îles les plus considérables de la Mélanésie, resta complètement oubliée jusqu'en 1843. A cette époque, la corvette le *Bucéphale,* commandée par M. Jurien de La Gravière, vint mouiller à Balade et y déposer cinq missionnaires.

Au mois de septembre 1845, le lieutenant de vaisseau Bérard, commandant du *Rhin,* se rendit de nouveau à Balade. L'année suivante, la *Seine,* commandant Lecomte, se perdit sur

la côte : dans l'impossibilité de partir, M. Lecomte et ses officiers visitèrent le pays, qu'ils ne quittèrent que deux mois après
leur naufrage.

Au mois d'août 1847, les naturels attaquèrent les missionnaires, qui furent contraints de se retirer momentanément. La
Brillante, commandant du Bouzet, les recueillit. Au commencement de 1851, le comte d'Harcourt, commandant l'*Alcmène,*
vint mouiller à Balade. Pendant le séjour de ce bâtiment, deux
aspirants, MM. de Varennes et de Saint-Phalle, que le commandant avait chargés de faire une reconnaissance hydrogra-
phique, furent massacrés avec douze matelots par les indigènes.
Après avoir vengé d'une manière éclatante et rapide nos malheureux compatriotes, M. d'Harcourt rendit compte au gouvernement de ce qui s'était passé, et on résolut de s'emparer de la
Nouvelle-Calédonie. Le 24 septembre 1853, le contre-amiral
Febvrier-Despointes, commandant en chef nos forces navales
dans le Pacifique, vint donc à Balade et prit immédiatement
possession, au nom de la France, de la Nouvelle-Calédonie et
de ses dépendances. Le 29 du même mois, l'amiral se rendit à
l'île des Pins, et les naturels, éclairés par les missionnaires,
s'empressèrent de se soumettre. La marine nous avait ainsi
valu une nouvelle colonie importante.

II

GUERRE DE RUSSIE.

On sait que, depuis Pierre le Grand, la conquête de Constantinople a toujours été le rêve des tzars. L'affaiblissement de
plus en plus marqué de la Turquie semblait, enfin, en promettre la prochaine réalisation. Le 3 juillet 1853, les troupes
russes franchirent le Pruth.

L'Angleterre et la France soutenaient, cette fois, la cause
turque. A la nouvelle de l'ouverture des hostilités, les flottes

alliées allèrent jeter l'ancre sur la rade de Besika, en face de l'île de Ténédos et de l'emplacement qu'occupait la ville de Troie sur la côte d'Asie. A la fin du mois de juillet, la flotte française, sous les ordres du vice-amiral Hamelin, était composée de neuf vaisseaux de ligne, représentant ensemble un total de huit cent cinquante-deux canons, de quatre frégates et de quatre corvettes. De leur côté, les Anglais avaient réuni sept vaisseaux et huit frégates.

Le 22 septembre, sur l'invitation qui leur en fut faite par les ambassadeurs de France et d'Angleterre à Constantinople, les flottes se dirigèrent vers les Dardanelles, et, malgré la force du vent et la violence du courant, contraires tous les deux, elles s'engagèrent dans ce détroit. On comprend les obstacles qu'eurent à surmonter des vaisseaux à voiles, remorqués il est vrai, mais par des bâtiments à vapeur d'une puissance généralement trop peu considérable. Aussi le canal des Dardanelles ne put-il être franchi dans la journée par toute la flotte; quatre vaisseaux seuls atteignirent le mouillage de Lampsaki, à son extrémité orientale et sur la côte d'Asie; les autres jetèrent l'ancre à l'entrée du détroit. Ce fut le 29 seulement que la flotte française se trouva en entier dans la mer de Marmara. Les difficultés qu'il fallut vaincre dans cette courte traversée firent de suite pressentir combien grands et pénibles allaient être les travaux de la marine, s'il devenait nécessaire de transporter et d'approvisionner une armée par delà les Dardanelles. Dans les premiers jours de novembre, on apprit que le choc attendu venait enfin de se produire entre les Russes et les Turcs. Les deux amiraux en chef reçurent, de suite, avis de remonter jusqu'à Constantinople. A quelques jours de là, on fut encore informé qu'une escadre turque venait d'être détruite par les Russes à Sinope. Il devenait urgent d'empêcher le pavillon ottoman d'être en butte à une attaque et à une défaite nouvelles.

Le 3 janvier 1854, les forces navales anglo-françaises entraient dans la mer Noire. Le 20 avril, huit frégates bombardèrent le port militaire d'Odessa, dont le gouverneur, Osten-Saken, avait reçu à coups de canon une embarcation portant le drapeau parlementaire, et peu de temps après les flottes croisaient devant Sébastopol, tandis qu'une escadre légère allait détruire les établissements russes du littoral caucasien. Aucune opération importante ne signala les quatre mois suivants, pendant lesquels se firent les préparatifs de descente en Crimée.

Pendant ce temps, les deux puissances alliées manifestaient ailleurs encore à coups de canon. On voulait attaquer la Russie et la neutraliser au moins sur tous les points de son vaste empire. Au mois d'août de cette même année, une expédition envoyée dans la Baltique sous les ordres de l'amiral Parseval-Deschênes réduisait la forteresse de Bomarsund, vaste établissement militaire de l'archipel d'Aland : mais, à cette même époque, le contre-amiral Febvrier-Despointes et le commodore Price échouaient complètement au Kamtchatka dans une attaque contre Pétropolowski, tandis que le capitaine anglais Lyons détruisait la petite ville de Kola, capitale de la Laponie russe. L'année suivante, une division anglo-française envoyée dans la mer Blanche arrêta le mouvement commercial d'Arkangel et revint, le 9 octobre, au moment où les glaces se chargeaient de continuer le blocus. Enfin, les 9 et 10 août 1855, les forces navales alliées, sous les ordres des contre-amiraux Penaud et Dundas, bombardèrent Sveaborg et causèrent à la place de grands désastres. Ces diversions maintenaient nos matelots en haleine, tout en offrant l'avantage de ruiner momentanément le commerce de l'ennemi là où elles se produisaient. A tous les points de vue, la guerre de Russie a été une excellente école pour notre marine, qui sommeillait un peu trop depuis Navarin.

En Crimée, les événements suivaient normalement leur cours. Le débarquement des troupes s'était effectué heureusement dans la baie d'Eupatoria, le 14 septembre, et, le 20, l'armée combinée remportait sa première victoire sur les bords de l'Alma. Le siège de Sébastopol commença bientôt et fut poussé avec la plus grande vigueur.

Le 15 octobre, les amiraux décidèrent une attaque générale contre les batteries de mer de Sébastopol et contre les vaisseaux russes mouillés dans le port; ils prirent aussitôt les mesures nécessitées pour l'exécution de ce hardi projet, que devaient seconder les troupes alliées. L'attaque des batteries du Sud avait été confiée aux vaisseaux français ; celle des batteries du Nord, aux Anglais ; deux navires turcs, en se plaçant au milieu, réunirent les extrémités de cette ligne interrompue et légèrement courbée vers le N.-E. Bientôt les bombes de l'ennemi éclatèrent dans l'espace, et ses boulets ricochèrent au loin. Sans prendre garde au feu des Russes, les vaisseaux se développèrent avec calme sous une grêle de projectiles, et prirent le poste qui leur avait été désigné avec une précision d'autant plus remarquable que les bancs, qui forment comme un barrage naturel d'une rive à l'autre, rendaient cette manœuvre excessivement délicate. La bombarde le *Vautour* (cap. Causse), mouillée dans la baie de Streletzka, riposta seule. Le *Charlemagne* (cap. de Chabannes), précédé par la corvette le *Pluton* (cap. Fisquet), alla jeter l'ancre aussi près de la côte sud que son tirant d'eau put le lui permettre, c'est-à-dire à 1,400 mètres de la batterie de la Quarantaine. Le *Montebello* (cap. Bassière), portant le vice-amiral Bruat, le *Friedland* (cap. Baudin) et le *Vauban* (cap. d'Herbinghem) prirent successivement position à côté de lui. Tous trois répondirent alors au feu de l'ennemi. Il était une heure. Le vaisseau-amiral la *Ville-de-Paris* (cap. d'Hornoy), remorqué à couple par la corvette le *Primauguet* (cap. Reynaud), mouilla ensuite. Puis le vaisseau le *Valmy* (cap. Lecomte), portant le contre-amiral Lugeol, avec la frégate le *Descartes* (cap. Darrican), le *Napoléon* (cap. Dupouy), portant le contre-amiral Charner, et le *Henri IV* (cap. Jehenne), accouplé au *Canada* (cap. Maissin), joignirent leur canonnade à celle des premiers arrivés à mesure que leurs ancres touchaient le fond. Les autres vaisseaux formèrent une seconde ligne endentée avec la première dans l'ordre suivant : le *Suffren* (cap. Fabre-Lamaurelle), la *Ville-de-Marseille* (cap. Laffon de Ladébat), le *Marengo* (cap. Martin), l'*Alger* (cap. Saisset), le *Jean-Bart* (cap. Touchard), le *Bayard* (cap. Borius), le *Jupiter* (cap. Lugeol). La frégate la *Pomone* (cap. Bouet), favorisée par son moindre tirant d'eau, alla se placer à la droite de la ligne, à terre du

Charlemagne. Gênés par la faiblesse de la brise, qui s'était élevée au sud, et par l'intensité de la fumée, les deux derniers vaisseaux et le *Valmy* ne purent prendre que tardivement leur poste. Lorsque les Anglais et les Turcs eurent occupé la position qui leur avait été réservée, les premiers à 1,000 mètres de l'ouvrage le plus avancé, la canonnade devint effrayante. Français, Anglais et Turcs rivalisèrent d'ardeur et tirèrent, en quelque sorte, sans intermittence jusqu'à quatre heures du soir. Les vaisseaux français du large appareillèrent alors l'un après l'autre, et ceux de la ligne intérieure mirent ensuite successivement à la voile; deux heures plus tard, tous regagnaient le mouillage qu'ils occupaient le matin. Dès trois heures, le vaisseau anglais *Albion* et la frégate anglaise *Rétribution* s'étaient retirés, démâtés de leurs grands mâts et ayant le feu à bord. Le vaisseau amiral *Britannia* avait dû également prendre le large. Les autres vaisseaux anglais et turcs s'éloignèrent aussi à la nuit.

Matériellement, le résultat de cette attaque fut sans importance notable. Ce n'est pas à une aussi grande distance que celle à laquelle les vaisseaux alliés avaient dû se placer qu'on pouvait dégarnir des fortifications en granit comme celles de Sébastopol. Et quoique les forts russes portassent des traces irrécusables de la justesse du coup d'œil de nos canonniers-marins, ils n'éprouvèrent que des dommages peu considérables. Mais, ainsi qu'on se l'était proposé, cette diversion fut utile aux assiégeants, car les artilleurs russes employés aux batteries de la marine entrèrent naturellement en déduction de ceux qui auraient pu être utilisés sur les remparts.

Le tir beaucoup plus facile de l'ennemi avait produit des effets plus positifs que celui des alliés. Un obus était tombé sur la dunette de la *Ville-de-Paris,* auprès du commandant en chef alors entouré de son état-major, avait tué un des officiers qui en faisaient partie et en avait blessé quatre autres. Le *Montebello* avait eu deux fois le feu à bord. Une bombe avait traversé tous les ponts du *Charlemagne* et éclaté dans sa machine en faisant des ravages d'autant plus regrettables que l'armée navale ne possédait plus qu'un vaisseau à vapeur et deux mixtes. Un boulet, bien dirigé au-dessous de la flottaison, occasionnait au *Napoléon* une voie d'eau, qu'on put par bonheur étancher. Les autres vaisseaux portaient également dans le corps et dans la mâture des marques non équivoques de la précision des coups de l'ennemi. Cependant les pertes en hommes ne montèrent pas aussi haut qu'on avait pu le craindre.

L'hiver amena, à son tour, quelques désastres. Une effroyable tempête surprit en pleine mer plusieurs de nos bâtiments, les chassa à la côte, notamment le *Henri IV,* qui toucha, fit naufrage et que son commandant dut incendier pour ne pas laisser une pareille épave au pouvoir des habitants du littoral.

Au retour du printemps, la lutte se poursuivit plus énergique encore. Le bombardement de Tangarog (3 juin 1855), la destruction de presque tous les magasins établis sur les bords de la mer d'Azof, le combat de Traktir, enfin la prise de la tour Malakoff contraignirent les Russes à abandonner la partie; ils quittèrent la ville et se retirèrent au nord de la rade. Sébastopol appartenait dès lors aux alliés. Néanmoins, ils dirigèrent une expédition sur Kinburn, situé à l'embouchure du Dniéper. Vivement attaquée par les escadres et les troupes débarquées sur la presqu'île, la forteresse se vit obligée de capituler. La mauvaise saison suspendit ensuite les opérations. Enfin, le 8 septembre 1856, Sébastopol fut pris. Les Russes évacuèrent la place, incendiant et faisant tout sauter derrière eux, coulant même ce qui restait de leur magnifique flotte.

Après la guerre de Russie, on cessa de construire des navires de combat à voiles; on appliqua l'hélice à tous ceux qui étaient susceptibles de la recevoir, et même l'on commença la confection de bâtiments cuirassés. Cette guerre amena donc une nouvelle transformation de notre marine; c'est pourquoi elle constitue une date de premier ordre dans notre histoire navale.

III

GUERRE D'ITALIE. — EXPÉDITION DE CHINE. — INTERVENTION
EN SYRIE.

Quand Napoléon III, en 1859, crut devoir déclarer la guerre
à l'Autriche pour sauvegarder les droits du Piémont, son allié,
on pensa à utiliser de nouveau les services de notre flotte, au
moins à titre de diversion. Le vice-amiral Romain-Desfossés
reçut le commandement d'une forte escadre, composée de dix
vaisseaux, de deux frégates à hélice, de quatre autres frégates
à roues, ainsi que d'un assez grand nombre de canonnières et
de batteries flottantes. Après avoir croisé quelque temps dans
l'Adriatique, l'amiral se décida à former le blocus de Venise. Il
se disposait à le resserrer davantage, tandis que, sur le lac de
Garde, une flottille de chaloupes canonnières allait ouvrir le feu
contre Peschiera, lorsque la paix de Villafranca mit fin à la
lutte.

En 1860, nos escadres, changeant de latitudes, furent en-
voyées dans l'Extrême Orient. Il s'agissait, cette fois, d'une
guerre avec la Chine. On sait que, au mois de juin 1858,
lord Elgin et le baron Gros avaient signé à Tien-Tsin, avec les
commissaires de l'Empire Chinois, des traités dont la ratifi-
cation devait avoir lieu dans le délai d'un an. Mais lorsque,
en 1859, les ambassadeurs se présentèrent à l'embouchure du
Peï-ho, ils furent reçus à coups de canon, et l'amiral anglais
Hop dut se retirer après avoir vainement tenté de forcer l'entrée
du fleuve. Le châtiment mérité par cette audàcieuse duplicité
ne se fit pas longtemps attendre. Au mois d'août 1860, un
corps expéditionnaire anglo-français de vingt-cinq mille hommes
venait venger l'insulte reçue par l'Angleterre et la France.

Le rôle de la flotte ne pouvait être qu'un rôle préparatoire,
l'entreprise des alliés ayant pour objectif Pékin. Nos vaillants

matelots n'eurent donc qu'à forcer les passes du fleuve et à s'emparer, après un combat acharné, des forts de Ta-Kou, lesquels le commandaient. Pendant le reste de la campagne, la flotte n'eut qu'à croiser et à observer.

Dans la même période, les côtes syriennes recevaient également notre visite armée. Vers la fin de mai 1860, les Druses ayant massacré un grand nombre de Maronites, nos protégés, l'envoi de six mille hommes en Syrie fut résolu le 3 août suivant. A l'approche de nos soldats, les Druses épouvantés s'enfuirent, et la sûreté ne tarda pas à reparaître. Par mesure de prudence, l'occupation fut prolongée jusqu'au 5 juin 1861. Pendant qu'une commission s'occupait de la réorganisation politique du Liban, notre flotte, qui pendant tout le cours de l'expédition avait rendu les plus importants services, croisa en vue des côtes, continuant ainsi de montrer aux populations chrétiennes, nos alliées, le drapeau français, pour elles véritable signe de salut.

IV

CONQUÊTE DE LA COCHINCHINE. — AFFAIRE AVEC LE JAPON.

En 1857, Napoléon III résolut, d'accord avec la reine d'Espagne Isabelle, de contraindre le roi d'Annam Tu-Duc à cesser l'atroce persécution qu'il dirigeait dans ses États contre les chrétiens et les missionnaires catholiques. En conséquence, en 1858, le contre-amiral Rigault de Genouilly, avec une petite escadre et un régiment tagal des Philippines, occupa la baie de Tourane ; mais le nombre d'hommes qu'il y perdit, par suite du défaut de dispositions, le contraignit bientôt d'abandonner cette station. L'amiral résolut alors de se rejeter sur la Basse-Cochinchine. Au commencement de 1859, il remontait la Don-naï et, le 17 février, s'emparait de Saïgon. N'ayant pas assez de forces pour marcher sur Hué, il dut borner là momentanément ses succès.

La guerre de Chine terminée, on envoya des renforts à Saïgon, qu'on songeait déjà à conserver. Trois mille Français, sous les ordres de l'amiral Charner et du général de Vassoigne, et deux cents Espagnols, commandés par le colonel Palanca Guttierez, débarquèrent au commencement de 1861. Aussitôt, les opérations contre les Annamites se poursuivirent sans arrêt. Le 25 février, les forts de Ki-hoa, énergiquement défendus, furent emportés d'assaut; le 12 avril, l'amiral Page enlevait Mitho, sise sur l'un des bras du Mè-Không; le 9 décembre, l'amiral Bonard réduisait Bien-Hoa. Les trois provinces orientales de la Basse-Cochinchine étaient ainsi, coup sur coup, tombées en notre pouvoir; résultat aussi brillant qu'inespéré.

Le blocus des rivières portant du riz à Hué acheva de forcer le roi Tu-Duc à la paix. Un traité, signé le 5 juin 1862, accorda une indemnité de guerre, stipula pour les missionnaires et les chrétiens la liberté du culte, céda en toute propriété à la France les trois provinces conquises par elle et consentit à ce qu'un agent diplomatique fût entretenu par nous à Hué : mais cette dernière clause ne devait jamais être exécutée par Tu-Duc, qui exécrait les Européens.

Les 20, 22 et 24 juin 1867, l'amiral de La Grandière complétait l'œuvre de ses prédécesseurs par l'acquisition «pacifique» de Vinh-Long, Chau-doc et Ha-tien, dont les territoires sont connus sous le nom de « provinces de l'Ouest ». Notre colonie de Cochinchine était formée telle qu'elle existe aujourd'hui.

Deux ans plus tard, en 1864, nous avions à obtenir satisfaction du Japon. A la suite d'une odieuse agression dirigée contre les navires européens qui longeaient la côte de la province de Tchò, la France, l'Angleterre, les États-Unis, la Hollande et la Russie envoyèrent collectivement dans le détroit de Simonoseki des forces navales importantes qui infligèrent au gouvernement de Yeddo le juste châtiment qu'il méritait. Tandis que le feu des bâtiments détruisait les batteries japonaises de la côte ainsi qu'un grand nombre de navires ennemis, les compagnies de débarquement que les chaloupes avaient portées à terre incendièrent plusieurs villages et ravagèrent tout le littoral.

V

EXPÉDITION DU MEXIQUE.

Résolues de mettre un terme aux violences exercées par le gouvernement mexicain contre les étrangers, la France, l'Angleterre et l'Espagne se concertèrent, en 1861, pour une action commune et signèrent à cet effet, le 30 octobre, la convention de Londres. Le 27 décembre, les Espagnols occupèrent la Vera-Cruz, ainsi que Saint-Jean d'Ulloa. Au mois de janvier 1862, une escadre française composée d'une frégate à roues, de deux corvettes, de sept avisos à vapeur et de quatre canonnières, sous les ordres du vice-amiral Jurien de La Gravière, débarqua cinq mille cinq cents hommes. L'escadre anglaise fut chargée de surveiller la côte avec mille soldats de marine. Mais bientôt la mésintelligence éclata entre les alliés, qui ne purent s'entendre sur l'interprétation du traité de Londres; une rupture s'ensuivit, et, abandonnés par les Anglais et par les Espagnols, les Français durent poursuivre seuls la lutte pour leur propre compte.

Nous n'avons pas à retracer ici les détails de cette longue et triste campagne, qui se termina, en 1867, par le drame douloureux de Queretaro. Constatons simplement que notre marine n'eut à combattre qu'une seule fois pendant cette guerre. Quatre navires, sous le commandement de l'amiral Bouët-Willaumez, bombardèrent Acapulco pendant trois jours et firent cesser le feu de la place. Cent matelots furent débarqués et enclouèrent les canons. L'escadrille reprit ensuite le large.

L'expédition terminée, vingt transports ramenèrent nos troupes en France.

SEPTIÈME PARTIE

LA TROISIÈME RÉPUBLIQUE

SAISSET. — POTHUAU. — JAURÉGUIBERRY. — FRANCIS GARNIER. — HENRI RIVIÈRE. — COURBET. — PIERRE. — SAVORGNAN DE BRAZZA.

SEPTIÈME PARTIE

LA TROISIÈME RÉPUBLIQUE

La période absolument contemporaine dont nous devons maintenant retracer quelques pages pour terminer notre travail exige, on le conçoit, plus que toute autre un choix prudent dans les détails et une impartialité plus grande encore, si c'est possible, que pour celle qui précède. Nous ne saurions soulever ici aucune récrimination, quelle qu'elle puisse être. Nous nous bornerons donc à enregistrer, sans appréciation d'aucune sorte, les faits les plus saillants qui nous ont paru devoir la signaler plus particulièrement à l'attention.

Si tourmentée qu'elle ait été, surtout à ses débuts, cette période nous semble devoir marquer d'une façon brillante dans nos annales; jamais le patriotisme de nos troupes ne fut plus sincère et plus désintéressé dans des circonstances souvent difficiles.

I

LA MARINE PENDANT LA GUERRE DE 1870-1871.

Le gouvernement avait décidé, dès le début des hostilités, qu'une escadre de combat, dont l'amiral Rigault de Genouilly se réservait le commandement, et une flotte de transport iraient jeter quarante mille hommes sur le littoral de la Baltique. La journée de Reischoffen fit renoncer à tout projet de débarquement. L'escadre de la Manche, composée de sept cuirassés, fut seule envoyée dans la Baltique, sous la conduite du vice-amiral Bouët-Willaumez, et l'escadre d'évolution de la Méditerranée, commandée par le vice-amiral Fourichon, que remplaça bientôt le vice-amiral de Gueydon, reçut l'ordre de croiser dans la mer du Nord. Sauf vers l'équinoxe, ces deux escadres ne cessèrent de tenir la mer jusqu'en février 1871. Privées de petits bâtiments ainsi que d'une partie de leur personnel, limitées d'ailleurs dans leurs moyens d'action par les instructions ministérielles, elles ne purent tenter aucune opération offensive ; mais elles contraignirent les forces navales prussiennes de rester dans leurs ports, firent de nombreuses prises, et arrêtèrent le mouvement commercial allemand tout en laissant la mer libre à nos nationaux et en empêchant l'ennemi de se ravitailler par Fécamp et Dieppe. Dans ces circonstances, on ne pouvait exiger de notre marine un plus efficace concours.

En même temps, les marins demeurés disponibles dans les ports, jaloux de venir en aide aux armées épuisées, dans les rangs desquelles on voyait déjà l'artillerie et l'infanterie de marine, combattirent à Strasbourg, à Paris, dont ils défendirent si énergiquement les forts, avec l'armée de la Loire, avec celle du Nord, partout enfin où il y eut une œuvre d'honneur, de courage ou de dévouement à accomplir. Les noms du capitaine de vaisseau Jauréguiberry, des amiraux Saisset et Pothuau, demeureront inséparables de cette grande lutte.

Il serait injuste de ne pas mentionner également les services d'une autre nature, mais à coup sûr non moins précieux, que rendirent les ateliers des arsenaux maritimes, dirigés, suivant leur spécialité, par des officiers de vaisseau, par des officiers d'artillerie ou par des ingénieurs des constructions navales. Quoi qu'en aient dit certains détracteurs ignorants ou intéressés, l'activité déployée dans nos ports fut alors surprenante. Ce n'était pas seulement, en effet, dans les ateliers où se fabriquaient, où se transformaient les armes, les projectiles, les ustensiles et les munitions, que se rencontrait cette activité, c'é-

tait dans toutes les parties des ports. Il fallait emmagasiner provisoirement, outre les produits de notre industrie maritime, les
armes, les poudres, les vivres qui arrivaient des États-Unis et
des autres pays. A défaut de magasins d'une capacité suffisante,
tous ces objets étaient placés sur des bâtiments désarmés, et
leur transbordement des ateliers et des paquebots qui les ap-
portaient dans ces dépôts provisoires et de ces magasins flottants aux wagons des chemins de fer donnait lieu, du matin au
soir, à un mouvement continuel. On peut donc dire que, pendant
sept mois, le travail ne fut pas interrompu dans les arsenaux
de la marine ; la nuit même n'y mettait pas un terme.

La marine française a toujours été une école de patriotisme,
d'héroïsme, de désintéressement. La désastreuse guerre franco-
allemande mit en relief, une fois de plus, ces qualités.

II

FRANCIS GARNIER.

Peu d'hommes auront illustré aussi brillamment la marine
française contemporaine que le lieutenant de vaisseau Francis
Garnier. Il était de la race de ces grands aventuriers auxquels
tout réussit, parce qu'ils ont le courage et la foi, mais auxquels
cependant on ne rend justice que plus tard, quand l'heure des
jalousies ou des inimitiés est passée.

Né à Saint-Étienne (Loire), le 25 juillet 1839, enseigne de
vaisseau en 1860 et attaché à l'état-major de l'amiral Charner,
il fit en cette qualité la campagne de Chine et de Cochinchine.
Inspecteur des Affaires indigènes en 1863, il fut bientôt après,
âgé de vingt-quatre ans à peine, chargé de l'administration de
la ville de Cho-len, poste administratif alors le plus important
de la Cochinchine française. L'année suivante, il publiait une
brochure qui eut un grand retentissement ; il y donnait l'idée
et le plan d'un grand voyage d'exploration dans l'intérieur de

l'Indo-Chine, en vue d'ouvrir des communications commerciales entre la Chine méridionale et notre colonie.

Grâce à l'appui de M. de Chasseloup-Laubat, ministre de la marine, et malgré l'indifférence témoignée par l'administration coloniale, une mission scientifique fut organisée à Saïgon. Francis Garnier, lieutenant de vaisseau depuis 1865, était trop jeune, excitait déjà trop de jalousie, pour obtenir un pareil commandement. Cet honneur fut confié au capitaine de frégate Doudart de Lagrée, qu'une mission diplomatique au Cambodge avait récemment fait distinguer par l'amiral-gouverneur. Officiellement, Garnier fut le second de M. de Lagrée; à ce titre c'est à lui qu'incombèrent les travaux d'hydrographie, de météorologie, d'astronomie, la carte du voyage, l'étude des voies commerciales, etc. Un enseigne de vaisseau, deux médecins de la marine, un attaché du ministère des affaires étrangères et quelques interprètes indigènes complétèrent le personnel de la mission, qu'une petite escorte d'hommes d'élite accompagna. Partie de Saïgon le 5 juin 1866, l'expédition remonta le Mé-Không jusqu'au Grand-Lac, visita longuement les ruines gigantesques d'Ang-Cor, que M. de Lagrée avait déjà étudiées en partie pendant son séjour au Cambodge, continua l'ascension du fleuve jusqu'à Bassac, retrouva les traces de l'explorateur français Henri Mouhot et restaura son tombeau, puis, à travers les forêts insalubres du Laos, en touchant à la Birmanie et en explorant les royaumes encore inconnus de l'Indo-Chine septentrionale, Xieng-Tong et Xien-Hong, atteignit la Chine méridionale et pénétra dans la province du Yùn-nàn. C'est à ce moment du voyage que les renseignements déjà recueillis, complétés par une excursion de Garnier sur le Ho-ti-Kiang, affluent septentrional du Song-Coï ou fleuve Rouge (le grand fleuve du Tong-Kin), révélèrent aux explorateurs français la véritable voie commerciale entre la Cochinchine et la Chine. Le problème était résolu théoriquement. La preuve directe, résultant du fait matériel du passage par le fleuve, restait à faire, et c'est aussi un Français, M. Jean Dupuis, qui devait en avoir l'honneur en 1873. Sur ces entrefaites, M. de Lagrée tombait malade. Tandis que

Garnier, préoccupé des origines thibétaines du Mé-Không, faisait, à la tête d'une partie de la mission, une excursion des plus
périlleuses dans le royaume musulman de Taly, où, malgré les
efforts du gouvernement des Indes, aucun voyageur européen
n'avait encore pénétré, l'infortuné commandant mourait à Tong-
Tchouen. Francis Garnier prit, à son retour, le commandement
de l'expédition et, en rapportant le corps de son chef au travers
d'une région montagneuse des plus pénibles à traverser, il
atteignit enfin le Yang-tse-Kiang, puis Han-Kéou et Shang-Haï.
C'est dans ce port que la mission s'embarqua pour Saïgon, où
elle revenait après plus de deux ans d'absence. Accompli au
prix de souffrances et de dangers inouïs, ce voyage, l'un des
plus importants du siècle par l'étendue des pays traversés et
par les résultats obtenus, était enfin terminé (1868). La croix
de la Légion d'honneur récompensa Francis Garnier.

Les origines de notre entreprise au Tong-Kin sont dans
cette expédition, dont Garnier ne perdit jamais de vue les conséquences pratiques, dont il ne cessa jamais d'être le promoteur résolu. A la fin de 1871, il soulevait de nouveau la question. « C'est surtout à l'heure où il importe à la France de se
« créer des ressources nouvelles, écrivait-il, qu'il est oppor-
« tun d'utiliser celles que la voie du Song-Coï offre à notre com-
« merce extérieur. » Et, démontrant que la route commerciale
courte et facile entre la mer et les provinces de la Chine méridionale, celle qui supprime la voie longue, difficile et coû-
teuse du fleuve Bleu, que la route française par excellence, en
un mot, était le fleuve du Tong-Kin, il demandait la prompte
exploration de cette province et s'offrait pour la tenter.

En attendant, il se proposait de pénétrer au Thibet et de ré-
soudre le problème de l'origine des grands fleuves indo-chinois.
Il repartit donc pour Shang-Haï. Un voyage de trois mois dans
la Chine centrale (mai-août 1873) lui avait déjà permis de compléter une partie des renseignements recueillis par lui sur cette
question pendant son séjour à Taly, lorsqu'une lettre de M. le
contre-amiral Dupré, gouverneur de la Cochinchine, reçue à
Shang-Haï le 9 août, l'invita à revenir promptement à Saïgon.

L'amiral voulait lui confier la mission d'établir, d'accord avec les autorités annamites, la liberté de la navigation sur le Song-Coï. Garnier accepta les propositions de M. Dupré, rédigea lui-même ses instructions, qui furent approuvées par l'amiral, reçut de celui-ci de pleins pouvoirs, puis partit pour Hâ-noï, capitale du Tong-Kin, le 10 octobre suivant, avec deux canonnières et une escorte peu nombreuse.

Les événements qui suivirent constituent la plus merveilleuse Iliade que l'imagination puisse rêver.

Il embarque sur le *d'Estrées* avec quatre-vingt-trois hommes seulement; un peu plus tard, le *Decrès* devait lui apporter un renfort de quatre-vingt-douze hommes.

Son état-major se compose de : MM. les enseignes de vaisseau Esmez, Bain de La Coquerie et Balny d'Avricourt, des aspirants Hautefeuille et Perrin, du sous-lieutenant d'infanterie de marine de Trentinian, des docteurs Chédan, Dubut et Jules Harmand, du commis aux écritures Lasserre, de l'ingénieur hydrographe Bouillet et de deux interprètes.

Le 23 octobre, Garnier franchit la barre du Cua-Cam; le 5 novembre, il débarquait à Hâ-noï.

La place était sous les ordres du vieux « maréchal » Nguyên-tri-phuong, vice-roi du Tong-Kin, l'ancien commandant des lignes de Ki-hoa, un irréconciliable ennemi de la France. Pendant à peu près un mois, les pourparlers se prolongèrent inutilement; non seulement le vice-roi fit preuve de la plus mauvaise volonté, mais son insolence s'accrut chaque jour. Fier de sa garnison nombreuse dans une place de premier ordre, dédaigneux de la faible apparence des Français, il n'est pas de provocations ni d'insultes qu'il ne leur fît subir. Il ne restait plus d'autre ressource à Garnier que de se retirer ou d'employer la force.

Il se résolut immédiatement à ce dernier parti, tout simplement héroïque. « Ce n'est pas tous les jours, constate à ce « propos M. Hippolyte Gautier, qu'on prendra ainsi des cita-« delles et que l'histoire inscrira des faits surprenants comme « celui-ci : Un lieutenant de vaisseau, entouré de cent quatre-

« vingts hommes seulement, à trois mille lieues de leur patrie, à
« quatre cents lieues de tous secours, isolés dans une ville de
« quatre-vingt mille habitants, se risquant avec une partie de
« son escorte à l'assaut d'un fort de 5 ou 6 kilomètres de pour-
« tour, garni de murs, de fossés, de glacis, de canons, et gardé
« par une armée qui, si mal équipée qu'elle fût avec ses piques
« et ses sabres, aurait pu se jeter sur les assaillants à raison
« de cinquante contre un ! » C'est, pourtant, ce qui eut lieu. Le
20 novembre, à six heures du matin, après avoir formé son
petit corps expéditionnaire en trois colonnes, Garnier donne le
signal. Trois portes de la place sont attaquées vigoureusement, tandis que l'artillerie de la rade bombarde les deux autres.
L'ennemi, surpris par cet assaut, qu'il croyait impossible, se
défend avec désespoir : le vieux maréchal donne l'exemple,
mais il est blessé par une boîte à mitraille. Enfin, à sept heures
moins cinq minutes, le feu cesse, les Français sont dans la
place. Garnier avait raison d'écrire : « Sans me vanter, c'est
une opération modèle ! » Dans la soirée, on enleva encore, à
quelque distance de la ville, la petite redoute de Fou-haï pour
empêcher les fuyards de se rallier. Un groupe de huit cents
Annamites ralliés à notre cause y prit garnison trois jours après.

Une conquête de cette nature en exige fatalement d'autres
pour l'assurer. Il parut essentiel à Garnier de ne pas laisser
entre lui et la mer des forteresses aux mains de l'ennemi, ce qui
le détermina à une série d'expéditions nouvelles.

Il donne donc l'ordre à M. Balny d'Avricourt, accompagné de
M. de Trentinian et du docteur Harmand, de se rendre à Phu-ly,
puis de là à divers chefs-lieux de province. Les trois officiers partent, le 23, sur la canonnière l'*Espingole*. Chemin faisant, ils
débarquent avec dix hommes à Hung-yen, qui se rend. Le 26,
ils enlèvent d'assaut, avec vingt-sept hommes, la citadelle de
Phu-ly ; quelques jours après, un Annamite rallié, le général
Lé-Van-Ba, homme rempli d'énergie, arrivait avec un renfort de milices indigènes et s'y installait en notre nom. Deux
villes voisines, Phu-Ung-hoa et Hoaï-yen, se hâtèrent d'envoyer
leur soumission. Nous possédions ainsi tout le moyen fleuve

entre le canal Song-Ki et le canal Cua-loc. Afin de compléter ses défenses, Garnier fit occuper par M. Hautefeuille, sur la rive gauche, en face de Hà-noï, la petite ville de Gia-lam, d'où l'on pouvait surveiller les mouvements de l'ennemi dans la province de Bac-Ninh, comme de Fou-haï on était protégé contre une surprise venant de Son-tay.

Le 4 décembre, MM. Balny d'Avricourt et de Trentinian, avec vingt-huit hommes de débarquement, enlevaient la place de Haï-Dzuong. « Les défenses étaient telles, a raconté M. Balny « dans son Rapport, que le gouverneur pouvait se croire sûr de « nous tenir tête. La citadelle est un hexagone : six bastions « de 100 mètres de côté. Devant chacune des portes, un grand « redan. Chaque porte défendue par une pièce sur affût de « campagne ; chaque redan armé de six pièces au moins, bat-« tant un glacis très étendu et entouré d'eau ; double fossé pour « chaque bastion ; chaque angle de ceux-ci armé de deux à trois « pièces. Je ne comptai pas moins de quatre-vingts pièces sur les « remparts, plusieurs en bronze et d'un modèle récent, 1867 « (de fabrication anglaise), plusieurs canons de 30 et de 24 « en fonte, chaque pièce approvisionnée de nombreux coups. « Trois portes étaient bouchées par des gabions de terre ; « une seule, donnant sur la campagne, était restée libre. »

A chaque fait d'arme de ce genre, on demeure stupéfait. Le 5 décembre, M. Hautefeuille débarquait à Ninh-Binh avec huit hommes, pénétrait dans la place au milieu des Annamites interdits, empoignait hardiment le gouverneur par la barbe, le faisait garrotter par son escorte et le contraignait à accepter une capitulation. Voilà encore un des plus étonnants coups d'audace qu'on puisse imaginer ! Toute cette expédition ressemble à une féerie. Enfin le 11, Garnier en personne s'empare de Nam-Dinh, forteresse puissamment défendue et précédée de forts antérieurs, qui commande l'embouchure appelée Balat et trois canaux. C'était le dernier incident de cette promenade militaire sans exemple.

Ainsi, en vingt-deux jours, la petite expédition française se trouvait maîtresse du Delta entier.

Par malheur, la situation s'assombrissait du côté de Hà-Noï,
qu'on avait dû dégarnir. Les Hé-Ki, ou Pavillons-Noirs, venaient
de faire leur apparition. Le 18, Francis Garnier regagna précipitamment la place, dont le sort l'inquiétait. En son absence,
malgré les efforts de MM. Bain et Perrin, chargés de le remplacer, Fou-haï avait été repris par l'ennemi, dont les masses pro-
fondes se tenaient bien retranchées derrière un arroyo. D'autre
part, il ne restait plus en rade que l'*Espingole,* le *Scorpion*
s'étant rendu au Cua-Cam pour chercher des renforts qu'on attendait de Saïgon. Garnier ne trouva, temporairement, d'autre
remède que d'afficher sur-le-champ une proclamation d'armistice.

Mais le 21, au matin, les Hé-Ki attaquèrent la citadelle à
l'improviste. On les repoussa, et ils se replièrent en désordre,
les uns sur Fou-haï, les autres sur Thu-lé, petit village situé
plus au sud, à 1,200 mètres seulement de la place. Pour le
moment, il eût été prudent de les laisser là : mais Garnier,
redoutant de nouvelles surprises, décida leur poursuite immédiate. Il sortit donc de Hà-noï avec un canon, dix-huit soldats
français et des volontaires indigènes, coupant les rizières pour
aller plus vite, sans paraître se préoccuper d'une volte-face
dangereuse. En même temps, M. Balny d'Avricourt prenait une
autre route pour opérer une diversion. Que se passa-t-il alors ?
Son escorte, pour la première fois prise de frayeur, lâcha
pied à deux kilomètres de la citadelle, l'abandonnant avec trois
de ses hommes. On entendit un violent échange de coups de
feu. Quand on accourut à son secours, Garnier avait cessé de
vivre, et son cadavre décapité témoignait que les Pavillons-
Noirs étaient revenus là ! M. Balny d'Avricourt, pendant ce
temps, périssait de la même tragique façon un kilomètre plus
loin.

Ainsi mourut l'explorateur du Mé-Không, le premier conquérant du Tong-Kin. Pour lui aussi le gouvernement français se montra odieusement ingrat. Une note incroyable du
Journal officiel lui infligeait, à la date du 13 février 1874, un
désaveu posthume, sous le prétexte mensonger qu' « il avait

agi contre ses instructions » ; on contesta à sa veuve une pension, en alléguant qu'il « n'était pas mort devant l'ennemi » ; quant à ses braves compagnons, on refusa de leur compter comme une campagne cette héroïque expédition. Il a fallu dix ans pour qu'on lui rendît enfin justice.

III

HENRI RIVIÈRE.

Encore une seconde victime des irrésolutions du gouvernement français dans les affaires du Tong-Kin ! Quand il fut envoyé dans cette province en qualité de commandant du corps expéditionnaire, Henri Rivière commandait la division maritime de Cochinchine depuis cinq mois et n'avait plus besoin que d'une mission brillante pour gagner les étoiles de contre-amiral. Né à Paris le 12 juillet 1827, enseigne en 1849, lieutenant de vaisseau en 1856, capitaine de frégate en 1870, il avait vaillamment contribué en 1878 à la répression d'une révolte des Canaques en Nouvelle-Calédonie, ce qui lui avait valu les épaulettes de capitaine de vaisseau. C'était, de plus, un écrivain distingué, que le succès avait bien accueilli, ce qui lui faisait écrire plaisamment à un de ses amis : « Je m'en vais par le Tong-Kin à l'Académie Française. »

Le commandant Rivière partit de Saïgon le 26 mars 1882. Le gouverneur, M. Le Myre de Vilers, lui avait donné pour recommandation formelle « de n'avoir recours aux armes qu'en cas d'absolue nécessité ». Les troupes qu'on lui confiait comprenaient deux compagnies d'infanterie de marine, une section d'artillerie de montagne et un détachement de tirailleurs cochinchinois; en tout quatre cents hommes environ, sans compter les équipages du *Drac* et du *Parseval*, sur lesquels on embarquait.

Les deux navires jetèrent l'ancre devant Haï-phong le 2 avril;

AMIRAL COURBET.

le lendemain soir, ils entraient dans la rade de Hâ-noï. Les troupes prenaient leurs cantonnements dans les terrains vagues de la « Concession Française », où déjà se trouvaient, comme garde consulaire, aux termes du traité conclu avec l'Annam en 1874, deux compagnies d'infanterie de marine sous les ordres du chef de bataillon Berthe de Villers.

Dès le début, Henri Rivière allait subir, de la part des autorités annamites, les mêmes avanies que jadis Francis Garnier.

« La venue de quelques centaines d'hommes, relate encore
« M. H. Gautier, ne put intimider qu'un moment l'arrogance
« annamite ; ce déploiement de forces, c'était trop peu pour
« annoncer une virile décision de la France ; ce n'était qu'une
« demi-mesure, plus que modeste, et, comme toutes les demi-
« mesures, elle ne pouvait qu'aggraver les difficultés. Le tong-
« dòc (gouverneur) ne rendit point visite et fit ses préparatifs
« de défense. Le nouveau chef de l'expédition n'était donc pas
« plutôt arrivé que déjà il reconnaissait indispensable, comme
« l'avait reconnu Francis Garnier, neuf ans auparavant, de com-
« penser l'infériorité numérique par une action d'éclat et de
« riposter à d'insolentes attitudes par l'assaut de la citadelle. »

Il fit venir de Haï-phong des troupes, qui portèrent son effectif à six cent vingt hommes. Le 25, de grand matin, il donnait l'ordre de l'attaque. Tandis que trois canonnières bombardaient la place, deux colonnes d'assaut escaladaient les remparts ; des pétards firent sauter les portes. La garnison s'était enfuie quand nos soldats pénétrèrent dans la citadelle, et le tong-dòc s'était pendu.

Son triomphe embarrassait le commandant Rivière, qui, consultant ses instructions, se demandait s'il ne serait point désapprouvé. Il se borna donc à démanteler la citadelle, puis l'évacua, en la remettant sous condition au mandarin chargé de représenter l'Annam, notre « allié » ! Bien lui en prit, car le gouverneur de Saïgon, peu rassuré lui-même sur les conséquences de tant d'audace, lui écrivit, le 23 mai, pour l'engager à éviter prudemment de nouvelles occasions de conflit, ajoutant : « On ne réussit pas en Indo-Chine avec des nerfs. »

Peu après, l'ordre officiel de restituer la citadelle fut expédié à Hà-noï, avec deux envoyés de Hué pour la recevoir : toutefois, le commandant exigea qu'elle restât désarmée.

Notre situation était mauvaise, et les incompréhensibles tergiversations du gouvernement français l'aggravaient de plus en plus. Les envoyés de Hué encourageaient sous main les mandarins tongkinois à reprendre les armes : d'autre part, la Chine s'avisa de protester contre notre occupation d'un pays vassal. A Paris, le conseil des ministres s'inquiéta du monstre chinois, et l'amiral Jauréguiberry dut jeter au feu, tristement, un projet de secours qu'il avait préparé. Pendant ce temps, notre ambassadeur à Pékin, M. Bourée, essayait un accommodement impossible; il fut remplacé par M. Tricou.

A ce moment, le gouvernement français reprit l'idée d'agir. On était au mois de mars 1883 : le commandant Rivière s'usait dans l'inactivité, d'autant plus que, depuis onze mois, la situation s'était empirée. Cependant, l'attente se prolongeant, la situation devenait dangereuse. Au mois de septembre, le commandant écrivait à un ami : « Au lendemain de la « prise de Hà-noï on pouvait tout obtenir avec un peu de ré- « solution. Malheureusement, on n'a su à quoi se décider. « Le gouvernement annamite a repris courage, voyant bien « que ni de Saïgon ni de Paris on ne tenterait rien, tandis « qu'ici j'étais paralysé. Pour plus de sûreté, les Annamites « se sont jetés dans les bras de la Chine. La Chine s'est pré- « parée tranquillement et, depuis quinze jours, sans coup fé- « rir, a fait au Tong-Kin ce que nous aurions pu faire avec « un peu d'effort. » La Chine, en effet, tient Hung-hoa, même Son-tay, elle est aux portes de Hà-noï, où elle s'infiltre sans bruit. Les Chinois sont devenus le cauchemar du commandant, et il n'a pas tort : il pressent en eux l'ennemi sérieux de l'avenir.

Cependant, la *Corrèze* amenait de France sept cent cinquante hommes de renfort. A leur arrivée dans les eaux de Haï-phong, notre consul ne put obtenir des mandarins un local sain et suffisant; il fallut enlever deux forts pour les loger. On profita de l'occasion pour s'emparer, le 12 mars, de Hong-Gaï, dans la baie d'A-lung, un poste bon à garder à cause du voisinage des mines de charbon, et le génie militaire y entreprit aussitôt la construction d'un fortin. L'arrivée de ces secours détermina le commandant Rivière à marcher sur Nam-Dinh, où les autorités annamites construisaient un barrage pour couper le passage aux Français. Le 23 mars, il quittait Hâ-noï, y laissant une garde de quatre cents hommes sous les ordres du commandant Berthe de Villers. Son escadrille comprenait dix bâtiments à vapeur et quatre jonques, portant cinq compagnies de débarquement. Ce n'était plus le temps où Garnier et ses compagnons opéraient victorieusement avec une seule canonnière! La ville marchande n'opposa aucune résistance, mais il en fut autrement de la forteresse. Le 27 au matin, les canonnières ouvrirent le feu; mais la place répondait assez juste : ses pièces causèrent quelques ravages à nos bâtiments; un biscaïen vint même frapper à la jambe le lieutenant-colonel Carreau, qu'on dut amputer et qui mourut des suites de sa blessure deux mois après. D'un autre côté, la résistance était acharnée, et le chef de bataillon Badens, qui conduisait l'assaut, dut enlever chaque rue une à une sous une véritable grêle de balles et de boulets. A cinq heures, pourtant, tout fut terminé, et pour la seconde fois le drapeau français remplaça sur la plus haute tour le pavillon annamite. Le commandant Rivière qualifia brièvement cette brillante affaire par ce mot : « Ç'a été classique! »

Il revint le 2 avril à Hâ-noï, qui, pendant son absence, avait dû subir, par deux reprises, l'attaque des Pavillons-Noirs. Le commandant Berthe de Villers avait infligé, il est vrai, à ces bandits une sanglante correction; mais la sécurité de la place n'en restait pas moins fort douteuse, et des pillards y faisaient sans cesse irruption. Nous nous trouvions pris, évidemment, entre les nombreuses bandes qui tenaient Bac-Ninh et Son-tay. Le commandant Rivière résolut d'enlever ces deux forteresses, pour se dégager. Mais avec quelles forces? Un nouveau renfort de trois cents hommes, provenant des équipages de la station navale de Chine, ne suffisait pas. En attendant de nouveaux secours, et ne voulant pas se laisser bloquer, il ordonna de déblayer les environs. Le 16 mai, une première reconnaissance sur la rive gauche du fleuve réussit heureusement; on y délogea, sur un parcours de plus de 8 kilomètres, plusieurs bandes de Pavillons-Noirs, auxquels on enleva même quatre pièces de canon.

Le 19, le commandant voulut tenter la même opération du côté de Fou-haï. Avec quatre cents hommes et trois pièces légères de campagne tirées à la bricole, il prit, accompagné de M. Berthe de Villers, la route où, dix ans auparavant, l'infortuné Balny d'Avricourt avait trouvé la mort. La colonne cheminait tranquillement sur la digue reliant Hâ-noï à la route de Sontay, quand soudain, au point de jonction, éclata une fusillade formidable. D'énormes masses de Hé-ki, sûrement embusqués derrière les bambous et les cases avoisinantes, battaient en écharpe nos malheureux soldats, qui ne pouvaient riposter utilement, ne voyant pas l'ennemi. Il fallut se replier, même abandonner nos morts. Un des canons étant resté en détresse, on voulut, par un imprudent point d'honneur, le sauver. Ce fut la fin du combat, un véritable massacre; en quelques minutes, plus de cinquante blessés, sans compter les officiers. Précipitamment, on battit en retraite sur Hâ-noï; quand on se compta, le commandant Henri Rivière manquait! Il avait été tué près de la fatale pièce avec le capitaine Jacquin, l'aspirant Moulun et l'enseigne de Brisis, qui n'avaient point voulu abandonner leur chef. De même que Garnier, il subit après sa mort les derniers outrages. Le soir même, le commandant Berthe de Villers succombait aux suites des blessures reçues par lui dans la journée.

Ainsi périrent au même endroit, à dix années de distance et par le plus cruel des hasards, deux vaillants et dévoués serviteurs de la France, l'un et l'autre victimes de notre politique d'hésitations et d'inexcusables compromis. Toutefois, la mort de Rivière eut sa triste utilité : elle réveilla l'opinion publique et contraignit le gouvernement français à prendre un parti décisif.

IV

L'AMIRAL COURBET.

Une nouvelle phase allait commencer, non encore sans tâtonnements, hélas ! ou sans partis-pris fâcheux, mais sérieuse, définitive, celle d'une expédition avouée et mise en action.

Par décret du 7 juin 1883, M. le docteur Harmand, un des anciens compagnons d'armes de Francis Garnier, était nommé commissaire général de la République Française au Tong-Kin, et le général Bouët chef du corps expéditionnaire. En même temps, une nouvelle division navale, dite du Tong-Kin, comprenant les cuirassés le *Bayard* et l'*Atalante*, le *Château-Renaud*, le *Kersaint*, l'*Hamelin*, le *Parseval*, le *Drac*, etc., était confiée au contre-amiral Courbet. Médiocre combinaison, entraînant une direction triple, par conséquent des chocs de susceptibilités difficiles à prévoir, des mésintelligences impossibles à réprimer.

Né à Abbeville le 26 juin 1827, Courbet était sorti de l'École polytechnique, qui, par tradition, fournit chaque année quelques officiers à notre marine militaire. A vingt-deux ans il était aspirant de première classe, lieutenant de vaisseau à vingt-neuf, dix ans plus tard capitaine de frégate, en 1873, capitaine de vaisseau, en 1880 contre-amiral. C'était un marin ayant une grande habitude des escadres d'évolutions. Il avait été, en outre, directeur de l'école de Boyardville, où l'on enseigne l'art des torpilles ; puis, de 1880 à 1882, gouverneur de la Nouvelle-Calédonie. En 1883, il commandait à Cherbourg la division dite d'essai, formée des types nouveaux dont il devait diriger les expériences, quand il reçut l'ordre de se rendre en Indo-Chine.

L'amiral arriva sur le *Bayard*, le 20 juillet. A peine débarqué, il proposa de faire une diversion sur Hué, où Tu-Duc venait de

mourir quelques jours auparavant. L'opération fut acceptée.
Le 16 août, avec deux mille hommes à bord, il se présentait
devant l'entrée de la rivière de Hué, gardée par les forts de
Thuan-An. Le 19, après un bombardement de plusieurs heures
et un assaut à l'arme blanche, toutes les défenses du rivage
étaient en notre pouvoir. A la nuit, le ministre des affaires
étrangères de l'Annam vint lui-même chercher M. Harmand,
qui avait suivi la flotte, pour le conduire dans la capitale où,
le 25, il faisait signer un traité de paix des plus avantageux
pour nous au nouveau roi Hiep-Hoa. Ce coup de vigueur de nos
marins rétablissait l'équilibre de notre situation.

Au Tong-Kin, toutefois, les choses allaient moins bien. De
graves dissentiments n'avaient pas tardé à s'élever entre le
général Bouët et le commissaire civil; le général revint en
France. Le 25 octobre, le commandement de nos forces de
terre et de mer fut, en conséquence, concentré entre les mains
de l'amiral Courbet. Mais l'état de siège établi par lui, soumet-
tant tout au régime militaire, annihilait les fonctions du commissaire civil, lequel, à son tour, demanda à rentrer. Ainsi se
trouva réalisée l'unité des pouvoirs désirée, dès l'origine, par
l'amiral; les siens se trouvèrent absolus et complets : il eut désormais l'autorité administrative subordonnée à son autorité
militaire et navale. Dans la circonstance, cela valait mieux. Il
put alors préparer à sa guise une expédition contre Son-tay, où
s'était retranché le fameux chef des Pavillons-Noirs, Luh-Vinh-
Phuoc, dont nous devions depuis si souvent entendre parler;
cette fois, dans des conditions assurées de réussite. Courbet disposait d'un effectif d'occupation comme on n'en avait point encore
vu au Tong-Kin : neuf mille cinq cent trente hommes de troupes,
sans compter trois mille auxiliaires tongkinois et les équipages de l'escadre navale. Le 11 décembre, l'ordre du départ
fut donné inopinément dans la nuit. C'étaient six mille huit cents
hommes, indépendamment des équipages de la flottille, que cet
ordre mettait en mouvement : une moitié de ces troupes fut
placée sous les ordres du colonel Bichot, l'autre moitié sous
ceux du colonel Belin. Le 14, la citadelle de Phu-sa, clef de la

place, était enlevée; le 17, Son-tay ouvrait ses portes après une résistance désespérée. Cette campagne de trois jours restera peut-être le plus glorieux épisode de la seconde conquête du Tong-Kin. Dans tous les cas, l'amiral avait montré, dans la préparation et dans l'exécution, toute sa mesure : en attaquant Son-tay plutôt que Bac-Ninh, à laquelle il songeait également du reste, il avait jugé, avec la sûreté si précise de son coup d'œil, que la tête de la résistance était Luh-Vinh-Phuoc et que, celui-ci une fois refoulé sur le haut Song-Coï, son repaire de Son-tay entre nos mains, Bac-Ninh et les réguliers chinois qui l'occupaient seraient une prise facile. Les événements se chargèrent de démontrer la justesse de ses prévisions.

L'amiral se préparait, au mois de janvier 1884, à reprendre le cours de ses succès, quand il fut remplacé dans son commandement par le général Millot. Nommé vice-amiral et grand-officier de la Légion d'honneur, Courbet fit avec dignité ses adieux au corps expéditionnaire qu'il avait eu l'honneur de diriger d'une façon si remarquable pendant quelques mois et, esclave de la discipline, homme du devoir avant tout, il remonta à bord de son escadre, continuant de donner à l'œuvre commune le concours le plus entier. La fortune lui réservait une glorieuse compensation.

Le traité de Tien-Tsin vient d'être violé; c'est, maintenant, la Chine qu'il faut châtier. L'amiral reçoit l'ordre de ramener tous les navires stationnés en Extrême-Orient et de prendre position de façon à infliger une leçon instructive à la mauvaise foi perpétuelle de la cour de Pékin. Il entre alors dans la rivière Min, dispose ses bâtiments de manière à surveiller tous les mouvements des Chinois, et prend dans le fleuve une position de combat qui menace l'arsenal de Fou-Tchéou, au centre de la ligne de défense de l'ennemi; par là, il se coupait volontairement sa ligne de retraite, ne comptant que sur la victoire pour regagner la haute mer. Pendant quarante-cinq jours, l'escadre française reste devant Fou-Tchéou attendant que notre diplomatie ait terminé son œuvre. Mais la Chine prend notre modération pour de la faiblesse; pendant qu'on négocie à Paris et à Shang-Haï, elle arme et complète sous nos yeux son système de défense de la rivière Min. L'amiral voit grossir l'orage autour de lui; il conjure le gouvernement d'agir au plus vite, le prévenant que toutes les négociations sont dilatoires, que la Chine ne veut pas traiter. L'heure de l'action sonne enfin. Le 23 août, avec sept bâtiments en bois et un cuirassé, Courbet attaque la flotte et l'arsenal chinois. Il met son pavillon de commandement sur un navire léger, afin de se tenir toujours au plus fort du feu et de se déplacer aisément pour diriger les mouvements de son escadre. Son pilote américain est tué à ses côtés. En vingt-trois minutes, la flotte chinoise est anéantie, et Fou-Tchéou n'est plus qu'un monceau de cendres. L'arsenal détruit, l'amiral attaque successivement les deux groupes de défense de la rivière Min, bouscule les fortifications des Chinois, encloue leurs canons, puis reprend le large après avoir terminé son œuvre de châtiment.

Pendant un an, l'amiral Courbet croisa encore dans les mers de Chine, semant la terreur dans la marine chinoise, maintenant partout, haut et glorieux, notre pavillon.

Son dernier exploit fut la prise des îles Pescadores. Le gouvernement français avait entrepris, comme mode suprême d'intimidation, la « politique des gages », qui, en effet, eût pu amener un résultat excellent à la condition qu'on y persistât. Courbet jeta sur-le-champ les yeux sur ce petit archipel, qui commande l'entrée de la mer de Chine entre Formose et le continent. Avec six de ses bâtiments, il tenta l'attaque le 29 mars 1885; le 31, notre drapeau flottait sur les forts de Ma-Kung, la capitale. C'était une prise de premier ordre, que le gouvernement français a eu la faiblesse de restituer.

Le 11 juin suivant, brisé par les fatigues et la maladie, l'amiral Courbet expirait à bord du *Bayard*. Cette perte fut vivement ressentie par notre marine et par le pays tout entier. Le gouvernement s'est honoré en ordonnant qu'on lui fît des funérailles aux frais de l'État.

V

L'EXPÉDITION DE MADAGASCAR.

Pendant que la France guerroyait en Extrême-Orient avec
des fortunes diverses, ses intérêts allaient de plus mal en plus
mal à Madagascar. Encouragés par l'insouciance dont nous fai-
sions preuve à leur égard depuis plus d'un demi-siècle, les
Hovas avaient formé le projet, soutenus en cela par les Anglais,
de nous chasser des territoires qui nous appartenaient sur la
côte ouest de l'île. Le moyen dont ils usèrent était fort simple.
Par ruse, ils réussirent, en 1881, à faire hisser leur pavillon à
Bavatoubé et à Ankify, chez les Sakalaves, nos protégés. Le capitaine de vaisseau Le Timbre, chef de notre station navale, fit
enlever sur-le-champ ce drapeau dans les deux localités. Les Hovas répondirent à cet acte d'autorité en placardant, à Tananarive,
à la porte du consulat de France, des menaces de mort contre les
Français et en faisant assassiner dans sa plantation un des agents
de la maison Roux de Fraissinet. Cette fois, la mesure était
comble. Une ambassade hova envoyée à Paris pour calmer l'ir-
ritation du gouvernement français ne put réussir à empêcher une
expédition.

Le 16 mai 1883, l'amiral Pierre s'emparait de Majunga, sur
la côte ouest, et, le 11 juin suivant, après un vigoureux bombardement, il enlevait Tamatave sur la côte est. Ces deux brillantes
opérations avaient pour but de dégager tout le nord de l'île, depuis la baie de Bombetok jusqu'à la baie d'Antongil. La prise
de Tamatave donna lieu, toutefois, à deux graves incidents.
Pendant le bombardement, le navire anglais *Dryad,* capitaine
Johnstone, s'étant avancé dans les lignes d'attaque de la flotte
française, l'amiral Pierre dut, pour le faire retirer, lui adresser
une sommation formelle. Trois jours après la prise de la place,
M. Shaw, méthodiste anglais, habitant une maison en dehors de

la ville, demandait que sa demeure fût protégée par un détachement français; quand, se rendant à son désir, l'officier arriva avec ses hommes, il trouva, disposées dans le jardin, plusieurs bouteilles contenant du vin empoisonné! L'amiral Pierre fit empoigner immédiatement Shaw pour le faire passer en conseil de guerre. A ces mesures de vigueur, le premier ministre hova, plus que jamais alors dominé par l'influence des méthodistes anglais, répondit par l'expulsion de tous les Français de Madagascar. C'était un coup hardi, rendant désormais impossible toute transaction honorable entre la France et le gouvernement de Tananarive. Notre commerce, notre industrie, notre influence politique disparaissaient en ce moment par ce seul acte. Il eût fallu riposter sur-le-champ, sans merci. Or, que fit le gouvernement français? Peu après, on apprit dans la capitale hova que l'amiral Pierre avait été désavoué au sujet de l'incident Johnstone et que, en plus, la France avait reconnu une indemnité de 25,000 francs à l'empoisonneur Shaw pour sa détention! Cette défaillance incompréhensible accrut étrangement, on le conçoit, l'audace des Hovas. L'amiral Pierre demanda immédiatement son rappel. Déjà malade, il expira en arrivant en France, succombant plus encore à sa juste indignation qu'à son mal.

L'amiral Galiber lui succéda. Le 15 octobre, le gouvernement hova essaya d'entamer avec lui de nouveaux pourparlers. Autant d'atermoiements aboutissant aux mêmes résultats négatifs. Sur ces entrefaites, il fallut, pour continuer la lutte, provoquer un vote du Parlement, lequel se décida à donner son autorisation, non sans peine, dans sa séance du 27 mars 1884. L'amiral Miot, qui venait de remplacer l'amiral Galiber, s'empressa, dès le 13 mai suivant, de porter ce vote à la connaissance de la reine Ranavalo III, lui proposant, pour la dernière fois, un accord. Mais le gouvernement hova, qui venait de placer à la tête de ses troupes le colonel anglais Digby Willougby, renforcé d'un nombreux état-major britannique, ne répondit même pas. Il fallut enlever tour à tour, pour assurer notre situation, Vohémar, Diégo-Suarez et Passandava. Le 27 juillet

1885, la Chambre des députés, décidée à en finir, votait un nouveau crédit de douze millions pour terminer la campagne.

Cette série d'insuccès fit, enfin, réfléchir les Hovas. Ils se déterminèrent à conclure le traité du 17 décembre 1885, qui nous reconnaît le « protectorat » de l'île et nous donne en toute propriété la magnifique position stratégique de Diégo-Suarez. Nous entretenons désormais un résident général à Tananarive, qui est en même temps le « ministre des affaires étrangères de la reine », et deux vice-résidents à Tamatave et à Majunga. Mais est-ce la fin de notre lutte dans l'île, lutte qui dure depuis 1814 par suite des agissements sourds des Anglais?

VI

SAVORGNAN DE BRAZZA.

Sous la troisième République française, le territoire colonial de la France s'est accru de la Tunisie, conquise par notre armée de terre, du Tong-Kin et de Madagascar, conquis par nos escadres, et du Congo, conquis par la patiente initiative d'un seul homme, un jeune officier de marine, M. Savorgnan de Brazza.

Le nom de M. de Brazza mérite, à tous les points de vue, de figurer dans le « Livre d'Or » de notre marine.

Pierre Savorgnan de Brazza naquit à Rome le 26 janvier 1852, d'une famille italienne. Dès son plus jeune âge, un goût très prononcé pour la marine se manifesta en lui. Mais ne voulant pas, pour des raisons toutes personnelles, servir le roi Humbert, il obtint de l'amiral de Montagnac, avec lequel sa famille était fort liée, d'être admis au titre étranger à l'École navale française; c'était en 1875. En 1878, il se faisait naturaliser Français et entrait dans notre corps d'officiers comme enseigne de vaisseau.

C'est en voyant pour la première fois la terre d'Afrique qu'il sentit s'allumer en lui spontanément le feu sacré qui fait les explorateurs. Après avoir caressé pendant deux ans son idée, il obtenait du ministre une mission d'exploration pour laquelle lui était adjoint le docteur Ballay, qui devait rester depuis son compagnon fidèle. Il était alors simple aspirant. Le 1ᵉʳ septembre 1875, M. de Brazza quittait Toulon sur le *Loiret* avec MM. Ballay et Marche. Six mois plus tard, on atteignait les rapides de Bôoné, point où l'Ogôoué s'infléchit vers le sud, et le 10 juillet 1877, en atteignant les chutes de Poubara, les voyageurs résolvaient la question, si controversée, des sources de ce fleuve. Cette reconnaissance, toutefois, n'avait pas été sans danger. Les Adamas se montraient hostiles. La petite vérole ayant éclaté chez eux, ils accusèrent les Blancs d'avoir apporté des « caisses pleines de maladies ». La vie des explorateurs fut plusieurs fois en péril. Le docteur Ballay guérit un grand nombre de noirs et, à force de bons procédés, on gagna l'amitié des populations. On éprouva encore d'autres ennuis. Un jour, les treize pirogues du convoi chavirent dans les rapides ; instruments, effets, chaussures, tout est perdu, et les voyageurs sont à peu près réduits au pagne des indigènes.

En mars 1878, Brazza se dirigeait vers l'est avec une escorte de cinquante porteurs Batekés de l'Alima lorsque, à un moment donné, ces porteurs jettent les bagages et brandissent leurs sagaies ; l'attitude ferme des voyageurs les fait rentrer dans l'ordre. Mais sur la rivière Nconi l'audace des indigènes devient telle que la petite troupe est obligée de se retrancher derrière ses colis, après avoir placé en avant une caisse de poudre et menacé d'y mettre le feu en cas d'attaque. A la vue de ces préparatifs, les Batekés saisis de frayeur font la paix.

Le 2 juillet, Brazza atteint l'Alima, qu'il explore sur un parcours de 70 kilomètres. L'hostilité des Apfourous, qui lui barrent le passage sans vouloir entrer en pourparlers, le force à rebrousser chemin. Il essaye de se diriger vers le nord ; mais ses porteurs refusent de marcher.

Fatigué, presque découragé, il reprend tristement la route de l'Ogôoué, sans se douter qu'il était à quatre journées du Congo ; cette certitude aurait suffi pour ranimer son âme persévérante et lui faire oublier toutes les fatigues éprouvées. Quoi qu'il en soit, il rentrait au Gabon le 6 novembre, trois ans après avoir quitté l'Europe.

Les résultats de cette première expédition furent : 1° la question de l'Ogôoué résolue ; 2° les monopoles désastreux des riverains abolis sans violence ; 3° les populations de l'Ogôoué gagnées à la France ; 4° la géographie enrichie de la notion de deux grandes rivières, l'Alima et la Licona, et du relevé de régions inconnues situées aux portes de notre colonie du Gabon.

Après un an de repos, il recevait du comité français de l'Association internationale africaine la mission de fonder deux stations hospitalières sur l'Ogôoué. En même temps, le Parlement votait un crédit pour une nouvelle exploration de MM. de Brazza et Ballay. Le 27 décembre 1879, Brazza quittait l'Europe pour entreprendre son second voyage.

Prévoyant dès cette époque la transformation qu'allait subir l'Association internationale africaine, Brazza prit toutes les mesures nécessaires pour sauvegarder l'avenir des intérêts français. Les événements ont largement prouvé combien ses prévisions étaient fondées.

Au mois de juin 1880, après avoir établi la station de Franceville, il se dirige vers l'est ; il fait la paix avec les Apfourous et découvre une nouvelle route qui lui permet d'atteindre l'Alima en quatre jours. Au delà de Lékéti, il trouve le plateau élevé des Batekés, avec une population dense, commerçante et pratique. En deux jours il atteint le Congo, où le Makoko, chef des Batekés, le reçoit comme un hôte depuis longtemps désiré. Il conclut avec le souverain nègre un traité, en vertu duquel celui-ci cède à la France une portion de son territoire.

Une nouvelle station française est fondée sur les rives du Congo, et nos intérêts dans ces parages ont désormais un point d'appui. Le poste de Mfa, sur lequel flotte notre drapeau, est confié au tirailleur sénégalais Malamine. D'accord avec le comité français de l'Association internationale africaine, la Société de géographie de Paris, répondant au vœu unanime, attribua à ce poste le nom de Brazzaville.

Toujours en prévision de l'avenir, Brazza se dirige alors sur le Niari pour étudier la vallée de ce cours d'eau, qu'il considère comme la meilleure voie entre l'Océan et le Congo.

Cette reconnaissance terminée, il revient au Gabon, d'où il repart de nouveau pour remonter l'Ogôoué et assurer le ravitaillement de Malamine. Parvenu sur le haut Alima, il y fonde une troisième station, puis reprend, enfin, la route de France, où il arrive au milieu de 1882.

Nommé lieutenant de vaisseau au mois de février 1883, il repartait pour l'Afrique avec le titre de Commissaire général de la France dans l'Ouest africain.

Par malheur, il n'était pas seul à conquérir ces parages. L'expansion coloniale devient, chaque jour, une nécessité commune à toutes les nations européennes; elle leur impose, sous peine de déchéance, la recherche de nouveaux clients, de matières premières ou d'un gage pour l'avenir. Le partage du globe qui s'opère de nos jours est l'expression de cette nécessité. Tandis donc que Brazza, suppléant par la vigueur de sa volonté à l'insuffisance relative de ses moyens d'action, luttait là-bas pour les intérêts français, un rival dangereux, l'un de nos plus irréconciliables ennemis, l'Américain Henry Stanley, mandataire largement doté du comité belge de l'Association internationale africaine, transformé en comité d'études du Congo, menait également une active campagne dans les territoires voisins du grand fleuve.

Nous n'avons pas à rappeler ici la rivalité des deux explorarateurs. La conférence de Berlin a tranché le conflit.

Le crédit voté le 10 janvier 1883 par le Parlement était de 1,275,000 francs. En 1884, un nouveau crédit de 780,000 francs était alloué à l'explorateur.

En 1885, le personnel de notre mission au Congo était composé de soixante blancs, dont trente sous-officiers et marins, de trois cents laptots sénégalais et kroumen, ou terrassiers de la côte de Guinée, de mille deux cents pagayeurs, ou rameurs indigènes, et de mille porteurs, la plupart Batekés. Les collaborateurs principaux de M. de Brazza résidaient sur la zone maritime, le haut

Ogôoué, l'Alima, le haut Congo, le bassin du Niari, le Loango, et il y avait partout des chefs de station. La mission possédait cinq embarcations à vapeur, deux sur le Congo et l'Alima, trois sur le bas Ogôoué. Vingt et un postes ou stations étaient échelonnés sur un périmètre de 3,000 kilomètres entre la côte, le Congo, l'Equateur et le parallèle de 5° 12'. Il y avait un dépôt à Libreville, cinq stations et un poste sur l'Ogôoué, deux stations et deux postes sur l'Alima, deux stations et deux postes sur le Congo, deux stations et un poste sur le Niari, enfin trois stations sur la côte entre Setté-Cama et Lendana. Voilà l'œuvre!

En 1886, M. de Brazza a été promu officier de la Légion d'honneur et nommé gouverneur général du Congo français : sur sa demande, on a réuni à son gouvernement le Gabon, dont son compagnon, M. le docteur Ballay, a été nommé lieutenant-gouverneur. Au mois de janvier 1887, le Parlement lui a alloué un budget de trois millions, dont deux millions et demi à sa libre disposition. Cette éclatante reconnaissance des services par lui rendus a reçu l'approbation unanime de l'opinion.

Des hommes tels que M. de Brazza font honneur à leur pays d'adoption; la Marine française, également, a le droit d'en être fière.

CONCLUSION

NOUVELLES CONDITIONS FAITES A LA MARINE FRANÇAISE CONTEMPORAINE

CONCLUSION

NOUVELLES CONDITIONS FAITES A LA MARINE FRANÇAISE
CONTEMPORAINE

Le progrès est une évolution constante: la transformation des instruments par lesquels il s'exerce est sa caractéristique : il emprunte le génie de l'homme pour se manifester.

L'art stratégique naval a dû passer, lui aussi, suivant la loi commune, par ces phases multiples, dont chacune marque une étape dans l'histoire de notre civilisation. Aux lourdes et incommodes nefs ont succédé les longues galères à rames; les majestueux vaisseaux de ligne en bois et à voiles ont remplacé les galères ; les bâtiments à vapeur ont supplanté les navires à voiles; puis sont venus les cuirassés. Aujourd'hui, il s'agit d'une nouvelle métamorphose, d'un nouveau déplacement de forces à l'aide du torpilleur autonome. Cette révolution nautique sera-t-elle la dernière?

Ici nous croyons devoir laisser la parole à M. l'amiral Aube, le promoteur infatigable et convaincu du système.

« A l'époque de la marine à voiles, écrit-il, époque si rap-
« prochée de nous par les années, si éloignée par les incessan-
« tes transformations des éléments qui constituent la puissance
« sur mer des nations européennes, la suprématie maritime,
« conséquence assurée d'une ou deux grandes victoires où som-
« brait pour longtemps la marine vaincue, donnait à la marine
« victorieuse la souveraineté, l'empire de la mer dans la plus

« complète expression de ces mots. Les souvenirs du premier
« Empire sont encore vivants dans les esprits : nos côtes étroi-
« tement bloquées de Cadix à Anvers, de Gibraltar à Naples,
« sans cesse menacées du débarquement d'une armée d'inva-
« sion, comme celle qui, jetée soudainement à Walcheren, ins-
« pira de si justes craintes à l'empereur alors engagé avec
« toutes ses forces au cœur de l'Autriche ; les escadres anglaises
« promenant seules sur l'Océan leurs pavillons victorieux
« et balayant devant elles ce qu'un de nos amiraux appelait si
« justement *de la poussière navale,* c'est-à-dire nos corsaires
« intrépides, nos croiseurs isolés, prisonniers désignés d'avance
« aux pontons de Plymouth et de Southampton ; nos colonies
« séparées du monde entier, abandonnées à elles-mêmes, sans
« secours possible, tombant l'une après l'autre sous des atta-
« ques répétées, et destinées plus tard à payer la rançon de la
« paix ; enfin, comme résultat d'un tel état de choses, l'Angle-
« terre monopolisant le commerce du monde, jetant les bases
« de sa puissance actuelle, de sa prospérité sans égale ; telles
« furent, à cette époque, les conséquences de nos défaites à
« Aboukir et à Trafalgar. L'application de la vapeur comme
« force motrice des navires de guerre, celle de l'hélice comme
« propulseur, la création des chemins de fer reliant en un tout
« compact les provinces les plus éloignées d'un même pays,
« les progrès incessants de la mécanique, ceux de l'artillerie,
« les perfectionnements que chaque jour apporte à l'emploi des
« torpilles, en bouleversant les conditions normales de la
« guerre maritime, en ont complètement aussi modifié les résul-
« tats. Ces résultats, si décisifs autrefois, seraient si amoin-
« dris que peut-être se réduiraient-ils à une gloire stérile,
« achetée au prix d'énormes dépenses et par l'effusion du sang
« le plus précieux.....

« L'empire de la mer n'assure ni le blocus des côtes en-
« nemies, ni la sécurité du commerce national, ni celle des ports
« et des côtes de la métropole et des colonies, à la nation qui
« l'a conquis. Ce commerce, ces ports, ces rivages sont, au
« contraire, exposés sans leur défense d'autrefois : la marine

« de guerre nationale est exposée elle-même aux attaques des
« croiseurs ennemis, toujours maîtres de s'élancer dans l'Océan
« et auxquels leur vitesse assure presque l'impunité. »

L'amiral Aube écrivait les lignes qui précèdent dans la
Revue des Deux-Mondes du 1er juillet 1874. En 1886, dans une
étude d'un haut intérêt publiée par lui dans l'*Atlas colonial* de
M. Charles Bayle, il ajoutait :

« Les onze années écoulées depuis que ces lignes ont été
« écrites ont donné une sanction irrécusable à ces vérités, qui
« pouvaient alors trouver des incrédules. Les progrès dont
« nous constations la marche continue ont été tels que la révo-
« lution a été complète, et dans la constitution des marines de
« l'avenir, et dans les conditions des guerres navales futures.
« Non seulement les opérations maritimes secondaires d'autre-
« fois : blocus des côtes, débarquement de corps d'invasion, —
« sont impossibles ; mais même la guerre d'escadre, la guerre
« des batailles décisives autrefois, n'est plus qu'un anachro-
« nisme. *La guerre navale, c'est désormais la guerre indus-
« trielle, la guerre de course.* Les instruments de cette guerre
« sont en nombre maximum, les torpilleurs et les canonnières
« de défense, unités de combat, et avec eux les croiseurs, tous
« ayant une vitesse maximum, tous réduits aux dimensions
« minimum, qui en assurent l'autonomie et la puissance effec-
« tive ; le nombre, la vitesse, l'invisibilité sont les facteurs de
« la supériorité de ces instruments de guerre.

« Mais cette guerre de l'avenir, cette guerre industrielle, cette
« guerre de course à la fois *offensive et défensive* n'est possi-
« ble qu'à une condition : c'est que torpilleurs et croiseurs, écu-
« meurs sans merci des routes commerciales de l'Océan, puis-
« sent *vivre,* c'est-à-dire s'approvisionner et aussi trouver dans
« tous les parages des abris sûrs, des refuges toujours ou-
« verts.....

« Nous avons indiqué les stations françaises qui sont la ga-
« rantie absolue de la sécurité, de la défense de nos pro-
« vinces coloniales ; la seule garantie, entendons-nous, la
« seule garantie matérielle. Il en est, en effet, d'ordre supérieur

« qu'il importe d'établir. C'est que cette guerre de course, cette
« guerre industrielle sera une guerre sans merci ; et, en dépit
« de toutes les réclamations de l'humanitarisme et de ces droits
« sans sanction qu'on appelle les droits de la guerre, *il est fa-*
« *tal qu'il en sera ainsi.*

« La guerre est la négation du droit. C'est le recours à la
« force, reine du monde, d'un peuple tout entier dans l'incessant
« et universel combat pour l'existence. Tout est donc non seu-
« lement permis, mais légitime contre l'ennemi. C'est la loi.
« Mais cette loi doit avoir sa sanction, et quelle est la sanction
« de toute loi scientifique ? Les faits. Où sont les faits, sanc-
« tion de la loi que nous proclamons ?

« Aux jours où *théoriquement* les droits de la guerre n'étaient
« pas discutés, où théoriquement les lois de la guerre s'impo-
« saient aux esprits les plus rebelles, comment cette guerre
« maritime était-elle préparée ? Un navire de guerre, un corsaire
« et un bâtiment de commerce sont en présence. L'un devient
« la prise de l'autre, une partie de l'équipage du capteur ama-
« rine sa prise ; si elle en vaut la peine, cette prise est conduite
« dans le port le plus voisin ; sinon, tout l'équipage passe à
« bord du capteur et la prise est coulée. L'humanité est sauvée :
« saufs aussi les droits de la guerre.

« Demain, la guerre éclate ; un torpilleur autonome — deux
« officiers, douze hommes d'équipage — a reconnu un de ces
« paquebots porteurs d'une cargaison plus riche que celle des
« plus riches galions d'Espagne ; l'équipage, les passagers de
« ce paquebot s'élèvent à plusieurs centaines d'hommes ; le
« torpilleur ira-t-il signifier au capitaine du paquebot qu'il est
« là, qu'il le guette, qu'il peut le couler et qu'en conséquence il
« le fait prisonnier, lui, son équipage, ses passagers, qu'en
« un mot il l'amarine platoniquement et que, comme tel, il doit
« se rendre dans le port le plus voisin de France ? A cette dé-
« claration, égale en sottise au chevaleresque : « A vous, mes-
« sieurs les Anglais ! » de Fontenoy, le capitaine du paquebot
« répondrait par un obus bien pointé, qui enverrait au fond le
« torpilleur, son équipage et son chevaleresque capitaine, et

« tranquillement il poursuivrait sa route un moment interrompue.
« Donc le torpilleur suivra de loin, invisible, le paquebot
« qu'il aura reconnu, et, la nuit faite, le plus silencieusement
« et le plus tranquillement du monde, il enverra aux abîmes
« paquebot, cargaison, équipage, passagers, et, l'âme non
« seulement en repos, mais pleinement satisfaite, le capitaine
« du torpilleur continuera sa croisière.

« Tous les cœurs sensibles que le xviiie siècle nous a légués
« peuvent gémir, tous les congrès de la paix peuvent tenir
« leurs assises humanitaires, tous les diplomates peuvent en
« des congrès aussi pratiques édicter de nouveaux codes des
« droits de la guerre, — par cela seul que la guerre éclatera
« entre deux nations maritimes, et parce que, de même que le
« lion est lion pour déchirer sa proie surprise sans défense, le
« torpilleur est torpilleur pour torpiller les navires ennemis
« surpris sans défense, chaque nuit couvrira de ses ombres
« silencieuses et protectrices, chaque point de l'Océan verra
« s'accomplir de pareilles atrocités.

« D'autres peuvent protester : pour nous, nous saluons en
« elle la sanction suprême de cette loi supérieure du progrès
« dans laquelle nous avons une foi ardente et dont le dernier
« terme sera l'abolition de la guerre ».

L'amiral Jurien de La Gravière a exposé également, en 1886,
ses idées sur la question. Nous croyons utile de les reproduire
en les analysant.

D'après lui, la stratégie navale ne gagne rien à user de finesse.
Telle était l'opinion d'un grand tacticien, Tourville, qui décla-
rait que, les armées une fois en présence, le plus sûr parti était
encore de livrer bataille. La flotte qui se tient sur la défensive,
disait-il, sera tôt ou tard contrainte au combat; il ne faut pas
l'exposer à combattre sans élan, sans confiance, avec une infériorité morale trop marquée, l'adversaire qui la presse et la provoque. Rester dans ses ports serait, en ce cas, infiniment plus
sage. M. Jurien de La Gravière considère, toutefois, que l'importance que tend à prendre de jour en jour *la poussière navale*
est tout à l'avantage de la défensive. Sans doute, observe-t-il,

il sera facile d'opposer aux flottilles d'autres flottilles plus nombreuses et plus redoutables, mais ce ne sera jamais sans inconvénient que l'on conduira ces dernières dans des parages où
l'ennemi seul aura sur ses derrières des ports de refuge. Vou-
dra-t-on associer à des vaisseaux cuirassés des torpilleurs? Les
cuirassés appréhenderont, à chaque instant, que le fond leur
manque; les torpilleurs seront, peut-être, trop portés à se faire
un rempart des cuirassés. Une force homogène et agile réunira
généralement des conditions de combat meilleures qu'un assem-
blage hétéroclite de gros et de petits navires où la différence
des tempéraments constitue ce qu'on peut appeler une union
mal assortie. Ces idées amènent l'amiral à formuler ainsi son
programme : approfondir autant que possible les voies intérieures
par lesquelles nous avons mis en communication la Méditerranée et la Manche, et diminuer en même temps, par un effort con-
tinu, par des recherches persévérantes, le tirant d'eau de la
flotte. « Je me sens porté, ajoute-t-il, à espérer qu'il ne faudra
« pas attendre cent ans, comme je le prophétisais en 1882, pour
« que Poissy soit devenu le grand arsenal maritime de la
« France. » Nous ignorons le sort réservé à ce dernier vœu,
dont un grand nombre de gens compétents affirment depuis
longtemps déjà la future réalisation, mais nous avons pu voir
en 1886 nos torpilleurs expérimenter la navigation de nos voies
intérieures, et l'expérience a presque partout heureusement
réussi.

L'amiral Jurien de La Gravière se demande, finalement,
quels doivent être, à l'avenir, le rôle et l'action de la marine de
guerre? Il écrit : « Je crois la marine impuissante à supprimer
« le commerce ennemi sans s'exposer à des exécutions cruelles
« et à de fatales méprises; je la crois également impuissante à
« maintenir des blocus dont l'effet serait, d'ailleurs, de peu de
« conséquence ; je la crois trop généreuse pour bombarder des
« villes ouvertes ; je n'entrevois donc de rôle possible pour elle
« que dans de gigantesques opérations de descente. Voilà bien-
« tôt seize ans que je sasse et ressasse la même idée. J'ai fait
« peu de progrès jusqu'ici dans l'opinion publique, mais il ne

« faut qu'un jour pour qu'une idée méconnue se réalise. Si
« jamais ce jour-là doit venir pour ma prétendue chimère, je
« suis prêt. Je ne me flatte certes pas d'avoir tout résolu, je
« puis du moins me rendre cette justice : j'ai songé à tout. »

Quelles conclusions tirer des deux opinions précitées?

Malgré quelques divergences de vues, les deux honorables
amiraux en arrivent à une double constatation commune : c'est
que, dans l'avenir, la fortune des guerres navales dépendra de
navires légers, d'un faible tirant d'eau, pouvant se dissimuler
et s'insinuer partout ; que, en outre, les conséquences de ces
guerres, par suite de l'application d'engins de plus en plus perfectionnés, deviendront tellement effroyables qu'on devra aviser
enfin, dans l'intérêt de chacun et de tous, à en provoquer la
discontinuation d'abord, l'abolition ensuite.

Ce n'est point, hélas! notre génération qui sera témoin de
cette suppression humanitaire. Bien du sang coulera de nouveau auparavant, et bien des ruines désoleront encore le monde.
Ce que nous devons, ce que nous pouvons seulement souhaiter
à notre pays, c'est qu'il se maintienne constamment, sans som-
nolence ni oubli, à la hauteur de la lutte future. Notre Marine
de guerre s'est relevée aujourd'hui au premier rang : il faut
qu'elle y reste.

Nous sommes donc condamnés, jusqu'au jour de l'apaisement final par la lassitude de tous, à expérimenter sans cesse,
à accroître à n'importe quel prix les pires engins de destruction. Le torpilleur autonome paraît devoir figurer au premier
rang des plus redoutables. Mais rendra-t-il, pratiquement, tous
les services que M. l'amiral Aube semble attendre de son action?
Ne semble-t-il pas, au contraire, que M. l'amiral Jurien de La
Gravière ait, avec plus de sagacité technique, mieux délimité
à l'avance son rôle?

Au mois de mai 1887, la Marine a mis en campagne une division d'essai : une escadre de cuirassés, sous le commandement
de M. le vice-amiral Peyron ; une escadrille de torpilleurs, sous
celui de M. le contre-amiral Brown de Colstoun. Après divers
simulacres d'engagement sur les côtes du Portugal, de l'Algérie

et de la Provence,. avec des temps divers, on est arrivé à des conclusions nettes.

Voici quel a été le bilan de cette campagne :

Perte du torpilleur n° 67 sur les côtes du Portugal ; — mise hors de service et désarmement de deux torpilleurs au retour du premier voyage de la division à Alger ; — le *Doudart de Lagrée* a eu trois couples brisés ; — le torpilleur n° 68 a vu sa machine mise hors de service ; — enfin, sept autres torpilleurs ont eu à subir de grosses réparations. — Somme toute, le déchet de la division a été supérieur à 50 0/0. En réalité, presque tous nos torpilleurs ont été éreintés. Aussi, avant d'entreprendre une nouvelle course de Toulon à Brest, faisant également partie du programme, il a été jugé indispensable de les remettre en état. Plus d'un juge compétent avait prévu ce résultat ; l'essai, toutefois, était nécessaire.

Quant à l'escadre cuirassée, elle était prête à reprendre la mer. Elle avait réussi dans ses entreprises et se trouvait en excellent état. Les conventions ne lui permettaient pas de filer plus de dix nœuds.

Il résulte, évidemment, de cet essai que les torpilleurs auto-nomes ne peuvent être risqués en pleine mer, qu'ils doivent tenir en vue la côte, qu'en un mot leur rôle est forcément *défensif*, non *offensif*. Les essais faits en Angleterre, au mois de juin suivant, ont confirmé cette conclusion.

Le rôle de ces engins n'en demeure pas moins utile, quoique plus limité. Et nous en tirerons un autre enseignement : c'est qu'il importe de creuser au plus tôt ce « Canal des Deux Mers » qui doit relier l'Océan à la Méditerranée, de Bordeaux à Narbonne, de nous affranchir des canons de Gibraltar, de raccourcir le trajet de notre défense nationale et d'assurer la sécurité de nos armements et de nos transports maritimes. Le complément de la défense de nos côtes l'exige, et nous devons souhaiter que le gouvernement français s'y décide à bref délai.

APPENDICE

EFFECTIF DE LA FLOTTE DE GUERRE FRANÇAISE EN 1887

Peu de ministres de la marine ont fait preuve d'un zèle aussi grand que M. le vice-amiral Aube au sujet de la prompte réfection de notre flotte de guerre. Les projets par lui présentés aux Chambres à la fin de 1886 ont paru à quelques esprits indécis trop vastes, c'est-à-dire trop coûteux ; mais le Parlement a jugé, avec raison, qu'il importait de ne point marchander l'argent en pareille matière, c'est-à-dire quand la défense nationale est en jeu.

Avant de rien décider à cet égard, la commission s'était inquiétée de connaître l'état exact, la valeur de notre flotte à l'heure présente. Voici le résumé de l'inventaire qu'elle a fait dresser :

18 cuirassés d'escadre ;

10 cuirassés de croisière ;

16 autres cuirassés (garde-côtes, canonnières, etc.);

11 croiseurs à batterie ;

39 croiseurs ;

86 torpilleurs (y compris les avisos-torpilleurs);

65 avisos ou avisos-transports ;

70 canonnières, chaloupes-canonnières, etc. ;

28 transports ;

81 bâtiments de types anciens (corvettes, goélettes, garde-pêche, etc.).

La valeur de ces quatre cent vingt-quatre bâtiments de guerre était estimée à trois cent quatorze millions, compte étant tenu de la déperdition subie par eux depuis leur mise en service.

Toutefois, il était nécessaire de ne point se faire d'illusions sur la portée réelle de ce chiffre, en apparence si respectable : bien restreint, en effet, était le nombre des bâtiments pouvant être appelés à jouer un rôle dans une flotte de combat.

Il résulte, en effet, des constatations officielles que nous ne pouvions plus mettre en ligne, au commencement de 1887, que treize cuirassés d'escadre, six cuirassés de croisière, six garde-côtes et quatre canonnières ; que moitié, au plus, de nos croiseurs seraient utilisables, et encore leur vitesse était-elle faible, inférieure à seize nœuds, sauf pour trois d'entre eux ; que, enfin, une bonne partie des torpilleurs ne pourrait être employée qu'à la défense des côtes.

Ces chiffres démontrent combien est délicat le problème de la constitution d'une flotte. Voilà pourquoi les programmes à longue échéance sont funestes ; voilà pourquoi il importe de placer la rapidité de réalisation au premier rang des qualités d'un type de bâtiment.

Les constructions entreprises ont été les suivantes :

6 cuirassés d'escadre, dont un sera terminé en 1887 et deux en 1888 ;

4 canonnières cuirassées, dont deux seront terminées en 1887 ;

2 croiseurs à batterie, destinés à filer dix-neuf nœuds, protégés au moyen de compartiments remplis de cellulose ;

8 croiseurs ;

3 croiseurs-torpilleurs, qui seront terminés en 1887 ;

9 bâtiments divers (avisos, transports, etc.) ;

51 torpilleurs, commandés à l'industrie privée et livrables en 1887 ;

Un torpilleur d'un nouveau type, l'*Ouragan,* déplaçant cent quarante-huit tonneaux et destiné à porter quatre tubes lance-torpilles et deux canons à tir rapide.

L'état de nos forces navales à la fin de 1889 serait donc de : 37 cuirassés de divers genres, 15 croiseurs rapides, une douzaine de croiseurs-torpilleurs et d'avisos-torpilleurs, 100 torpilleurs des types les plus perfectionnés.

C'est là une flotte capable de soutenir l'honneur du pavillon français.

C'est ce qu'a voulu M. le vice-amiral Aube, ce que le Parlement a compris, ce que l'opinion publique — sans distinction de partis — a ratifié. Devant un pareil but il n'y a plus de place que pour un unique sentiment : le PATRIOTISME.

TABLE DES MATIÈRES

Pages

Avant-propos . . . . V-VI

PREMIÈRE PARTIE : Du xive siècle au xviie siècle (Jean de Béthencourt. — Villault de Bellefonds. — Paulmier de Gonneville. — Jean Ango. — Les frères Parmentier. — Jacques Cartier. — Roberval. — Villegagnon. — Bois-le-Comte. — Jean de Léri. — Jean de Ribaut. — Réné de Laudonnière. — Dominique de Gourges. — De La Court-Précourt-Ravillon. — Rifaut. — De La Roche. — Chedotel. — De Pontgravé. — Samuel Champlain. — Henri d'Escoubleau de Sourdis. — Augustin de Beaulieu. — Poncet de Brétigny. — Jean du Plessis. — Belain d'Esnambuc. — Pronis. — Flacourt.) . . 9

SECONDE PARTIE : xviie et xviiie siècles (Abraham Du Quesne. — Jean Bart. — Tourville. — Duguay-Trouin. — Jacques Cassard. — Suffren. — Mahé de La Bourdonnays. — Dupleix. — Barrin de La Galissonnière. — Montcalm. — Lally-Tollendal. — D'Estaing. — De La Pérouse. — Bruni d'Entrecasteaux. — Bougainville.) 57

TROISIÈME PARTIE : Coup d'œil général sur les conditions de la Marine française depuis le xive siècle jusqu'à la Révolution. 131

QUATRIÈME PARTIE : La Marine française sous la Révolution et l'Empire (Villaret de Joyeuse. — Renaudin. — Martin. — Morard de Galles. — Bouvet. — Lacrosse. — Brueys. — Décrès. — Emériau. — Du Chayla. — Du Petit-Thouars. — Ganteaume. — De Villeneuve. — Bruix. — De Linois. — De La Touche-Tréville. — Magon. — Lucas. — Cosmao-Kerjulien. — Infernet. — Dumanoir-Lepelley. — Allemand. — Duperré. — Missiessy. — Surcouf.) 153

Pages.

CINQUIÈME PARTIE : La Restauration et le Gouvernement de Juillet (De Freycinet. — Dumont d'Urville. — De Rigny. — Duperré. — De Mackau. — De Hell. — Du Petit-Thouars. — Romain-Desfossés. — Frédéric Sauvage, l'inventeur de l'hélice.). .   207

SIXIÈME PARTIE : Le second Empire (Febvrier-Despointes. — Hamelin. — Parseval-Deschênes. — Penaud. — Bruat. — Romain-Desfossés. — Rigault de Genouilly. — Charner. — Page. — Bonard. — De La Grandière. — Jurien de La Gravière. — Bouët-Willaumez.)   231

SEPTIÈME PARTIE : La troisième République (Saisset. — Pothuau. — Jauréguiberry. — Francis Garnier. — Henri Rivière. — Courbet. — Pierre. — Savorgnan de Brazza).   245

CONCLUSION : Nouvelles conditions faites à la Marine française contemporaine   275

APPENDICE : Effectif de la flotte de guerre française en 1887 . . .   285

Paris. — Société d'Imprimerie PAUL DUPONT, 41, rue Jean-Jacques-Rousseau (Cl.) 386.7.87.

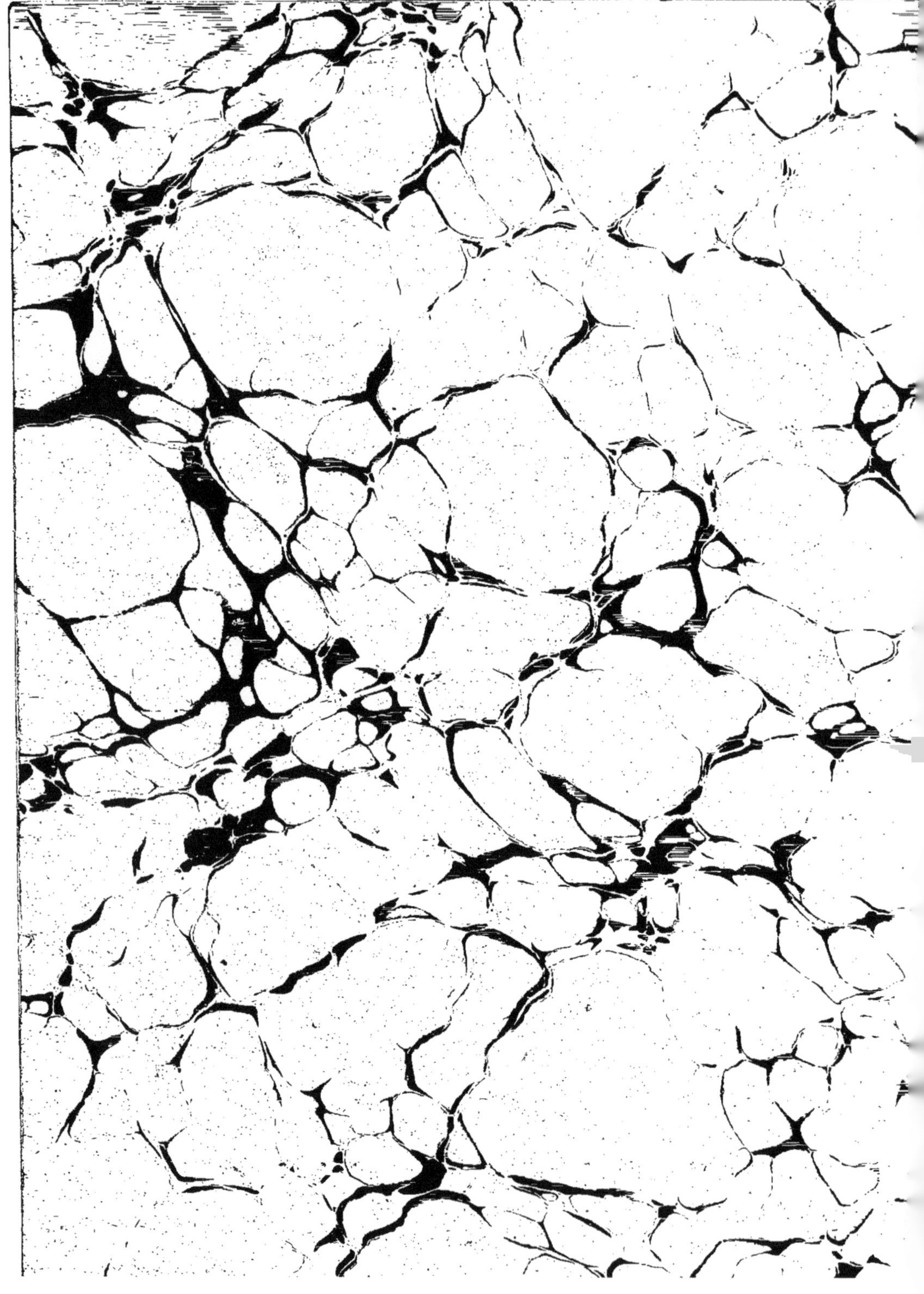

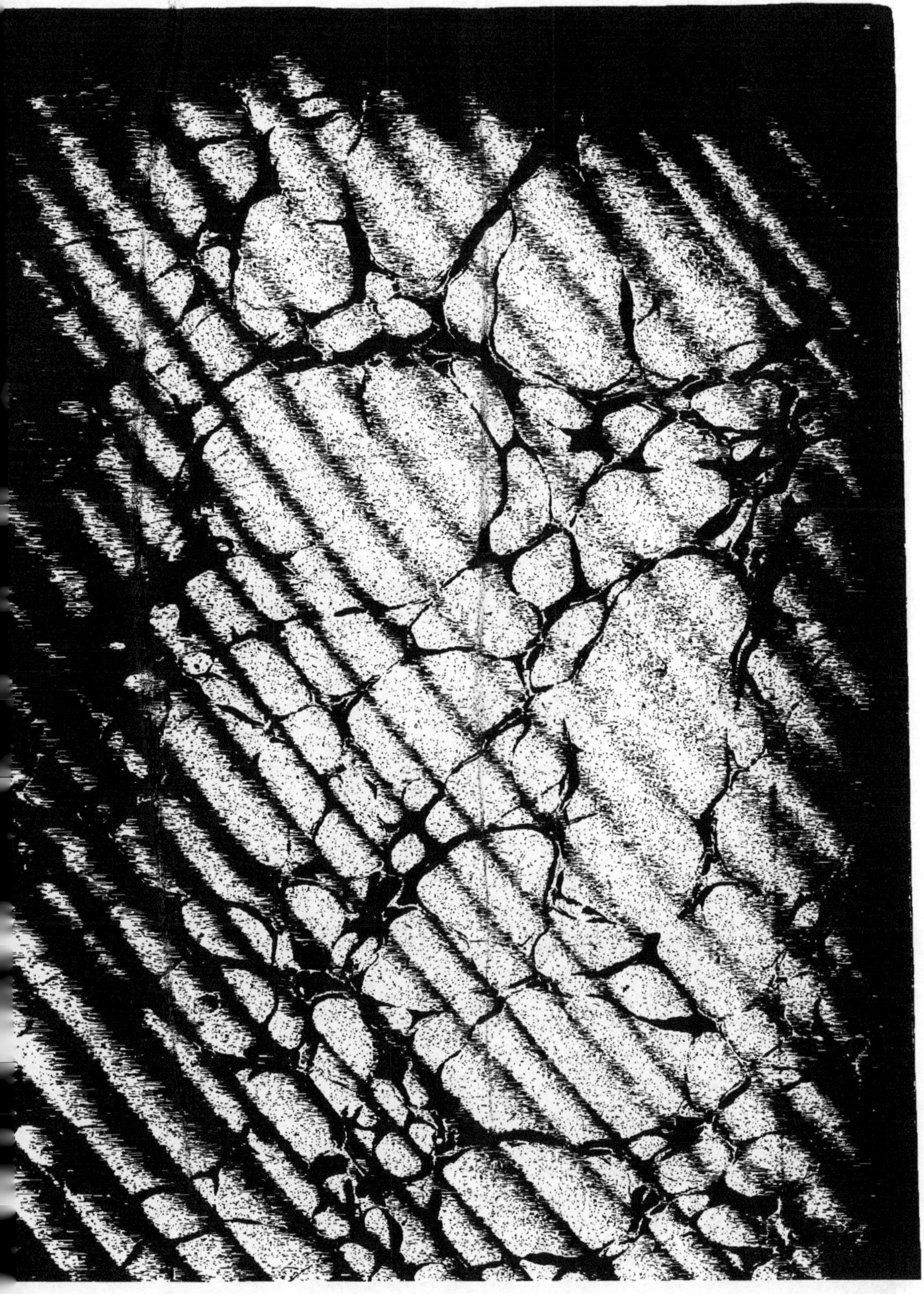

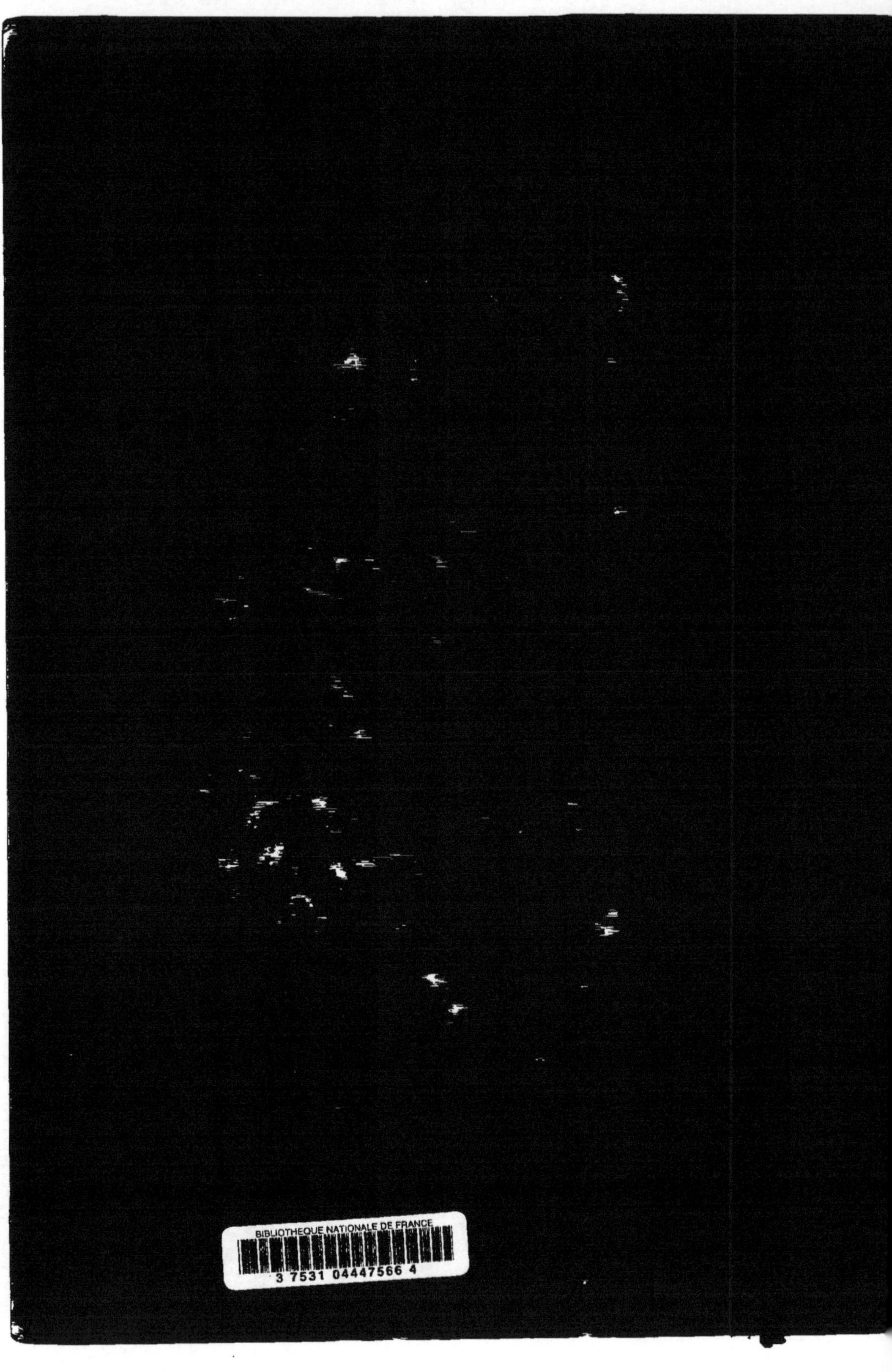